AF721627

In ihrer Essaysammlung ›Risiko und Idiotie‹ fragt Monika Rinck nach den freundlicheren Möglichkeiten des Unverständlichen, des Idiotischen, Albernen, Überspannten und Stumpfen. Dichter, Leser und Idiot haben sich aufgemacht, die brennendsten poetologischen Fragen der letzten Jahre zu beantworten. Das Kirmespony, das jahrelang Nacht für Nacht alles noch einmal durchgemacht hat, ist losgeschirrt. Der Sonntag des Metaphernmenschen dämmert, die Trommel rollt ins Bergwerk zurück. Es geht um die Dialektik von Schutz und Schutzlosigkeit und darum, was nach der Poesie kommt. Denn wenn das Salz dumm wird, womit wollen wir es salzen? Woher die Konjunktur der Figur des Idioten? Wann wurde die Peepshow endgültig zum Sarg? Und was ist eigentlich mit der Diva passiert?

Monika Rinck, geboren 1969 in Zweibrücken, Studium der Religionswissenschaft, Geschichte und Vergleichenden Literaturwissenschaft, lebt als Autorin in Berlin. Sie veröffentlichte u. a. ›Begriffsstudio 1996–2001‹, ›Ah, das Love-Ding! Ein Essay‹ (2006), ›zum fernbleiben der umarmung. Gedichte‹ (2007), ›Helm aus Phlox. Zur Theorie des schlechtesten Werkzeugs‹ (2011; gemeinsam mit Ann Cotten, Daniel Falb, Hendrik Jackson und Steffen Popp) und ›Honigprotokolle‹ (2012). Für ihre literarischen Arbeiten wurde Monika Rinck u. a. mit dem Ernst-Meister-Preis 2008, dem Georg-K.-Glaser-Preis 2010, dem Kunstpreis Berlin, Literatur 2012, dem Peter-Huchel-Preis 2013 und dem Kleist-Preis 2015 ausgezeichnet.

Weitere Informationen finden Sie auf www.fischerverlage.de

Monika Rinck

RISIKO UND IDIOTIE

Streitschriften

FISCHER Taschenbuch

Kontaktadresse nach EU-Produktsicherheitsverordnung:
produktsicherheit@fischerverlage.de

2. Auflage

© 2025 S. Fischer Verlag GmbH,
Hedderichstr. 114, 60596 Frankfurt am Main
Lizenzausgabemit freundlicherGenehmigung
von kookbooks, Berlin
© 2015 kookbooks, Berlin
Die Nutzung unserer Werke für Text- und Data-Mining
im Sinne von § 44b UrhG behalten wir uns explizit vor.
Printed inGermany
ISBN 978-3-596-29799-3

Was wert ist, einmal getan zu werden, ist wert, immer wieder getan zu werden. Wollen Sie mein Idiot sein? Wollen Sie im herrschaftsfreien Diskurs mein Idiot sein? Das Privatsprachliche und das Idiotische stehen gleichzeitig auf und fragen: Woher die Konjunktur des Idioten? Es tummeln sich auf diesem Gelände einige Denker und Philosophen, sie tragen sich dem Idioten an. Dem Außenseiter, der sie alle, alle überragt! Mühelos und ohne es zu wollen. Völlig autonom, und vielleicht ein Spürchen stumpf. Ja, der Wunsch besteht darin, dass dessen Stumpfheit sich allen systemischen Ansätzen gegenüber als überlegen herausstellen möge, dass aus dem Gedankenlosen das komme, woran noch keiner gedacht hat und was in seiner abgründigen Einfachheit frappiert. Die Grenzen zur Weisheit fallen. Wenn das ein Symptom ist, ist es ein höchst interessantes, genauso wie die Entdeckung von Passivität, Müdigkeit, Trotz, Unvermögen, Dysfunktionalität als Rettungsboot. Aber es ist Freiwilligkeit, was dabei infrage steht: Kann man sich das aussuchen?

Idiotien

IDIOTIEN

9——56

Risiko und Idiotie

Jedes Missverständnis ist ein Missverständnis

Im Alter von drei Jahren erfand er [Gu Cheng] seine eigene Sprache, die er niemand anderem beibrachte.

In einem Land, in dem die Freiheit des Wortes weitgehend gegeben ist und das Verfassen und Verbreiten von Gedichten nicht unter Strafe steht, sondern größtenteils einfach ignoriert wird, ist die dichterische Entscheidung für widerständige, uneigentliche Sprachgebungen eine freiwillige.[1] Das heißt, es ist eine ästhetische und formale, eine politische oder auch zufällige. Sie ist nicht in erster Linie Verschlüsselung gegen den Verdacht, obwohl sie Fragen nach Lesbarkeit und Verrat wachhalten kann. Das Risiko besteht nicht in Verfolgung, sondern darin, ungelesen oder missverstanden zu bleiben und darüber bitter zu werden, oder sprachlich zu vereinsamen, in einer nicht mehr länger ansprechbaren Welt.

Was bedeutet es, nicht verstanden zu werden auf einem Feld mit ohnehin komplett ausgelockerter Hermeneutik, wo zudem in Zweifel steht, ob die Bemühung, Gedichte zu verstehen, überhaupt sinnvoll ist? Haben wir uns darüber nicht verständigt? Folgendes können Sie tun: Seien Sie hierzu mindestens zu zweit. Zeichnen Sie zwei Linien im Abstand von 2,50 Metern auf die Aschenbahn. Stellen Sie sich dort auf und fixieren Sie einander. Sagen Sie im Wechsel: Mit Müdigkeit meinst du doch eigentlich Desinteresse.

1 Doch was genau ist freiwillig betreffs der künstlerischen Produktion – die Antwort schlägt hin und her zwischen Allem und Nichts. Sie hören ein Dröhnen, doch in welchem Umraum? Das finden Sie sicher bald heraus. Zudem verändert die Gesellschaftsform bereits per Kontext die Bedeutung von Kunst sowie ihre Relevanz, die Maßstäbe ihrer Bewertung und ihre Qualität.

Ihre Mitspieler übernehmen den letzten Begriff und beginnen erneut: Mit Desinteresse meinst du doch eigentlich Lässigkeit. Mit Lässigkeit meinst du doch eigentlich Impotenz. Mit Impotenz meinst du doch eigentlich Widerstand. Den Joker übernimmt die Witterung. Sie können einander selbstverständlich auch siezen. Das ist vermutlich sogar noch besser.

Eine hart verhandelte Fläche, auf der innere und äußerliche Anerkennung umeinander werben. Die Energie springt hin und her zwischen der errungenen Privatsprache des Dichters, die schließlich ihre Anerkennung findet, und der Eigensprachlichkeit der Idiotie, die nicht – oder zumindest so trist nicht – gewollt wurde.

Wir reißen das Steuer rum und knallen gegen das zur Feier des amerikanischen Sonetts auf dieser Verkehrsinsel errichtete Monument. Ein Reifen schafft es auf das Mäuerchen. Huch, heißt das Achsenbruch? Na, es ist ja ein Gedicht, nein, ein Zyklus sogar. Was soll das? Sicherlich dringt der Vorwurf der Unerheblichkeit nun durch all seine wohl überlegten Lücken, in den Zeilenleerstand, er weht durch den Nebelraum, sobald die manische Sorgfalt für einen Moment wagt, ihren sanften Griff zu lockern. Aber was wollen Sie? Der Dichter erholt die Menschen, unterhält sie sogar. Seine Bemühungen um das Gedicht bieten den Menschen im Zugriff der Symbolischen Ordnung Erfrischung. Der Dichter erfrischt die Begriffe! Durch diesen historischen Halm hat er all das konzentriert eingesogen und es uns sprühend überliefert. Ist das gut? Treffen Dichter, Leser und Idiot nacheinander im eiskalten Springerbecken ein. Fragt der Bademeister: Wer?
Tscha, wer wohl.

Das Gedicht umtreibt die Frage nach der Relevanz, die ihm gerne abgesprochen wird. Unter diesen eigentümlichen Voraussetzungen sollte man die Größe der lyrischen Modelle verzehnfachen, verhundertfachen! Es kann ja nicht gelingen, solange im Gedicht nur die sogenannte kleine Unendlichkeit angestrebt ist – Leute, reißt die Fenster auf, schaut die Wolken, die Wolken! Wie kann man annehmen, dass das Kleine sich am Ende den Weg zu der Größe, die in ihm auf masochistische Weise verleugnet ist, doch noch freikämpfen wird? Und die Maßstäbe sich verkehren? Soll vorkommen, ist aber alles andere als gewiss. Etwas Kresse. Ein Sandkorn, Zahnschmelz-Bataillon, das Orchester macht auf der steilsten Treppe kehrt. Doch löst das Gedicht einstweilen nichts als die Vorstellung eines karierten Tischtuchs aus. Walnussschalen? Nein. Kochbananen? Nein. Esskastanien? Lastrichtlinien? Fallen jetzt Gebühren an? Nicht einmal das.

Bitte erlauben Sie mir, an dieser Stelle an den früh verstorbenen Dichter Alexej Parschtschikow zu erinnern. Mit ihm kreisten wir einst in einer ehemaligen Regierungslimousine auf dem Moskauer Innenstadtring, wir hielten auf einem nächtlichen Parkplatz an, wo eine fertige Frau alte Pferde hin- und herführte, auf denen Touristen den schaukelnden Ausblick genossen, ein Dosenbier in der Hand. Die Berliner Gedenklesung an Parschtschikow, der außerdem in Köln gelebt und in den USA gelehrt hatte, fand im Juni 2009 im Dock 11 statt. Es waren und sind große Gedichte, die so viele andere klein, ja, kleinmütig aussehen lassen, mythopolitische Epen, enorme Bögen, die das Heilige und das Profane gleichsam überwölben – und die den unterirdischen Legenden der Großideologeme Kommunismus und Kapitalismus in verwegenen und todernsten Allegorien nachspüren. Ihnen wird sicherlich das Langgedicht mit dem Titel »Erdöl« bekannt sein, welches den gleichnamigen zweisprachigen und von Hendrik Jackson übersetzten Band eröffnet.[2] Es ist großartig, es ist groß, überwältigend.

Musikalische Tiefe, Spiel und Ernst, Erdöl, Geld und die Geschichte des Geldes, des Erdöls, globale Verwicklungen und sagenhaft grausame Abhängigkeiten, die sich auf der persönlichen Ebene spiegeln. Es hätte auch das fantastische Gedicht über den Igel gegeben, andere Heiligtümer, die als Negativform Flöte spielende Luppe, die Kater in der Fabrik für Antibiotika, »doch nichts ist das Karate der Kater im Vergleich zu den Statuen

2 Alexej Parschtschikow: Erdöl. Gedichte. Aus dem Russischen von Hendrik Jackson. Idstein 2011.

der Diktatoren«[3], Tschernobyl, eine Elegie für einen Steinbruch. Schauen Sie, es werden Haltungen, die Sie zwar nicht unmittelbar gefährden, die Sie aber dennoch für unmöglich halten, wie in einem Museum betrachtet, und dieses Museum befindet sich in Ihrem Kopf. Es ist die Erweiterung von Zeitgenossenschaft. Das könnte einmal der rechte Ort für den Versuch sein, Russland zu verstehen. Zum Glück hat das Buch, auch aufgrund seiner hervorragenden deutschen Übersetzung, inzwischen eine große Resonanz gefunden. Den Raum öffnen, die Sachen halten, auch die großen, das Wort heißt: Gigantezza!

Denken Sie doch so: Ein Geschenk an den Leser, an die Leserin – die andere Sprache, eine volle Erfahrungssprache, die geschichtsgemachte, geschichtsbereite Sprache, informiert und aufgespeichert, Spannungs- und Traumabögen richten sich auf. Sagen Sie: Sauge auf die Panik, Wonne und die Logik der Nacht, jenseits der Unterscheidung von *Fiction* und *Non-Fiction*. Dies sind bewegte autonome Sprachbilder, auf die das Bilderverbot nicht zutrifft, weil sie ein Umschlagen der Gedanken ermöglichen. Also stellt der Dichter fest, dass er von vielen Zwängen befreit ist. Andere Zwänge hat er wiederum selbst erfunden. Wird da, wo abstruse Zwänge wirken, das Konzept von Zwang selbst karnevalisiert? Unklar, sagt er. Unklar. Ja sicher, jemand wird all dies verkörpern müssen und heute wird er es sein, und wenn er es morgen wieder verkörpert, wird er vielleicht schon nicht mehr der sein, der er heute ist oder gestern war. Egal. Alle müssen mitmachen. Alle dürfen.

Dennoch fällt im Allgemeinen ein freudloser Verdacht auf solches Sprechen, auf poetische Sprachgebungen insgesamt. Und was ist, wenn ich gar nichts lese, fragt der Leser. Dann bist du nicht mehr der Leser, sagt der Dichter, dann bist du, hm ... Moment, greift der Idiot ein, der Idiot kann er nicht sein, das bin schon ich. Natürlich, nichts kann sich zurecht jenseits des Verdachtes eine stabile Nische einrichten. Das wäre auch gar nicht wünschenswert und sicher treffen manche Verdächtigungen auf gewisse Gedichte

3 Alexej Parschtschikow: Erdöl. Gedichte. Aus dem Russischen von Hendrik Jackson. Idstein 2011. Seite 33.

durchaus zu – aber der Idiot möchte vorerst den Verdacht selbst angehen. »Der kritische Verdacht ist nur kritisch, wenn er auch gegen sich selbst operiert. Muss man hier und da nicht auch den Verdacht selbst verdächtigen?, fragt Serres. Zweifellos! Das ist es, was man Denken nennen kann. (...) Zumindest wird, indem man den Verdacht verdächtigt, seine Selbstgefälligkeit zum Problem.«[4]

Hier scheint etwas wie ein gutes Risiko sich zu formieren: gegen die komplett ungefährdete Position. Es ist dies nebenbei bemerkt auch die Stelle, an der Sie das philologische Ich vom poetischen Ich unterscheiden können. Oder ist das nur ein Gefühl? Ist Zweifel ein Gefühl? Ist Freiheit eines? Muss der Dichter seine unkonventionelle Schreibweise durch ein ebensolches Leben rechtfertigen, oder ergibt sich eine Entsprechung von selbst? Einmal berichtete ihm jemand von einer US-amerikanischen Verausgabungstheoretikerin, die sich, trotz ihres wissenschaftlichen Hangs zu Üppigkeit, Verschwendung, Wollust, nur von Eiweißriegeln ernähre und das Haus kaum je verlasse. Sollten Sie dem Idioten jetzt mit einem zweifellosen: Logisch! in den Gedanken fallen wollen, dann haben Sie vielleicht noch nicht richtig nachgedacht. Hier sind einige »Mindestkriterien für Relevanz«.

Die guten Leute »mussten verbindliche Aussagen zur Scheußlichkeit der Verhältnisse riskieren; mussten offen sein für die Reize der wunderbaren Dinge ohne kulturelle Dignität; mussten zu erkennen geben, dass sie wussten, wie die Sachen, von denen sie sprachen, sich ›von innen‹ anfühlen; mussten dem Begehren und den Leidenschaften die Treue halten und sie voraussetzungsreich, ernsthaft und komplex diskutieren wollen; mussten auf die miesen Formen der Ironie verzichten; mussten bereit sein, noch das krudeste kulturelle Produkt auf Momente der Unverfügbarkeit hin zu untersuchen; durften keine Verlegenheit zeigen vor den asozialen Anteilen des Individuums, mussten Vertrauen haben zu uneigennütziger Subjektivität. Kurzum: Die ›guten Leute‹, die für

---

4 Philosophie der Überstürzung. Marcus Steinweg im Gespräch mit Thomas Martin. Berlin 2013. Seite 147. Weiter: »Der Verdacht, der sich nicht selbst verdächtigt, kann kaum mehr als seine Motive verleugnendes Interesse sein.« (Der über den Verdacht erhabene Verdacht: Ideologie par excellence.)

die Richtigkeit einer Haltung standen, mussten so etwas wie ein ›Leben‹ haben und sich öffentlich dafür interessieren, es zu begreifen.«[5]

Welcherart ist das Gelenk zwischen Werk und Biografie? Kettet es das Imaginäre an das Symbolische? Häufig werden in den Gesprächen, die auf Lesungen folgen, nachdem das Ganze »ins Publikum geöffnet« wurde, ähnliche Fragen gestellt, und zwar vor allem solche, die die Biografie mit der Textproduktion in eine symbolische Übereinstimmung rücken möchten. Dass eine Verbindung besteht, ist selbstverständlich, allerdings liegt zwischen dem Dichter und dem Text die Arbeit, die ein Chaosgenerator, ein Prisma, eine Verrichtung; die Lektüre, Diebstahl, Entfremdung, Gnade und Verstockung ist und die die biografische Verbindung auflöst. Glücklicherweise installiert die Arbeit, oder besser gesagt, der erarbeitete Text dann später irgendwann ein ganz neues und auf viel bessere Art fiktives Ich: das lyrische (oder idiotische) Ich. Einfallsreich bereitet es sich eine neue Biografie. Und ja, als Dichter bemüht sich der Idiot, nicht unter das Niveau seiner Texte zu fallen, eine schöpferische Erlebnisweise nimmt er sich vor, die ihm helfen soll, an neue Erkenntnisse für Kunst und Leben zu gelangen.

Im 18. Jahrhundert, zu Zeiten der Romantik, war das einmal eine ganz klare Sache gewesen. »Bei einem Dichter ist Erlebtes und Erdichtetes nie zu scheiden, beides muss sich gleich sehen, oder er ist keiner«, schrieb Jenny uns auf einer Postkarte, deren Vorderseite ein erhabenes Bergpanorama zeigt.[6] Das ist freilich eine Forderung, die das Leben wie auch die Kunst verbessern genauso wie verschlechtern kann. Doch besteht hier wirklich ein direktes Risiko? Ist der Dichter diesbezüglich kohärent? Sollte er es sein? Liegt eine gelungene Verkörperung vor? Dieses Gedicht ist im Übrigen hoch autobiografisch. Aha, lassen Sie mal sehen. Also,

5 Dirck Linck: Nachwort zur Aufsatzsammlung: Ästhetische Opposition. Essays zu Literatur, Kunst und Kultur von Gert Mattenklott. Hamburg 2010. Seite 433.

6 Jean Paul: Ideengewimmel. Texte und Aufzeichnungen aus dem unveröffentlichten Nachlass. [Nr. 242] Berlin 2013. Seite 59.

es ist ja so, dass die Qualität eines autobiografischen Gedichtes nicht zuletzt von der Qualität der darin verhandelten Autobiografie abhängt. Persönliche Gedichte werden je nach Autorenpersönlichkeit in ihrer Originalität sehr variieren, weswegen die autobiografischen Gedichte des slowenischen Dichters Tomaž Šalamun vielen anderen Gedichten weit überlegen sind. Tomaž Šalamun starb am 27. Dezember 2014. Wir gedenken seiner. Wir vermissen ihn sehr.

Nun kann diese nicht nur von den Romantikern angemahnte Gleichung in der Gegenwart auch zu fehlerhaften Ergebnissen kommen: halluziniertes Leben und Alltagslyrik, wohin man schaut, zum Sonett gestampfte Gartenmöbel, die Unberechenbarkeit radikaler Liebes- oder Leidenslyrik, wenn ihre lyrischen Versprechen von der für sie verantwortlichen Person nicht gehalten werden (nicht ausgehalten werden, würde Luhmann sagen). Oder: Im Furor der Intensitäten eines metaphorischen Aufbaus fallen Anthropomorphisierung und Verdinglichung in eins. Wie das?

Stattet der Dichter unbelebte Objekte (etwa in Ermangelung eines belebten Gegenübers oder aus Skepsis gegenüber der Summe des Humanen oder einfach, weil es eine stürmische Metapher so will) mit menschlichen Eigenschaften aus, kann diese Art der Sensibilisierung rückwirken auf das Lebewesen, das seine Eigenschaften zu übertragen hatte. Statt ein Ding zu beleben, ist der Dichter dann womöglich im Begriff, ein Lebewesen zu verdinglichen. Dieser Austausch entspricht in etwa dem Geschehen auf den Kraftfeldern, die unter dem Begriff der *Pan-Humanity* gefasst werden, eine Bezeichnung für immer stärkere, technisch und medial vermittelte Interdependenz – die unter der Hand über Kategorien hinweg neue unerhörte Verbindungen schafft. Diese seien doppelt paradox: »Erstens, da ein Großteil dieser Zusammenhänge negativer Natur ist und auf einem geteilten Bewusstsein von Verletzlichkeit und Furcht vor drohenden Katastrophen beruht, und zweitens, da diese globale Nähe nicht immer Toleranz und friedliche Ko-Existenz hervorruft.«[7]

7 Rosi Braidotti: The Posthuman. (ÜS MR) Cambridge 2013. Seite 40.

»Genetisch rekombinierte Pflanzen, Tiere und Gemüse wuchern neben Computer- und anderen Viren, während unbemannte bewaffnete Flugdrohnen und Fahrzeuge uns mit neuen Arten des Todes konfrontieren. Humanität wird als negative Kategorie wiedererschaffen, zusammengehalten von einer geteilten Verletzlichkeit und dem Gespenst der Auslöschung, und von neuen alten Epidemien ereilt, in endlosen neuen Kriegen, Internierungslagern und Flüchtlingsströmen.«[8]

Es handelt sich um Formen der Belebung, wie wir sie mithin aus dem Milieu der Horror-Industrie kennen. Da, wo unklar ist, ob das Wesen, mit dem man es zu tun hat, belebt oder unbelebt ist, flammen alte Phantasmen auf. Doch der Dichter kennt die Belebung von Dingen zur quasi beseelten Entität auch aus dem allgegenwärtigen Szenario des Konsums. Tausende von Agenturen sind täglich damit beschäftigt, diese oder jene Marke zu einem lebendigen und irgendwie liebestollen Gegenüber aufzuladen. Dabei kommen gerne einige Kollateralgeister zum Vorschein. Bald kreiseln die Vergleiche um ihre Mittelachse, und das Zeitalter, als die *Magnetic Fields* sangen *»Love is like a bottle of Gin, but a bottle of Gin is not like Love«*[9], wird lange, lange vergangen sein.

kookbooks warb eine Zeit lang mit dem Spruch: »Poesie als Lebensform«. Aber was sollte das bedeuten? Was sollte man tun? Sich besonders originell verhalten? Mehr Toleranz mit Unverständlichem zeigen? *To throw my arms around Paris*? Selbst unverständlich sein? In multiplen Liebeskonstellationen leben? Die Ausdeutung aller Erfahrung rotierenden Bezugssystemen überlassen? Oder einem zentrifugalen Schwindel der Deutung, der selbst wieder poetisch ist? Erwartungen enttäuschen, Erstaunen generieren, Langeweile nicht scheuen? Einfach gar nichts tun? Immerzu gute ästhetische Entscheidungen fällen? Die Worte wie Schritte in der Gefahrenzone setzen? Oder gerade darin herumtollen? Sich wie eine Idiotin aufführen? Die berühmte post-avantgardistische Mischung aus *Sublimity*

8 Rosi Braidotti: The Posthuman. (ÜS MR) Cambridge 2013. Seite 187

9 Magnetic Fields: Love is like a bottle of Gin, auf 69 Lovesongs, 1999.

(Erhabenheit) und *Stupidity* (Dummheit) – die *Stuplimity* – hervorbringen und selber aushalten?[10]

Oder soll der Dichter gewisse poetische Überzeugungen wie die berühmten drei Rs der Avantgarde: Radikalität, Risikobereitschaft und Rücksichtslosigkeit, im Leben als soziale Fertigkeiten verstehen und anderen gegenüber im Alltag anwenden? Hm, das wäre nicht sehr freundlich. Aber es ging ja gerade darum, »Poesie als Lebensform« zu betrachten, selbst wenn das Risiko, zu dem die Poesie bereit ist, sich als das Gegenteil von Empathie herausstellen könnte: die Brutalität der Konzentration auf Eines, auf nur eine Sache! Sich ganz in einen Dienst zu stellen. Das Vernachlässigen der Nahestehenden. Sich sozialen Übereinkünften zu entziehen. Und sich auch um sonst nichts kümmern. Oder dies alles dem anderen überlassen, der die Planquadrate der Sorge kennt und gerne dort zu Werke geht, weil es für diese Person ein unbestreitbares Glück ist. Frauen haben da noch eine ganze Reihe von Freispielen gut, aloha! Für die Kunst ist triftig, dass sie zu ihren asozialen Anteilen steht. Und wenn sie das nicht täte: Wäre ihr dann überhaupt noch zu trauen?

Selbst wenn wir das lyrische Ich routiniert als einen Sprachagenten betrachten, als eine direkte und mit bestimmten grammatischen und atmosphärischen Eigenschaften ausgestattete Sprechposition[11], wünschen wir uns doch, es möge eine riskante Position sein, eine, die sich aussetzt, einmischt, die verwirrt und verwickelt wird, eine, die nicht neutral ist – und wir wünschen uns dies unter

---

10 Hierzu empfiehlt der Idiot das Kapitel Stuplimity aus Sianne Ngais Buch: Ugly Feelings. Cambridge, Massachusetts 2005. Seite 248 bis 298.

11 »Das *Wir* ist immer positiv, das *Ihr* ist ein möglicher Verbündeter, das *Sie* (im Plural) trägt die Züge eines Gegners, das *Ich* ist ungehörig und das *Du* ist natürlich überflüssig.« Adriana Caverero: Relating Narratives. Storytelling and Selfhood. Zitiert nach Judith Butler: Kritik der ethischen Gewalt. Frankfurt am Main 2002. E-Book, Position 612. Was hier als Konjunktur einer bestimmten Ansprachehaltung oder Sprechhaltung für feministische oder revolutionäre Zusammenhänge beschrieben wird, wäre auch interessant im Blick auf bestimmte Strömungen der deutschen Gegenwartslyrik, zum Beispiel die zeitweise Massivierung der ersten Person Plural an der Ostsee oder entlang industrielandschaftsgeprägter Alleen. Welche Atmosphäre liegt bereits in der Ansprache begründet?

anderem, um Lyrik von Prosa und von Literaturwissenschaft zu unterscheiden.

Ingeborg Bachmann sagte im Jahr 1960 in ihren Frankfurter Poetikvorlesungen: »Der Fragwürdigkeit der dichterischen Existenz steht nun zum ersten Mal eine Unsicherheit der gesamten Verhältnisse gegenüber. Die Realitäten von Raum und Zeit sind aufgelöst, die Wirklichkeit harrt ständig einer neuen Definition, weil die Wissenschaft sie gänzlich verformelt hat. Das Vertrauensverhältnis zwischen Ich und Sprache und Ding ist schwer erschüttert.«[12]

Wie sieht die heutige Situation aus? Das Auseinandergehen von Geistes- und Naturwissenschaften, deren jeweilige Vertreter sich zuweilen ausgesprochen feindlich gegenüberstehen (wobei vor allem auf die Geisteswissenschaften neuer Legitimationsdruck ausgeübt wird), die Erweiterung des Wissenschaftsbegriffs sowie die extreme Spezialisierung neben dem medialen Wissenschaftsmarketing und der Arbeit von Lobbygruppen, die die Forschung im Dienste der Industrie beeinflussen sollen – all das hat Teil an einer unübersichtlichen Gesamtlage der Wissenschaft. Die Frage nach der Subjektivität ist auf eigenartige Weise auf Einzelwissenschaften aufgeteilt, die offenbar nur wenig Kontakt zueinander pflegen, was eine fakultätsüberschreitende Deutung der Phänomene der Gegenwart erschwert, wenn nicht verunmöglicht. Sie wäre aber wichtig, denn »die heutigen Wissenschaften und Biotechnologien wirken genau auf die Faser und Struktur des Lebendigen und haben unser Verständnis davon, was als grundlegender Verweisrahmen des Menschlichen gilt, dramatisch verändert«.[13]

Nochmals: »Der Fragwürdigkeit der dichterischen Existenz steht nun zum ersten Mal eine Unsicherheit der gesamten Verhältnisse

12 Ingeborg Bachmann: Frankfurter Vorlesungen: Probleme zeitgenössischer Dichtung, in: Ausgewählte Werke in drei Bänden. Berlin und Weimar 1987. Seite 404.

13 Rosi Braidotti: The Posthuman. (ÜS MR) Cambridge 2013. Seite 40.

gegenüber.«[14] Hat sich das womöglich umgedreht? Ist der Dichter noch Experte für die Angegriffenheit der Gegenwart, der Vorreiter in die Fragwürdigkeit, in der peu à peu auch die restlichen Agenten eintreffen werden? Was den Buchmarkt angeht, ist das sicherlich der Fall, wenn sich nun in vielen künstlerischen Gattungen das vollzieht, was in der Dichtung gang und gäbe ist, nämlich, dass man dort kein Auskommen findet.

Doch wie steht es um das von Bachmann erwähnte Vertrauensverhältnis zwischen Ich und Sprache und Ding? Wäre ein solches Vertrauen überhaupt noch eine wünschenswerte Ausgangslage? Poetisches Denken betreibt eine Kritik, die jedes Wort treffen muss, sodass es eigentlich ein innerer Prüfungsaufbau, eine Form des Misstrauens ist. »Ich habe den Eindruck, dass sich meine Gedichte im Kern einem intuitiven Misstrauen verdanken, das ich gegenüber eigenen Ideen und Konzepten empfinde. Dieses Misstrauen, die Art und Weise, in der es Einwände erhebt und Vorbehalte geltend macht, kommt mir wie poetisches Denken vor, zumindest wie ein wichtiger Teil davon. Erst das Ungenügen aller Versuche, irgendetwas in irgendeiner Weise zu sagen, treibt ja dazu, den Sachen zuzusetzen, sie zu drehen, zu zerlegen, anders aufzufassen. Misstrauen ist dabei nicht nur der Textidee gegenüber angebracht, sondern auch und vielleicht noch mehr gegenüber der Art und Weise, in der sich Gedanken und Bilder einer solchen Idee fügen, sich an ihren Feldlinien aus- und in ihrem geistigem Hof einrichten. Poetisches Denken ist auch in dieser Hinsicht vor allem ein Widerstand, den man dem gewohnten Denken, seinen Logiken und rhetorischen Mustern gegenüber aufbringen muss, wenn sich etwas einstellen soll, man im Text eine Erfahrung vermitteln will, die diesen Namen verdient.«[15]

14 Ingeborg Bachmann: Frankfurter Vorlesungen: Probleme zeitgenössischer Dichtung, in: Ausgewählte Werke in drei Bänden. Berlin und Weimar 1987. Seite 404

15 Steffen Popp: Dankrede (zum Peter-Huchel-Preis). Nachzulesen und auch herunterzuladen unter: http://peter-huchel-preis.de/preistraeger/2014-steffen-popp/

Und das Schwelgerische? Jajaja, das Schwelgerische. Wir werden dem Idioten des Schwelgerischen noch begegnen. Zurück zum Thema: Trägt der Dichter oder die Dichterin nun ein besonderes Risiko – und worin könnte dies bestehen? Nun, darin, nicht verstanden zu werden? Oder, vielleicht noch schlimmer: sich das nur einzubilden? Oder in einer generellen Täuschung? Die Formel: »Jedes Missverständnis ist ein Missverständnis« – das der Idiot als Untertitel zu diesem Kapitel wählte, ist eine falsche Wiedergabe des berühmten Zitats von Wilhelm von Humboldt, in dem, wie der Idiot erst später feststellte, gar nicht vom Missverständnis die Rede ist, sondern vom Nicht-Verstehen. »Alles Verstehen ist daher immer zugleich ein Nicht-Verstehen, alle Uebereinstimmung in Gedanken und Gefühlen sogleich ein Auseinandergehen.«[16]

Demnach bleibt also immer etwas Unverstandenes, das sich erneuert. Ist das nicht ein tröstlicher Gedanke? Oder einer, der von Vergeblichkeit handelt? Wird der Idiot, wenn er annimmt, es wäre alles bekannt und alles verstanden, das Risiko vergrößern oder verkleinern? Ja, das Risiko ist bekannt. Der Begriff Risiko entstammt der Kaufmannssprache des 16. Jahrhunderts und meinte vorerst den gewagten Einsatz einer geschäftlichen Unternehmung, herzuleiten vermutlich aus dem Lateinischen: »resecum ›Felsklippe‹, übertragen: die ›Gefahr‹ (die verschifften Waren droht), Verbalsubstantiv im Sinne von ›das vom Festland Abgeschnittene‹ (vgl. die ähnliche Bedeutungsentwicklung von Schäre, s.d.) zu lat. resecare, abschneiden.«[17]

Das Risiko bestand darin, dass keiner wusste, ob man die Klippen umsegeln konnte oder daran zerschellte – und welche Sprache spricht man auf der Klippe, auf die sich der Schiffbrüchige gerade so retten konnte und wo er nun, vom Festland abgeschnitten, auf Rettung hofft? Dort wird idiotisch gesprochen. Denn mit dem Begriff des Idiotikons bezeichnet man das Lexikon einer

16 Wilhelm von Humboldt: Ueber die Verschiedenheit des menschlichen Sprachbaues und ihren Einfluß auf die geistige Entwickelung des Menschengeschlechtes. Gesammelte Werke, Band 6. Berlin 1848. Seite 66.

17 Etymologisches Wörterbuch des Deutschen. Erarbeitet unter der Leitung von Wolfgang Pfeifer. Berlin 1993. Seite 1130.

Regionalsprache, die einer Landschaft zugehört. Das dem universellen Blick Erklärungsbedürftige, das Isolierte, Abseitige, für sich Bleibende. Das Eigene. Der Eigene. Nein, nein, er ist schon sehr eigen. Ja, ja, sie ist auch sehr eigen. Zurück zum Meer, das wieder Feigen will!

»Idioten in diesem Sinne waren in der Antike Privatpersonen, die für sich sind und kein öffentliches Amt bekleiden. Der Idiot ist jemand, der nicht zum Raum des Öffentlichen, der ihn umgibt, gehört und der so bleibt, wie er ist.«[18] Dem deswegen auch in vielen Fällen die politische und persönliche Handlungsmacht (im Sinne von *agency*) abgesprochen wird. Die Zeitgeschichte und eine Ethik der Differenz haben den Idioten gelehrt, das Eigene nur als zu Restituierendes oder im Falle eines Angriffs zu verteidigen – im Sinne einer strategischen Identität, alles andere schien wie eine Einladung auf die Schaukel der Ideologie.[19] Es wäre wirklich ein angenehmeres Miteinander, wenn man Fragen der Identität generell vernachlässigen könnte, so stellt es sich der Dichter innig vor, halb aufgelöst, halb informiert. »Feindschaftslos wäre das Schöne möglich, das auch das Richtige wäre.«[20] Und man dennoch aufmerksam bliebe, auf so gut wie alles, und genau darauf achtete, was der Strom der Wahrnehmung anschwemmte. Ihr werdet sein wie die Lilien. Wie die Idiotenlilien. Oh, Verzeihung, er meint natürlich: Sie, Sie werden wie die Lilien sein. Der

18 Alexander Pschera: Vom Schweben, hier insbesondere das Kapitel IDIOTEN. Berlin 2013. Seite 14.

19 Es hat den Idioten dann doch etwas überrascht, wie laut der Aufschrei war, der aus gewissen maskulinistischen Kreisen kam (deren vordringlichstes Ziel im Übrigen darin besteht, die Welt von den Gender Studies zu befreien), als im Winter 2014 die knappe Meldung von der »Male Idiot Theory« in den Medien rotierte: »According to ›male idiot theory‹ (MIT) many of the differences in risk seeking behaviour, emergency department admissions, and mortality may be explained by the observation that men are idiots and idiots do stupid things.«
Auf Deutsch: »Gemäß der Theorie des männlichen Idioten könnten viele Unterschiede im riskanten Verhalten, der Einlieferung in Notaufnahmen und Sterblichkeit durch die Beobachtung erklärt werden, dass Männer Idioten sind und Idioten dumme Dinge tun.« Welcher Art muss die Identität sein, die sich davon bedroht sieht? Kaum vorstellbar.

20 Marlene Streeruwitz: Können. Mögen. Dürfen. Sollen. Wollen. Müssen. Lassen., in: Tübinger und Frankfurter Vorlesungen. Frankfurt am Main 2014. Seite 120.

Dichter bietet Ihnen eine Erfrischung, die keine Regression ist. Kommen Sie mit zur Tränke.

Ja, Sie alle können sich selbst zum Idioten machen, jedoch nur unter Zuhilfenahme des Sozialen. Das ist ein etwas kniffliger Vorgang. Nein, im Gegenteil, das ist ein plumper Sprung, wenn nicht gar Sturz. Die Crux ist die Idee der Wahl. Zwar ist es durchaus ratsam, wenn man die Gelegenheit hat, die Position des Idioten zu wählen, aber der Witz ist ja, dass man sich das nicht aussuchen kann. »In der Ironie, um es kurz zu halten, geht es darum, schlau zu sein, während es in der Komödie darum geht, ein Idiot zu sein, und sollte einem die Wahl gelassen werden, sollte man sich immer für den Idioten entscheiden; aber noch einmal: Man hat nicht die Wahl, der Idiot ist eben nicht, was man sich aussucht zu sein, und darin liegt die ganze Komödie der Sache.«[21]

Man kann es sich nicht aussuchen. Das wäre denen entgegenzuhalten, die sich in der letzten Zeit an die Umdeutung des Konzepts des Idioten gewagt haben. Neulich ergab sich auf einem Reiterhof in der Nähe von Pasewalk ein aufschlussreiches Kamingespräch bei Tee und Haferkeksen, dem der Dichter heute noch gerne nachsinnt, wohl auch da ihm der zufällig hinzutretende Herr Veterinär bei dieser Gelegenheit sehr günstig etwas Botox in die Zornesfalte spritzte. Seither sieht alles schon viel besser aus. »Die Strukturen sind allemal klüger als wir, die sie hervorbrachten. Dem erweist der Idiot seinen Respekt und misst sich nicht mit dem Betriebsgeist der Dinge. Diese Enthaltung gewährt ihm eine gewisse Unabhängigkeit, deren radikalste Steigerung zugleich den Zusammenbruch jeglicher Kommunikation riskiert. Womit er schließlich in die Unterscheidung gerät: der gute oder der schlechte, der offene oder der geschlossene Idiot zu sein. Entweder Idiotes – der im Labor der Abkehr die feinsten Regungen ermittelt, weil er unter den Bedingungen der Isolation meint, die Gesetze der Verständigung mit größerer Sorgfalt untersuchen zu können als draußen in der Feldforschung. Oder Idiot – dessen

21 Mladen Dolar: Die Komödie und ihr Double, in Robert Pfaller (Hg.): Schluss mit der Komödie. Wien 2005. Seite 45.

Dämmern selten noch unterbrochen wird von grellen Ideen, greller Ahnung.«[22]

Und doch: die eigenen Idiosynkrasien gegen sich smart gebende Funktionalisierungen in konsumistischen Abläufen, gegen das Geballer der Vorschläge aus den Kommunikationsapparaturen auszuspielen – das erscheint dem Idioten nach wie vor verlockend. Der Dichter stellt sich dies zudem sehr komisch vor, sonnig und albern, eine frohe Rangelei mit großen Augen. »Im Idioten steckt jedoch vergessenes Potenzial. Der Idiot hat als Narr seine eigene Geschichte. Er ist nicht nur der, der nichts versteht. Er ist auch der, der die Dinge anders versteht. Er verkörpert höheres Wissen. Bei Nicolaus von Kues wird der ›idiota‹ dem Spezialisten, dem Sophisten gegenübergestellt. Er sorgt dafür, dass der gesunde Menschenverstand die Spitzfindigkeiten der Dialektiker relativiert und den wahren Glauben bewahrt (*Apologia*).«[23]

Nun möchte der Dichter ein wenig gedimmtes Licht auf den ganz eigenen, quasi idiotischen Kosmos des Schlafenden fallen lassen. Das ist ein alter Gedanke, der sich zum Beispiel bei Heraklit findet. »Die Wachenden haben eine gemeinsame Welt (*koinon kosmos*), die Schlafenden aber wenden sich jeder einer eigenen Welt (*idion kosmos*) zu.«[24] Doch es scheint, dass es eine Funktion im Bewusstsein gibt, die darauf aus ist, die Eigenweltlichkeit des Traumes vor dem interessierten Zugriff zu schützen, indem sie dem erwachenden Menschen bezüglich seiner Traumerinnerungen eine falsche Kohärenz vorgaukelt – alles in bester Ordnung, nicht notwendig, das Gedächtnis zu verständigen. Die Aufmerksamkeit auf das

22 Botho Strauss: Lichter des Toren. Der Idiot und seine Zeit. München 2013. E-Book. Position 196.

23 Alexander Pschera: Vom Schweben. Berlin 2013. Seite 16. Außerdem zu nennen wären:
Botho Strauss: Lichter des Toren. Der Idiot und seine Zeit. München 2013.
Byung-Chul Han: Psychopolitik. Neoliberalismus und die neuen Machttechniken. Frankfurt am Main 2014.
Hans-Christian Dany: Morgen werde ich Idiot. Kybernetik und Kontrollgesellschaft. Hamburg 2013.
Ariadne von Schirach: Du sollst nicht funktionieren. Für eine neue Lebenskunst. Stuttgart 2014.

24 Elisabeth Lenk: Die unbewusste Gesellschaft. München 1983. Seite 152.

nächtliche Geschehen wird weggeschickt und erst später, am hellen Tag kann sie einen Zipfel dessen erhaschen, was ihr entgangen ist. Heimlich hört der Traum nicht auf wiederzukehren.

Stellen wir uns die leicht narzisstisch gekränkte Haltung des Alleinegelassenen vor, der sich an eine Umdeutung seiner Situation macht. Nicht ich kann euch nicht verstehen, sagt er, ihr könnt mich nicht verstehen! Hm, ist das besser? »Vielleicht ist er [der Idiot] der Erstgeschlagene und Prototyp unter den Menschen, die in Millionenzahl vom Verenden des Verstehens überrascht werden. Vorgänger auch eines gänzlich verschlossenen, autonomen Empfindens des Menschen für sich selbst. Alles, was der Idiot empfindet, empfindet er nämlich als selbst gemachte Empfindung.«[25]

Ein Idiot im ganz klassischen Sinn ist aber auch der, der sein gesamtes Vermögen falsch investiert, der ein erwiesenermaßen viel zu großes Risiko eingegangen ist. Das zeigt sich eben erst im Nachhinein. Mithilfe von finanziellen Argumenten lässt sich jedes Risiko minimieren oder maximieren, herbeireden oder wegleugnen. Geld fungiert hier als ein großer Wandler – als Transformator, der die Gefahr zur bloßen Herausforderung euphemisiert, das Risiko durch Gewinnversprechen nicht nur neutralisiert, sondern sogar mit Sinn erfüllt.

Auch in einer poetischen Logik kann es idiotisch sein, kein Risiko einzugehen – hier trifft sie sich mit der Logik des Kapitalismus. Doch zahlt sich das poetische Risiko häufig nicht aus, zumindest nicht finanziell. Unter dem Vorzeichen des Ästhetischen, des Konsumierbaren und der negativen Projektion auf die Wünsche des Publikums stellt sich die Frage nach Idiotie und Risiko erneut. Der smarte Dichter könnte natürlich das einmal Erprobte immer wieder aufführen, sich daran orientieren und in Serie gehen. Dann steht er für eine Masche, und die Masche steht für ihn. Sich freiwillig dieser Logik des Tauschs zu unterwerfen, ist umso trister, wo keine Nachfrage besteht, weder für das eine noch für das andere.

25 Botho Strauß: Lichter des Toren. Der Idiot und seine Zeit. München 2013. E-Book, Position 15.

Fast überflüssig, darauf hinzuweisen, dass es hier interessante gedankliche Verbindungen zum Sinn gibt. Dass es sinnvoll ist, heißt allgemein, dass es sich lohnt, dass es sich auszahlt, ja dass es sogar geboten ist, dieses Wagnis einzugehen. Was riskant ist und was nicht, befindet sich ja in steter Bewegung. Die Menschen haben offenkundig ein großes (vitales) Interesse an der Bestimmung dieser Qualität und können sie nicht in Ruhe lassen. Deutung trifft auf Umdeutung, pausenlos. Das erscheint nun beinahe wie eine poetische Praxis, allerdings eine reduzierte, weil das Ergebnis tristerweise nur zwei Ausgänge kennt: Gewinn und Verlust der Zahl nach.

»Nicht um zu schonen, ward uns die Liebe gegeben«, schreibt Christine Lavant in ihrer ersten Sammlung »Die unvollendete Liebe«, ein Titel, der übrigens nicht von ihr ist, sondern ihr vom Verlag nahegelegt wurde. »Und seiens Flüche, womit wir sie riefen, / die starken, die ungestümen Dämonen! / Erlaubt sei uns alles; nur nicht das Schonen / des Herzens und des ihm gemäßen Gebarens.«[26] Auch das Denken soll sich nicht schonen!

Wo es um ein Denken der Überstürzung geht, das die panischen Anteile der Überforderung als unumgänglich begreift, tritt der nervöse Philosoph Marcus Steinweg auf den Plan, der sagt, dass sich Denken und Überstürzung gegenseitig bedingen, ja bedingen müssen, trotz der gebotenen Resistenz gegenüber jeder Vereinfachung. Steinweg hat zwischen Juli und Mitte September 2013 mehr als hundert Vorträge gehalten – zu den unterschiedlichsten philosophischen Fragestellungen. Das geschah in Thomas Hirschhorns Gramsci-Monument in der New Yorker Bronx, einem Monument, das zugleich Kunstwerk und Gemeinschaftszentrum sein sollte. In der Berliner Volksbühne (Roter Salon) hat Steinweg unter dem Titel »Überstürztes Denken« eine Veranstaltungsreihe etabliert, an deren Abenden er etwa anderthalb Stunden sehr schnell und unter großem inneren Druck komplett frei spricht, und dies ohne alles, außer einem Glas Weißwein und einer Dose

26 Christine Lavant: Nicht um zu schonen, in: Die unvollendete Liebe, in: Zu Lebzeiten veröffentlichte Gedichte. Göttingen 2014. Seite 25.

Red Bull – wobei er manchmal Gäste hat. Die sind dann meistens auch recht nervös. Als herrschte die ganze Zeit sehr großer Wind.[27]

Nehmen wir nun seinen Begriff der proflexiven Blindheit, der vermutlich in einer gewissen Nähe zu Heiner Müllers apodiktischem Satz »Erfahrungen kann man nur blind machen«[28] steht. Wobei es den Dichter doch etwas überrascht, dass ausgerechnet eine derartige Einschränkung des Sehsinns der Erfahrung zu besonderer Authentizität verhelfen soll. Man kann dies natürlich auch als Aufruf zu vorurteilsfreier Offenheit deuten oder zu blindem Vertrauen. Steinweg sieht die Gegenwartskunst eingeschränkt durch die ihr angetragenen Erwartungen, den politischen, historischen, ökonomischen Kontext zu reflektieren (was auch eine Sache der Markterwartung ist, im Übrigen), und beklagt, dass »wir der Kunst kaum noch zugestehen [wollen], dass sie nicht nur kritisch und reflexiv, sondern auch affirmativ und proflexiv sein muss, um Kunst zu sein«.[29]

Denn in der Kunst wie in der Philosophie gebe es ein Moment der Selbstentsicherung, eben der proflexiven Blindheit. Da blinkt gewissermaßen Risiko auf, oder? »Das Subjekt der Kunst und der Philosophie ist Subjekt einer Selbstüberstürzung und Hals-über-Kopf-Dynamik, die es über sich hinaus beschleunigen lässt. Wohin? Dorthin, wo es noch nicht war. In diesem Sinn ist es progressiv oder proflexiv. Es affirmiert, was es nicht kennt.«[30] Mit offenen Augen, möchte man meinen.

27 Einmal lief das Arrangement aus dem Ruder, als Swantje Lichtenstein zu Gast war. Interessanterweise nahm der Tumult seinen Ausgang, als Lichtenstein auf die Bitte hin, sie möge langsamer lesen, in etwa sagte: Vielleicht sollen Sie das ja auch gar nicht verstehen. Also nicht: semantisch im klassischen Sinn, sondern vielleicht eher: vorbeirauschend und klanglich. Es ging um ihren Essay mit dem Titel »Geschlecht«, der 2013 im Verlagshaus J. Frank erschienen ist.

28 Marcus Steinweg: Philosophie der Überstürzung. Berlin 2013. Seite 145.

29 Marcus Steinweg: Philosophie der Überstürzung. Berlin 2013. Seite 145.

30 Marcus Steinweg: Philosophie der Überstürzung. Berlin 2013. Seite 146.

Die Frage nach dem Phantasma stellen.
Die Antwort nicht hören wollen.

O Hybris des Denkens, sagt Steinweg, um sofort darauf anzuschließen: Gibt es denn ein Denken jenseits von Hybris? Nein. Das wäre dann eine Art der Vernunftmechanik. Es gebe nämlich ohne Chaos kein Denken, weswegen man sich den eigenen Inkonsistenzen anzunähern habe. Ja. Aber was hat man dann, zweifelt der Idiot, am Ende, wenn das Mikro ausgeschaltet ist und die Leute nach Hause gegangen sind? Wenn ich ganz alleine bin, während ich die Logik der Fehlervermeidung vermeide? Wenn ich mich den eigenen Inkonsistenzen annähere und keinem fällt es auf?

Indes fragt sich der Dichter, ob sich die verständliche Sprache eigentlich herausgefordert fühlt, da es die poetische Sprache gibt. So wie sich die poetische Sprache herausgefordert sieht von der Tristesse der Verwaltungssprache und dem Einerlei der Mediensprache und dieser Misere etwas entgegensetzen will. Etwas, das nicht mehr aufgeht in Information und nur unter Verlust von Schönheitssinn und Schuppenmosaik referierbar ist. Zeigen Sie den Vogelfuß der Versammlung von Knöchelchen und der Dichter wird im Plenum dessen Vorzüge ansprechen. Ja, sicher, das ist das Mindeste, was er tun kann, nach allem was geschehen ist. Man muss sagen, dass die Vorherrschaft der Information (vor allen anderen Qualitäten der Sprache) etwas auslöscht – und zwar die Möglichkeit des Nicht- oder Missverstehens oder Doch-Verstehens in einer gegebenen Zeit, in der man alle Stadien der Eigenheit (oder der Idiotie) wie im Schnelldurchlauf erleben kann.

»Nie sagen, wie man leben möchte«, fordert Hans-Christian Dany in seiner programmatischen Schrift »Morgen werde ich Idiot. Kybernetik und Kontrollgesellschaft«. Es mag ja sein, liest der Leser darin, dass die ständige Erneuerung der Nachrichten gegen das Gefühl von Einsamkeit helfe, wir dadurch jedoch alles und nichts verstünden. Wer die flüchtigen Spezialsprachen verstehe, könne einen Moment annehmen dazuzugehören, aber es trete genauso eine Routine gegenüber dem Nichtverstehen ein, da alles vorläufig bleibe. »Laufend wird darauf vorbereitet, auf die Fortsetzung zu warten.«[31] Laufend wird darauf vorbereitet, auf die Fortsetzung zu warten. Laufend wird darauf vorbereitet, auf die Fortsetzung zu warten. Laufend wird darauf vorbereitet, auf die Fortsetzung zu warten. Ist das nicht fürchterlich?

Diese vielleicht nicht einmal leeren Versprechen, aber durch ihre stete Beteaserung entleerten Nachrichten, verschleiern das Risiko einer entmachteten Sprache. Eine entmachtete Sprache kann dem Idioten nicht mehr helfen. Der Dichter braucht – wie wir alle – eine starke Sprache, die immerzu übersetzt und in die er übersetzen muss. Eine dichte, volle Sprache, deren Brüchen gegenüber er treu sein kann. Dass man sich gegen den »vom Apparate-Kapitalismus ausgerufenen Befehl zu kommunizieren« stellen muss, schreibt Dany, der uns am Ende diese Verweigerung heiter, rauschend, dunkel und schamanistisch ausmalt.

Reden und Schweigen, Auskunft geben oder Verstummen, Wünsche äußern oder sie bei sich behalten – all diese möglichen Verfahrensweisen der sprachlichen Herausgabe oder Zurückhaltung sind Konjunkturen unterworfen. Sie kommen und gehen wie Moden. »Im Lauf meiner Existenz hat mich eine Schaukelbewegung überrascht, die sich im Innern der Asyle vollzog. Während man früher kaum oder gar nicht an Kommunikation dachte, wurde sie zwischenzeitlich zu einer empfohlenen und, wie ich sie kennenlernte, zu einer verpflichtenden Größe. Man musste sie wahren, unterhalten, die Gelegenheiten vervielfachen und diejenigen bewachen, die ihr auswichen.

So sehr, wie man in den damaligen Asylen die Kommunikation zu fürchten schien, da jede Abstimmung irgendein Projekt einleiten konnte, und sei es nur jene Anzahl, die für die Flucht unverzichtbar war; so sehr wird an den Orten, die nicht mehr Asyl, sondern Pflege heißen, die Kommunikation angefacht – was diejenigen hier und da alarmieren mag, die solchen Wechselfällen begegnen mussten.

31 Hans-Christian Dany: Morgen werde ich Idiot. Kybernetik und Kontrollgesellschaft. Hamburg 2013. Seite 95.

Entweder wird das Telefon abgeschaltet oder an ein Abhörgerät angeschlossen. Zwischen diesen beiden Zwängen kann man wählen. Man wird mir entgegnen wollen, die Asyle seien einer winzigen Minderheit vorbehalten. Ich bleibe davon überzeugt, dass die modischen Ideen eine subtile Flüssigkeit bilden, welche das Prinzip der kommunizierenden Vasen nicht ignoriert. Mehr noch: in den sich verschanzenden Orten lebt im Übermaß das Kernstück des alltäglichen Lebens.«[32]

In den letzten Jahren wurde der Dichter immer wieder dazu aufgerufen zu sagen, was er im Begriff war zu tun. Nervös öffnet und schließt er die Schachtel und steckt sie in die Manteltasche zurück. Natürlich ist es gut, wenn es ein Interesse gibt. Ohne dieses Interesse hätte sich der Dichter womöglich längst anderem zugewandt, doch diese eigenartige Auskunftspflicht bezüglich seiner dichterischen Praxis trieb ihn in die Außenbereiche der Produktion und er wurde sich selbst gegenüber auf wortreiche Weise stumpf und undurchsichtig.

»Was ist ein Gedicht? Ein Gedicht ist nichts. Durch Beharrlichkeit kann aus einem Gedicht etwas werden, aber dann ist es etwas und nicht ein Gedicht. Warum ist es nichts? Weil es nicht angeschaut, gehört, berührt oder gelesen werden kann (was gelesen werden kann, ist Prosa). Es ist kein Ergebnis von Erfahrung, sei sie gewöhnlich oder ungewöhnlich, es ist das Resultat der Fähigkeit, innerhalb der Erfahrung ein Vakuum zu schaffen – es ist ein Vakuum und daher ist es nichts. Es kann nicht angeschaut, gehört, berührt oder gelesen werden, weil es ein Vakuum ist. Da es ein Vakuum ist, kann der Dichter sich damit nicht schmeicheln, noch dafür Schmeicheleien einfordern. Da es ein Vakuum ist, kann es nicht vor Publikum wiedergegeben werden. Ein Vakuum ist unveränderlich und unverrückbar ein Vakuum – das Einzige, was ihm zustoßen kann, ist Zerstörung. Wäre

32 Fernand Deligny: Seinsspuren und Schattengemäuer: Pest oder Quecke. Übersetzt und im Anhang durch einen Glossar zu Delignys Sprachgebrauch ergänzt von Hartwig Zander, unter Mitarbeit von Robert Lagardeuc. Ostheim/Rhön 2014. Seite 9.

es möglich, es vor Publikum wiederzugeben, würde daraus die Zerstörung des Publikums resultieren.«[33]

Daran musste der Dichter immer häufiger denken. Das war natürlich eine riskante Haltung, gerade gegenüber Leuten, die dem Gedicht eigentlich freundlich gesinnt sind, das sah er ein. Es dürfte dann auch die Klage um mangelnde Resonanz keine Gültigkeit mehr haben. Doch hat die Erfahrung den Dichter gelehrt, dass die schlimmeren Probleme dann aufkommen, wenn das Wort, die Zeile, das Gedicht keine Resonanz mehr in ihm findet, wenn ihm die Gnade dieser Zeitanwendung, die die Arbeit am Gedicht ist, mit einem Mal nicht mehr gegeben ist. Der Raum schrumpft in sich zusammen, und auch sonst gibt es keine Rettung. Da hilft Resonanz, die von außen kommt, wenig, was seltsam ist, weil man sie sich, solange sie ausblieb, als Rettung ersehnt hatte. Um diesen inneren Raum wieder herzustellen, ihn einzurichten und der Wahrnehmung erneut anbieten zu können, braucht es zumindest die Bereitschaft zur Verweigerung. Und nebenbei so viel Lektüre, wie in den Tag nur hineinpasst. Eine leere Stelle nicht fürchten, sondern begrüßen, oder ist es nur das Nachdenken über die leise Frage, wer wem denn nun etwas tut? Keine Antwort. Und immer wieder aufs Neue beginnen, weil man es ja wirklich nicht weiß.

Vielleicht liegt gerade in dem Risiko, unverständlich zu sein, eine ganz eigene idiotische Form der Rettung – die ihre eigenen, anderen Möglichkeiten der besseren Adressierung findet. »Als Idioten sind wir einfach noch viel idiotischer als das, was von uns erwartet wird – keine Gebrauchsidioten, sondern welche, die wirklich nicht zu gebrauchen sind.«[34]

---

33 Para-Riding. Gedichte und Texte von Laura (Riding) Jackson. Übersetzt und herausgegeben von Christian Filips und Monika Rinck. Berlin, Holderbank 2011. Hier finden Sie auch einige Aufsätze zu ihrer Arbeit und biografische Informationen.

34 Hans-Christian Dany: Morgen werde ich Idiot. Kybernetik und Kontrollgesellschaft. Hamburg 2013. Seite 119.

Direkt an diese idiotische Utopie grenzt die Tristesse des gar nicht mehr Mitteilbaren. »Zuletzt bleibt der Idiotes immer in Berührung mit seinem Grenzfall, dem Vollidioten. Der nichts mehr besitzt, was er mitteilen – mit anderen teilen könnte.«[35] Da graut es dem Dichter und er schließt mit großer Vorsicht die Augen. Im Dunkeln fragt er sich, ob das wirklich eine so gute Idee ist. Und am Ende steht er als Idiot da. Das ist das Risiko. Und das ist das Ende. Und so stehen wir da.

35 Botho Strauss: Lichter des Toren. Der Idiot und seine Zeit. München 2013. E-Book, Position 206.

Aber nein, das ist natürlich nicht das Ende!
Das haben Sie doch nicht allen Ernstes angenommen?
Andererseits kann das Ende überall sein. Schlagen Sie es einfach zu, das Buch, und das Ende ist da.

Zum fröhlichen Urstand

Kommen Sie, kommen Sie: Der Idiot heißt Sie willkommen im »Fröhlichen Urstand«. Aah! Sie betreten stolpernd unter verhaltenem Applaus die innere Weltausstellung der Idiotie. Dem Folder entnehmen Sie bitte unter der tadellosen Überschrift »Gratulation, es ist Ihnen geklückt!«, dass es sich beim »Fröhlichen Urstand« um einen ecksklusiven Erlebnispark der Dummheit handelt. Wir vom Fröhlichen Urstand wünschen Ihnen über die Maßen blendendste Unterhaltung! Bitte nehmen Sie Ihre Tickets entgegen am Schalter links der blinkenden Birnen und suchen Sie sich einen Dichter aus für die Ermöglichung Ihrer stöbernden Begehung für vier bis sechs Personen Ihres näheren Umfelds!

Aus der Ferne ein Knirschen und trockenes Klappern wie von einem Holzgestänge, schmale Wolken schlängeln sich um Fahnenstangen, feurige Alarme heulen erstmals die erwähnten Namen. Eilends besehen Sie den hellen Himmel und fragen sich, was das wohl sei, sind das etwa Bomber? Bomber aus Apulien? Nein, aus Apulien beziehen wir ausschließlich frittierte Teiglinge, Babypflanzen und Setzkästen, mehr nicht. Nun bemerken alle, dass ein Tumult zufälliger Dinge herrscht. Es ist den Menschen ein Auflauf, denn wo sie auch hingehen, ist ihnen ihr Weggang eine Buße gemäß der Museumsbahn Kapazitäten. Her mit dem Busunternehmen! Ordnung der Zeit, Orario! Die falsche Haltestelle? Ja, Ihre ist dort drüben, auf der anderen Seite des Kreisels. Mille grazie. Danke sehr.

Kommen Sie schnell, wir gehen durch die Skonto-Schleuse! Schließen Sie sich einfach Ihrem Dichter an. Flugs heften sich Aussagen soghaft an Objekte und Assistentinnen schlüpfen einzelnen Personen zu. Auch an den Raum und sein seit vier Jahrzehnten im Dienste des Amüsements stehendes Mobiliar wird Text verteilt. Ui, mir ist heiß, stößt die flache Platte hervor, auf der dünne Tücher aus Teig sich übereinander falten. Wir wollen es uns einfach machen, bestreuen Sie mich mit Zucker, ich Sie dann mit Zimt, und lassen Sie uns klappen: klapp, klapp, aufeinander zu, du köstlicher Cretin.

Hierzu steht übrigens eine kleine Choreo zur Verfügung und der Dichter stimmt sogleich beherzt ein Lied an, um die ihm aufgetragenen Inhalte sowohl einem erzählerischen wie auch einem musikalischen Gebrauch zuzuführen. Sie sind natürlich eingeladen, es ihm nachzutun. O, der blonde Mann in der Mitte seiner Drogenkarriere, der Dichter konnte ihn schreiben wie ein Buch, das Sie nun wieder lesen können, ja, wie ein Buch. Dieser tritt nun auf sein Lied heran und kräuselt die Stirne, ein auf die schiefe Bahn geratener junger Bulle. Es fehlen die Papiere. Der Dichter schielt idiotisch auf sein Bier.

Hier sind die Regeln. Voilà: Sie dürfen nicht außer Landes gehen! Sie dürfen nicht mal landeinwärts gehen. Das soll Ihnen die Laune nicht verderben, denn jetzt geht es erst mal weiter in den Park hinein. Auf schwankenden Spielfeldern schwenken Sie Ihre sehr großen mit Quirlen bewehrten Hüte. Sie beginnen sich auf den einzelnen Feldern zu verteilen. Der Dichter erklärt seiner Gruppe, dass nun ein Turnier der Rückschlagspiele eröffnet werde. Was sind Rückschlagspiele? Gut, dass Sie fragen. Rückschlagspiele handeln vor allem davon, dass die Regeln nicht beherrscht werden können, weil sie a) im Sinne des Machtgefälles nicht endgültig kommuniziert worden sind, b) sich sowieso ständig ändern und c) alle Mitspieler Amateure sind, die lieben, was sie tun, ohne es zu beherrschen. Dies ist die Variante als Lauf- und Drehspiel, für die eine gewisse Fläche unabkömmlich ist.

Dies betreiben Sie nun eine Weile, bis Sie zu Tisch gerufen werden. Der Tisch (eines der wenigen Worte, das im Italienischen sowohl männlich wie weiblich in Erscheinung tritt: IL TAVOLO oder LA TAVOLA) ist der ontologische Gegenstand per se. Er verbürgt die Gegenwart und Realität der Dinge und, in Grenzen, auch ihre Verlässlichkeit. Sowie, im Italienischen, wie bereits angemerkt: ihr wechselhaftes Geschlecht, das ebenso Funktion ihrer Verlässlichkeit ist. Auf diesem Tisch, oder dieser Tischin, wenn Sie so wollen, liegt der dünne grüne Filz. Etwas, das zwischen den Parteien ausgebreitet wird, *spread abroad,* als Oberfläche der Verhandlung. Hier werden die Möglichkeiten der Idiotie in ihre Wirklichkeit übersetzt, also lebendig ausgedeutet. Doch schauen Sie einen Moment noch zurück: Lewis & Short belehren uns, dass »interpretari« wohl einer anderen Wurzel angehört als »pretium«. Hm. Ja, und?

Am Tisch finden diverse Gesellschaftsspiele statt, die nur wenig Raum in Anspruch nehmen und welche Sie im Anschluss in Ihrem Gedächtnis mit nach Hause nehmen können, in Ihre kleinen Wohnüngchen. Zum Beispiel »32 HEB AUF!«, um nur eines zu nennen. Daneben: Glücksspiele, namentlich Pokerrunden, die sich als soziale Miniaturen des Gegebenen verstehen. Sie könnten Ihr Wohnüngchen in den Ring werfen, ach, Sie wohnen zur Miete? Dann drei Monatsmieten, *to begin with*. Ja, hier winken Verluste mit Gewinnen und Gewinne mit Verlusten. Wir können nicht so tun, als habe das Idiotische keine unterkontrollierte Produktivität. Anders gesagt: TAVOLA saugt dich auf. Der Tisch ist ein Sog. Oder: das Gegenteil von Verdrängung. Aber lässig, nicht so total wie in Rom. Oho. Wir können Sie nicht mehr verstehen, auch erscheinen uns diesbezügliche Anstrengungen zunehmend als sinnlos.

Verzeihung. Das führt Sie nun mitten hinein in die Frage der praktischen Begriffsdefinition. Sie haben es im Feld des Idiotischen mit einem Aufgebot unscharfer Begriffe zu tun, die ihre Triftigkeit erst im Kontext, im Kontrast offenbaren. Akteure des Idiotischen könnten zum Beispiel sein: der Laie, der Nichtpriester, der Analphabet, der Amateur, der Bettelmönch, die Verwandten, Ihr Galerist, der Esel, der Schwamm, der Schaum und viele andere mehr. Über dieser illustren Runde kreisen unterschiedliche Haltungen oder Zustände und wollen landen: Die Idiotie. Die Torheit. Die Dummheit. Die Blödheit. Das Irresein. Bis auf die letzte Fügung begleitet all diese Qualitäten im Deutschen der weibliche Artikel, interessant. Geht man den Etymologien dieser Begriffe nach, kommt man auf unterschiedliche Formen beeinträchtigter Wahrnehmung. Man setzt an den fünf Sinnen an, trübt und benebelt sie. Stäuben und stieben werden mehrfach genannt. Hierzu setzen wir im Nebelzentrum unseres Amüsementparks einen Sprüh-Generator ein, dessen Erlebnis im Eintrittspreis mitinbegriffen ist. Versäumen Sie dies nicht. Auch wohnen Unbeweglichkeit und Schwere, körperliche und geistige Erstarrung nahebei und erwarten Ihren Besuch.

Rund um die Uhr finden im enormen Konferenzsaal unseres Expohotels Podiumsdiskussionen statt, die zudem live auf der Station RadioUrstand auf Mittelwelle übertragen werden. Sie können jederzeit einsteigen und erleben vielleicht die erhitzte Behandlung der Frage, mit welchem Subset von Idiotie man es jeweils zu tun habe. Oder eine schmissige Debatte darüber, ob selbstreflexive Idiotie eine denkbare Kategorie sei. Wenn dies Ihre phänomenale Kontrastdimension ist – können Sie dann, nachdem Ihnen klar geworden ist, dass Sie idiotisch agieren, von Ihrem Verhalten mit Fug und Recht noch behaupten, es sei idiotisch? Idiotisch im emphatischen Sinn, mit der ganzen Unschuld, in die das innere Geschehen sich hüllt, im Licht der Unschuld, das vom Idioten ausstrahlt?

Hach, das ist der Skandal der Vernunft. (Der Dichter hat alles mit Troddeln verziert, der Wein ist aus Quitten gemacht, er kommt außerdem aus Armenien.) In den sanitären Anstalten unseres Parks geht die Unterhaltung weiter: Hier haben Sie Gelegenheit, bei einer Runde des beliebten Partyspiels »Gegenwort« Pfandbriefe und Kommunalobligationen zu verspielen sowie argentinische Staatsanleihen zu gewinnen. Sie brauchen keine Hose. Das bedeutet weitaus mehr als eine quasi philologische Arbeit an der Schärfe des Begriffs. Diese Mühen der Bestimmung nehmen in den Blick, dass begriffliche Feineinstellung immerzu geborsten, äh geboten, geboten! ist – denn schließlich geht es um eine

Haltung, die wissen muss, worin ihr Gegenteil besteht –, gerade angesichts der Tatsache, dass Idiotie als Wurfgeschoss hart trifft und Spuren hinterlässt. Und ist denn Intelligenz wirklich der Gegenpol von Idiotie? Und was hat Dummheit damit zu tun?

»Die Dummheit ist von unternehmungslustigem Wesen: sie besteht nicht darin schlecht oder gar überhaupt nicht zu dechiffrieren, sondern darin permanent Botschaften auszusenden. Sie spricht und muss dem Gesagten permanent etwas ›hinzufügen‹. Der Inintelligenz geschieht etwas, die Dummheit tut etwas: sie behält stets die Initiative. (...) Die Inintelligenz ist nichts anderes als eine Verweigerung oder besser noch eine Unfähigkeit zur Teilnahme; die Dummheit dagegen drückt sich durch ein andauerndes Engagement aus.«[36]

Die Philosophie muss sich für sie interessieren; weil sie so viele bestürzende Widersprüche hervorbringt, will sie wissen, wie und wo die Dummheit das tut, sagt Avital Ronell und tritt damit etwas verspätet in Begleitung von Thomas Pynchon in das Geschehen auf dem monochromen Schachfeld ein, der nicht zögert, die Gegenwort-Spielenden darauf hinzuweisen, dass Ignoranz nicht einfach nur ein leerer Fleck auf jemandes *Mental Map* sei, sondern über Konturen und Kohärenzen genauso wie über eine Betriebsordnung verfüge. Daher sollte man sich vielleicht, neben dem Versuch, über das zu schreiben, was man weiß, mit der Dummheit vertrauter machen, insbesondere mit ihren Möglichkeiten, eine gute Geschichte zu ruinieren.[37] Die Anwesenden sind beeindruckt. Andererseits sind auch viele ausgesprochen gute Geschichten selbst sehr dumm, häufig sind sie sexistisch und erneuern den Opferzusammenhang, der in unserer Gesellschaft nach wie vor für eine einfache Spielart von Sinn sorgt – und die zu ruinieren,

---

36 Clément Rosset: Das Reale. Traktat über die Idiotie. Übersetzt von Renate Hörisch-Helligrath. Frankfurt am Main 1988. Seite 184f. Die Originalausgabe ist bereits 1977 in Frankreich erschienen.

37 »Because it generates so many startling contradictions, stupidity, for philosophy the end of philosophy, acquires a status that needs to be claimed, if not entirely understood.« Avital Ronell: Stupidity. Urbana, Chicago 2003. Seite 4.

kommt einer Rettung gleich. Das Risiko besteht vielleicht allein in der Unterscheidung. Kommt jetzt der Götterbote Herpes? Nein, der kommt später.

Mit diesem Gedanken auf den Klippen geht es weiter. Das nächste Spiel heißt: »Schnittmenge Schlückchen Sekt«. Schnittmenge hat schon Flaubert mit emporschnellender Begeisterung gespielt und es nicht lassen können. Grob gesagt geht es um die spannende Frage: In welcher Schnittmenge des Sozialen respektive Ausklammerung des Asozialen befindet sich die Idiotie? Wie ändert sich die Sachlage, wenn der Akt der Beschimpfung von anderen übernommen wird und dann nicht mehr launische Selbstbezichtigung, sondern schlichte Beleidigung ist? Man braucht dazu Empfangspersonal, Fingerfood, festliche Getränke und ein kurvenreiches soziales Gefälle. Die Regeln von »Schnittmenge Schlückchen Sekt« sind recht komplex, aber vor Ort gibt es Praxisberater und -beraterinnen, die Ihnen gerne zeigen, wie man das Spiel so spielt, dass die Idiotie zwar generell gegeben ist, aber dennoch jederzeit zur Verhandlung steht.

Das bedeutet oft: zulassen und abwehren zugleich, als spielte man mit einem unbespannten Schläger Tennis, sodass der Dichter auch einen Begriff wie Dummheit, der nur auf den ersten Blick von plumper Eindeutigkeit ist, einer Abschleifung unterziehen müsste, damit er seinem Lob genügte, wie Kenneth Goldsmith es in der Meditation »Dumm« getan hat, in der sich die titelgebende Qualität sogleich verdoppelt in »dumm dumm« und »schlau dumm«, wobei nur Letzteres der interessanten, quasi fortschrittlichen Dummheit entspreche.[38] Gustave Flaubert konnte noch sagen, dass, wer immer gegen die Dummheit angehe, von ihr

38 »Dumm ist nicht angeboren. Für dumm muss man erst durch schlau durch. Schlau ist töricht, weil es bei schlau aufhört. Schlau ist eine Phase. Dumm ist postschlau. Schlau ist begrenzt, bekannt, formelhaft, vertraut. Die Welt funktioniert schlau. Und funktioniert darum nicht. Ich möchte in einer Welt leben, wo das Schlauste, was du tun kannst, das Dümmste ist.« Kenneth Goldsmith: Dumm. Übersetzt von Ekkehard Knörer. Merkur, Heft 01, 2014. Seite 85.

versehrt werde,[39] doch was ist mit dem, der für sie eintritt? Bleibt der vor ihr bewahrt?

Am entgegengesetzten Pol finden Sie den Trostort Idiotie. In unmittelbarer Nähe zur Regression befindlich, präsentiert er sich Ihnen als Kurort, als Exklave innerhalb der informationsverarbeitenden und befehlshabenden Sprache. Tauchen Sie doch mal hinein! Es besteht eine Verbindung zur Lautpoesie oder, weiter gefasst, zu den Eigenheiten poetischen Sprechens. Hier tränken Sie Ihre entschleunigten Kamele. Sodass sich im Verlauf Ihres Besuchs ein flüchtiges Idiotikon erstellt, ein peripheres Wörterbuch von einiger Plötzlichkeit und reduzierter Haltbarkeit. Es ist ja schön, das Wort im Mund zu haben, insbesondere wenn es eben erst entsteht.

Nachtgliehst pertum durgt, lets Zwische otörkih al puckt bai Ollt dem wer bännt. Was Sie eben nicht verstanden habe, könnte in etwa heißen: Nimm dein Schwert hinweg und bring mir Träubchen. Lass den Rechner aus und trag die Decken in das große Zimmer. Wie sagen Sie das, in Ihrer Sprache, in dieser Sprache, in der Sprache Ihrer Müdigkeit, der Sprache Ihrer Devianz? Denn es wird Frühling und Ihr Amateur will sich ein weiches Lager richten. Oder müsste der Idiot es Ihnen singen? Oh, plündern, kühl, doch auch die Haut wie komplettierend, nimm diesen Schluck, Frühling, am Abend hüllt er sich in unbekannte Oberfläche und ist darüber sehr erstaunt. Es folgt der Frühlingshauch, der kommt, faselnd wie ein Halbnarr. Und Blumen streut er aus.

39 »La bêtise est quelque chose d'inébranable; rien ne l'attaque sans se briser contre elle.« Zitiert nach Avital Ronell: Stupidity. Urbana, Chicago 2003. Seite 316.

SPRING

To what purpose, April, do you return again?
Beauty is not enough.
You can no longer quiet me with the redness
Of little leaves opening stickily.
I know what I know.
The sun is hot on my neck as I observe
The spikes of the crocus.
The smell of the earth is good.
It is apparent that there is no death.
But what does that signify?
Not only under ground are the brains of men
Eaten by maggots.
Life in itself
Is nothing,
An empty cup, a flight of uncarpeted stairs.
It is not enough that yearly, down this hill,
April
Comes like an idiot, babbling and strewing flowers.

Was bezweckt es, Frühling, dass Du schon wieder kommst?
Schönheit ist nicht genug.
Du beschwichtigst mich auf die Läng nicht mit der Rötung
Von Blättchen, die klebrig im Brechen sind.
Die Sonne brennt mir aufs Genick, indes ich seh
Den Krokus spitz hochgehn;
Die Erde hat guten Geruch;
Ganz augenscheinlich gibt es keinen Tod.
Aber was besagt das denn?
Nicht unterirdisch allein wird des Menschen Hirn
Fressen der Würmer.
Leben an sich
Ist garnichts,
Ein leeres Glas, die Stiegen ein Hinterhaus hoch -
Es ist nicht genug, dass jährlich, hier bergab
Frühling
Kommt wie ein Halbnarr, faselnd und Blumen streuend.[40]

40 Edna St. Vincent Millays Gedicht »Spring« in der Übertragung von Rudolf Borchardt, in: Die Entdeckung Amerikas. Rudolf Borchardt und Edna St. Vincent Millay – Gedichte, Übertragungen, Essays. Hg. von Gerhard Schuster. München 2004. Seite 217 und Seite 55.

»Kommt wie ein Halbnarr, faselnd und Blumen streuend.« Ja. Sagen Sie, ist das nicht schön? Selbst wenn es nicht genug sein sollte, wie es heißt. Ist Schönheit wirklich nicht genug? Denken Sie bei Gelegenheit einmal darüber nach. Nun aber geht es in die plüschigen Berge, in das rosarote Unwetter der Idylle, in die Liebeslaube. Das darf bei einem fröhlichen Urstand freilich nicht fehlen und führt uns zum zärtlichen Umgang im Allgemeinen, man könnte auch sagen: zum *idiot plot of love*. In der amerikanischen Filmkritik bezeichnet der Begriff des *idiot plots* eine Filmhandlung, die sofort zum Erliegen käme, wenn sämtliche Beteiligten *keine* Idioten wären. Da dies jedoch nicht der Fall ist, zieht sich das Geschehen ungemein in die Länge. An dieser Stelle möchte der Idiot nicht weiter ins Detail gehen.

Langsam werden Sie vielleicht hungrig geworden sein oder einen leichten Durst verspüren? Keine Sorge, zur genussvollen Aufrichtung Ihres leibliches Wohls haben wir etwas vorbereitet: Eistee mit Altbier und tolle Schwarzwurzelsnacks. Wie bitte? Ach, Sie können die Sprache nicht, Sie nicht einmal wissen, was ist für ein Sprache, in der ist. Hier: Die Scham, sie steigt, ist überall, wie entsetzlich Sie sich schämen. Wo ist denn jetzt Ihr Dichter? Das ist so typisch, kaum braucht man ihn – und das ist selten genug –, ist er nicht da. Stellen Sie sich her, schauen Sie sich um. Ist es nicht sensationell, um wie viel deutlicher die Dummheit Sie benutzt, als es die Klugheit tut, die Sie vielleicht nur kurz erhitzt, durchquert, ja einmal streift, als hätten aufgenommen Sie das kluge Wort, und ausgegeben, damit es Sie verlässt, um hinfort anderen zu gehören. Ganz anders die Dummheit: Sie steht in Ihren Schuhen und auf Ihren Beinen, sie hat Ihr Gewicht, erhöht zumal, jaja. Alles da.

Der Vorgang, der in der Verkörperung der Dummheit endet, setzt Scham frei, umso mehr, wenn Begehren mit im Spiel ist. Und Scham vermengt sich mit Angst. Schaumfetzen! Oder wurde der Idiot allein so erzogen? Plump und dumm sind seine Wünsche, sagt er sich, durchschaubar und vulgär. Eine gute Art der Verfeinerung werden Idioten wie er nie erreichen! Gut, dann wird das wohl so sein, konzediert er lebenslustig und folgt den Schildern mit der Tasse und dem Messer und der Gabel. Weil er wie Sie am

Leben ist, und das vermutlich nicht mehr endlos lange. Es handelt sich schließlich nicht um eine Fachmesse für Bangemacherei und Beschämungstechnik, sondern, wie eingangs lauthals versprochen, um einen Fröhlichen Urstand. Hier dürfen Sie sich selber fremd werden – und es wird Ihnen ein Vergnügen sein.

Sie wissen ja: Das Begehren zu entlarven, bedeutet nicht, es zu widerlegen. Hier kann die Komödie helfen: »In dieser Hinsicht kann man die Komödie tatsächlich als eine Maschine des Austarierens von Angst betrachten, die sie in genauen und ›angemessenen‹ Dosen verabreicht. Die Beziehung zwischen Komödie und Angst (beispielsweise in Form des Unheimlichen), zumal ihre häufig überraschende Nähe, (...) wirft natürlich die Frage nach der Art ihrer Beziehung auf. Und anstatt die Komödie als eine Art Gegen-Entität im Verhältnis zur Angst zu betrachten, könnte man sie vielleicht genau als eine künstlerische Fertigkeit oder Technik des Austarierens von Angst definieren, eine Technik, um das ›unmögliche‹ Objekt innerhalb des Bereichs des Begehrens zu bewahren. (...) Wir können über das verstörende Objekt lachen und nicht einfach über oder aufgrund seiner erfolgreichen Ausschaltung (was eine ›Entlastung‹ wäre).[41]

Wenn der Idiot gegen sein eigentliches Wesen, gemeinsam mit dem Dichter, der soeben aus den eigens errichteten Kulissen tritt, für eine Spielart des Albernen plädiert, die das Eigene als befremdlich vorführt, will er damit für Erfrischung und eine neue Verhältnismäßigkeit sorgen, die dort entsteht, wo Sie begreifen, dass Sie soeben in eine Lage gerieten, in der Sie Ihre unsägliche Lächerlichkeit überlebt haben und jetzt, so verbessert, weitermachen können. Die Grenzen sind fließend, und sie unterscheiden sich je nach Beteiligten. Schauen Sie sich um.

Vor allem muss mehr Fremdes hinein, mehr Schönes, das von anderen kommt. Das ist die einzige Rettung: Es nicht mehr selber sein. Ja, ja. Es mischen. Es aufgießen und umrühren und mit

41 Alenka Zupančič: Eichhörnchen für die Nüsse, in: Neue Rundschau, Heft 4, 124. Jahrgang. Frankfurt am Main 2013. Seite 189.

tausend Zungen plappern lassen. Und so spät wie irgend möglich Ich sagen. Zögern Sie das Subjekt hinaus! Wer immer Sie sind, kommen Sie mit, wie ein Halbnarr, faselnd und Blumen streuend. Phyllobollia!

Aber ist das auch für die anderen gut? Hm. Bestimmt. Und hiermit verlassen Sie, hinreichend erfrischt, den Freizeitpark Zum Fröhlichen Urstand. Besonderer Service: Jeder zweite Eintritt ist frei.

Der Helm, die Helme

Argwohn mein Helm
ich häng ihn
ins Gebälk der Nacht
Peter Huchel

Nachdem Sie den Fröhlichen Urstand verlassen hatten, indem Sie auf Stelzen über die einer entnadelten Tanne nachempfundene Tonne einer Drehtür gestiegen oder vielmehr gestolpert waren, das Gleichgewicht verloren hatten, umgefallen waren und sich Splitter in den Handballen gejagt hatten, konnten Sie nicht anders: Sie rissen sich den Helm vom Kopf und schrien ihn an. Es empörte Sie vor allem der Umstand, dass die Vorausschau Sie zwar mit einem Schutz, allerdings einem ganz sinnlosen ausgestattet hatte. Kommt jetzt der Götterbote Herpes? Nein, jetzt nicht, später. Ganz ungeschützt waren Sie nicht, wobei: an dieser Stelle schon. Jaja. Das ist ein altes Lied: Wer sich schlau ein Schlupfloch graben will, gräbt sich nur ein frühes Grab. Wo die Prophylaxe versagt, entspringt der Quell der Häme. Der Schalter war zu diesem Zeitpunkt bereits geschlossen. Das hatten Sie von Ihren Stelzen aus sehr deutlich sehen können. Der Idiot wollte innerliches Sprechen schutzlos veräußerlichen, etwas tun, das nicht hierhergehört. Und schämte sich doch.

Geht es um die Beule? Geht es um den Wind, der alles mit den Haaren machen will? Treten Sie vor die Tür, er wird Ihre Bedenken zerstreuen. Mit einer unmenschlichen Energie stellt der Wind die Dinge in den Moment. Man hat uns mehrfach erklärt, dass zum Genuss des Lebens auch ein gewisses Maß an Lebensverachtung gehöre. Der Schutz war in der Kunst nicht sehr hoch angesehen. Ach, das haben Sie falsch verstanden. Während um den Idioten herum die Sorge vergoldet wird – Vollbeschäftigung für Chemiker! Und der Waffenhandel boomt. Umzäunte Gemeinschaften stellen Portiere ein. Betteln und hausieren verboten. Auch das – haben Sie falsch verstanden.

Sie verstehen jetzt gar nichts mehr! Das Experiment erfordert eine gewisse Versiegelung gegenüber dem Empathischen, die Bereitschaft, sich nicht in den anderen hineinzuversetzen, sondern in das, was für die Ausführenden in diesem Moment das ganz Andere ist – nämlich etwas, das er oder sie selbst noch nicht kennt. Wir mögen doch bitte das Schlingern der Performerinnen genießen, sowie das Schlingern der Performer. Wir wissen es noch nicht genau. Es geht, der Dichter spürt eine Energie, mit der Kraft, ihn zu verstören. Fast betörend, hochaufgerichtet sitzt er auf der Kante wie ein Leuchtturm da, er will alles sehen! Dann kommt der Text, in einem Stil, zu einem Thema, vorgetragen in einer Diktion, die eine Haltung transportiert, dass er wünscht, ihm würden Augen und Ohren zufallen, oder er wäre gar nicht mehr da. Den Helm, den er gegen diese wie für ihn gemachte sehr spezielle Strafe, die für viele andere harmlos, für ihn aber unerträglich ist, tragen könnte, muss erst noch konstruiert werden. Der Dichter verliest im Stillen das Konzept des Seelenhelmes (das Ende!), er denkt an Talismane, an Masken, an Symbole, an die Ideologie von Schutz und die von Schutzlosigkeit und welche Rolle der Verstand darin spielt. »Denn Furcht ist nichts anderes, als dass einer nicht wagt, sich von seinem Verstand helfen zu lassen. Wenn aber die Hoffnung im Herzen zu schwach ist, hält man die Ratlosigkeit für schlimmer als die eigentliche Ursache der Plage.«[42] Was hat er sich da nur aufgesetzt? Er sammelt sich wie ein Schwarm und quillt flatternd über die Landschaft. Runter mit dem Visier.

»Die Schamreaktion ist ein Akt, der mimische Kommunikation reduziert. Sie steht in der gleichen Beziehung zu schauen und lächeln wie schweigen zu reden und wie Ekel, Übelkeit und Erbrechen zu Hunger und essen. Indem das Individuum seine

42 Weisheit Salomos 17, 12.

Augen senkt, seine Lider, seinen Kopf und manchmal sogar den ganzen oberen Teil seines Körpers, gebietet es den Blicken einer anderen Person Einhalt, insbesondere auf das Gesicht. Das Kind lernt früh, sein Gesicht mit den Händen zu bedecken, wenn es in der Gegenwart von Fremden schüchtern ist.«[43]

Freilich ist es idiotisch, anderen absichtsvoll etwas zu sehen zu geben, was man ihnen gar nicht zeigen will. Auch sind die anderen in einer kniffligen Lage, da ihnen etwas gezeigt wird, das sie nicht sehen sollen. Dennoch erträumt sich der Dichter Räume, in denen eine Weile keine Meinung herrscht, in denen die Dinge sich gedankenverloren bewegen und frei in die Welt hinein altern. Leere Räume ohne Superlative und ohne Herabsetzungen. »Kritiken lese ich nie, ist mir so sehr peinlich. Die guten fast mehr als die schlechten. Überhaupt ist mir das Dichten so peinlich. Es ist schamlos.«[44] So bezichtigt sich Christine Lavant in ihren Briefen der Schamlosigkeit. 1960 schreibt sie an Hilde Domin: »Sie springen niemandem vor Kummer oder Entsetzen ins Herz und stellen das Ihre nicht vor allen als Falle auf. Trotzdem ist es in Allem. Was bin ich dagegen für [eine] schamlose Proletin.«[45] Stimmt, das hat Hilde Domin nicht gemacht. Aber viel aufgeregter, erstaunter und wie auf dem Wasser gleitend, auch tauchend liest der Leser die Lavant. »Die passionierteste Untersuchung telepathischer Phänomene zum Beispiel wird einen über das Lesen (das ein eminent telepathischer Vorgang ist) nicht halb so viel lehren, wie die profane Erleuchtung des Lesens über die telepathischen Phänomene.«[46]

---

43 Eve Kosofsky Sedgwick, Adam Frank (Hg.): Shame and its sisters. A Silvan Tomkins Reader. (ÜS MR) Durham, London 1995. Seite 134.

44 »Wenn nicht Himmel, dann ordentlich Hölle«, Nachwort von Doris Moser, in: Christine Lavant. Zu Lebzeiten veröffentlichte Gedichte. Aus einem Brief an Gerhard Deesen, vom 27. März 1961. Göttingen 2014. Seite 672.

45 »Wenn nicht Himmel, dann ordentlich Hölle«, Nachwort von Doris Moser, in: Christine Lavant. Zu Lebzeiten veröffentlichte Gedichte. Göttingen 2014. Seite 670.

46 Walter Benjamin: Der Sürrealismus. Die letzte Momentaufnahme der europäischen Intelligenz, in: Gesammelte Werke II. Frankfurt am Main 2011. Seite 25.

Gegen die Scham könnte der Idiot der Lavant einen Helm anpassen. Doch muss er die Logik der Nachrüstung bedenken: Letztlich stünde eine behelmte Leserschaft vor einem behelmten Herzen, das als Falle aufgestellt ist und – was dann? Es ginge erst einmal darum, eine Idee von Schutz zu haben, damit man weitermachen kann, oder: Man wirft dies alles weg und geht in die andere Richtung davon; hier funktioniert es so, dass mit dem mutwilligen Ablegen des Schutzes auch das Gefühl der Bedrohung sich legt – vielleicht. Schwebeballast – man lädt sich etwas auf, um es später abzuwerfen, auch das ist eine Form der Prophylaxe. Nachdem Sie den Trick der heruntergeschulterten Last ausgeführt haben, reißt der nackte Schädel Sie gegen die Laterne, die eben aus dem Boden geschossen ist, um das Es gegen das Überich auszuspielen. Nein, das tut er nicht. Und falls doch, wären Ihnen inzwischen Fähigkeiten zugewachsen, das zu erleben und zu vergessen, in einem einzigen Augenblick. Es wird Ihnen nichts davon geblieben sein.

»In unterschiedlichen Kulturen werden Genitalien oder Gesicht verdeckt, oder beides, je nachdem was als das privateste Körperteil betrachtet wird.«[47] Bertrand Russell, der klügste Mann der Welt, ging einst (in Cambridge, England) mit einigen Studenten und Kollegen nachts nackt schwimmen und wurde dabei überrascht. Seine Kollegen und Studenten kamen betreten aus dem Wasser und verbargen ihre Scham. Herr Russell hingegen trat aus dem See und verbarg sein Gesicht, da er davon ausgehen konnte, dass ihn weitaus mehr Leute am Gesicht erkennen würden als an seinen *private parts*.

Sagen Sie, was würden Sie denn schützen, wenn Sie könnten? Der Idiot schützt sich durch die Stärke seiner Gedanken. Aha. Es könnte sein, dass diese Perücke schon hilft. Oho. Und dieses eingestaubte, steifgealterte Ballkleid, welches er zurückgelassen in einem geplünderten Rotkreuz-Container fand. Wir werden all dies retten. Der Idiot spürt eine Liebe für das, was wertlos geworden ist, eine Qualität, die die Philosophin Juliane Rebentisch

47 Eve Kosofsky Sedgwick, Adam Frank (Hg.): Shame and its sisters. A Silvan Tomkins Reader. (ÜS MR) Durham, London 1995. Seite 134.

»Camp-Materialismus« nennt, ein zärtliches Gefühl für das, was an der Diva Kreatur ist, eine Sympathie für ihren Verfall: »Camp-Schönheit ist Schönheit, die der idealistischen Ideologie entrissen worden ist.« – »Es ist Schönheit, für deren Würde die Abwehr aller Versuche, sie auf idealistische Standards zu normalisieren, konstitutiv ist. Jede Idee von Schönheit, ohne diese Abwehr gedacht, wäre belastet durch die Misere der kapitalistischen Ausbeutung, die Gewalt der idealistischen Herrschaft oder durch Faschismus (oder alle drei auf einmal).«[48]

Liebste, so behelmt im bodenlangen Glitzerkleid siehst du wie ein Löffel aus! »Und solange du im langen Kleid mit hoher Frisur wie ein Löffel aussiehst / – ein naiver Vergleich – und spürst, wie unter deinen Absätzen Öl hervordrängt, / solange du gebietest, dir selbst zürnst, dich ein wenig kratzt, du existierst – / schlägt das kleine Gewicht der Abschiede zum Vorteil des Öls aus, das uns trennt.«[49] Das ist sehr schön und das ist sehr schlimm.

O Pallas Athene! Deine Helme: mit Pferden, Kutschen, mit antiken Prachtstraßen und der stolzen Fusion von Mähne und Schweif! Behelmt und bewaffnet ist sie aus dem geöffneten Schädel des migränischen Zeus gesprungen, noch ohne ihren Beinamen Pallas, den sie sich zum Gedenken an ihre Freundin, die Kriegerin Pallas, selbst verlieh, die von ihr versehentlich beim spielerischen Schwertkampf erschlagen worden war, nachdem Zeus, Athenes Vater, zugunsten seiner Tochter mit dem Fell der Sturmziege eingegriffen hatte – ein falscher Schutz. Daran wird ihn Pallas Athene nun, solange sie lebt, mit ihrem Namen erinnern. Doch hat Zeus jemals etwas wirklich bereut? Und lassen Sie uns festhalten, dass denen, die unseren Schutz genießen, zumindest eine Freiheit abgesprochen wird, nämlich die, sich selbst zu schaden oder sich von dem, wofür wir sie schützen, wegzuentwickeln.

48 Juliane Rebentisch: Camp Materialism, in: Criticism, Nr. 2, Frühjahr 2014. (ÜS MR) Seite 245.

49 Alexej Parschtschikow: Erdöl. Gedichte. Aus dem Russischen von Hendrik Jackson. Idstein 2011. Seite 9.

Oder denken Sie an die hochbefiederten Helme der Asta Nielsen! Wovor Diven sich wohl schützen wollen? Der Idiot würde sagen: vor uns. Wie einfallslos! »Das Idol, das sich zum Ding macht, um der Verdinglichung zu entgehen – das sich hingibt, um übrig zu bleiben – ist eine selbstbewusste Ware. (...) Die Figur des Idols lebt von dem Widerstand, den sie den verordneten Idealen entgegenzusetzen hat.«[50] Daher all die wunderlichen Trash-Helme! Ein Kopfschutz, der den Kopf nicht schützt. Ach, die argen Reden, klappen Sie herunter, klappen Sie herauf das Visier. Ist das ihr Fetisch? Der Idiot möchte diese Frage ein weiteres Mal stellen: Welches Körperteil würden Sie denn schützen wollen? Waren es nicht immer ausgerechnet die biedersten seiner Kommilitonen, die bügelgefaltet, in Hemd und Pollunder, mit einem leichten Schauder in der Stimme sagten, sie beschäftigten sich nunmehr ausschließlich mit dem gefährlichen Denken, erinnert sich der Idiot, und eine krude unrichtige Sehnsucht erfasst ihn und rüttelt ihn durch.

Helm auf! *Il Casco*, o du allerliebste Schutzkleidung der Behämmerung! Im Krieg aber zeigen die Helme, dass die Leute ja doch leben wollen – seit vielen tausend Jahren. Früheste Helmfunde gehen auf das dritte vorchristliche Jahrtausend zurück, mutmaßlich bis in die Vorgeschichte des Menschen. Wenn es nicht so idiotisch wäre, müsste man sagen: Ich sehe einen Widerspruch.

Aber das war dennoch sehr lustig, als der Idiot im Großraumbüro der Architekten ein jedes Mal vor der Annahme des Telefons seinen Helm aufsetzte und damit während des Gesprächs mit voller Wucht gegen die Wand lief. Da mussten die Kolleginnen sehr lachen. Denken Sie nur: eine ganz raffinierte Sexualisierung des Helms, in der Schutz, Vernunft und Angst auf betörende Weise zusammenkommen – ach, das glaubt der Idiot am Ende doch selber nicht! Oder aber, stellen Sie sich vor, es lockte Sie nicht der Selbstverlust, sondern eine ganz besondere Form von Schutz! Was in ungefährdeten Momenten vielleicht etwas fad wirken mag. Ja, aber, wenn Sie ein Flüchtling sind, oder ein

50 Rudi Thiessen: it's only rock'n'roll but I like it. Zu Kult und Mythos einer Protestbewegung. Berlin 1981. Seite 216.

Aufsteiger! Dann wird das äußerst attraktiv sein. Oder wenn um Sie herum kriminelle Vereinigungen ungestraft morden. Ja, dann.

Dieses Phänomen nennt man übrigens *non sequitur*. Inzwischen ist *non sequitur* ja vor allem als Parfum bekannt. Sein Duft bedeutet, dass man die Rechte von Angehörigen verschiedener Staaten nicht miteinander vergleichen kann, weil es keine Menschenrechte sind. Hilft da ein Helm? Weiß man nicht. Im Zweifelsfall wohl schon. Auch interessant: Geld als Helm. Der Mann mit dem Geldhelm hat dem Idioten das Schutzgeld längst überwiesen. Damit nehmen sie ihn auch ohne Pass, sie geben ihm einen neuen. Jaja. Die negative Umkehr der Schutzfunktion hört nicht auf, die Frage zu stellen, wem geholfen wird und wem nicht.

> *Ich schwöre, ich war es nicht, sagt der Idiot.*
> *Er hat das Orakel nicht unterbrochen.*
> *Haben wir noch Funkkontakt? Wirklich,*
> *bekräftigt erneut der Idiot, ich war es nicht.*
> (*Aus: Meuterei auf der Delphi*)

Ach – *an electric night to remember*, erinnert den Idioten daran, wie es war, bevor ein Schatten auf die Tage und die Nächte fiel. Ein Verfahren, das dem Idioten an sich recht sympathisch ist, ist der Elektrohelm, den das Institut für Molekularmedizin der Universität Kopenhagen entwickelt hat. Ein Helm versendet leichte, nicht spürbare, pulsierende elektro-magnetische Impulse, imitiert die elektrischen Felder im Gehirn und löst damit körpereigene Heilungsmechanismen aus. Es werden die Blutkapillare im Gehirn angesprochen. »Wir nehmen an, dass es deswegen so gut funktioniert, weil wir die elektrischen Signale, die im Gehirn vor sich gehen, imitiert und dabei herausgefunden haben, dass diese Signale mit den Blutgefäßen kommunizieren.«[51] Abgesehen von einer kleinen Übelkeit, die sich sofort nach Absetzen des Helmes lege, seien keine Nebenwirkungen bekannt. Mit der alten

51 Malcolm Braband, BBC News: Depression treatment technique uses new helmet therapy. bbc.com, am 6. Mai 2014, zuletzt abgerufen am 21. Dezember 2014.

Elektroschock-Therapie, die zu Gedächtnisverlust führen könne, sei die neue Behandlung nicht zu vergleichen. Und zudem aufgrund ihrer Verträglichkeit und den minimalen Nebenwirkungen der Gabe von Psychopharmaka, die auch nur bei einem Drittel aller Patienten positive Wirkungen zeigten, überlegen – nicht nur, wo es um schwangere oder stillende Frauen gehe. Nebenbei wird der Idiot nicht müde, darauf hinzuweisen, wie dubios und letztlich von kommerziellen Erwägungen geleitet die pharmakologische Kategorisierung psychischer Störungen vor sich gegangen ist, nachzulesen im erschöpften Selbst (im Original: *La Fatigue d'être soi*). Kann es denn angehen, dass man die Krankheitsbilder benannte, beschrieb und unterschied, je nachdem, welches Mittel gegen sie wirkte? Bis hin zu Fällen, in denen die Entwicklung eines Mittels die Erfindung einer Krankheit nötig machte.[52] Man hat also die Krankheiten nach ihrer Anfälligkeit gegenüber den Mitteln, die man gegen sie zur Anwendung bringt, systematisiert. »Die Entwicklung der Antidepressiva (1957) machte es möglich, an den Rändern der Psychiatrie angesiedelte Störungen zu therapieren, mit denen die Allgemeinmediziner täglich konfrontiert waren. Durch die Antidepressiva konnten auch diese Störungen unter der Bezeichnung ›Depression‹ gefasst werden. (…) In der klinischen Psychiatrie und der biologischen Forschung bewahrheitet sich der Aphorismus des Hippokrates: ›Es ist letztendlich die Behandlung, die die Art der Krankheit offenbart.‹ Erst die Tatsache, dass eine bestimmte Behandlung wirkt, erlaubt zu sagen, dass man es mit einer bestimmten Krankheit zu tun hat. Man könnte dies den ›therapeutischen Beweis‹ nennen.«[53] Ist der Idiot der Einzige, den das überrascht?

Sodass sein Verstand ihm einen Helm aufsetzt? Und einen mit Hörnern. Überhaupt: dieses Aufsetzen. Folgende Konstruktion gibt der Idiot bei den Ingenieuren von Delphi in Auftrag: Gesucht

52 Exemplarisch lässt sich dies an der Einführung des Medikaments Prozac zeigen: »ein Stoff, der eine Krankheit sucht«. Siehe hierzu: Alain Ehrenberg: Das erschöpfte Selbst. Übersetzt von Manuela Lenzen und Martin Klaus. Frankfurt, New York 2004. Seite 214.

53 Alain Ehrenberg: Das erschöpfte Selbst. Übersetzt von Manuela Lenzen und Martin Klaus. Frankfurt am Main, New York 2004. Seite 21.

wird eine Perücke, die einen Helm verbirgt, der mit einer Vorrichtung versehen ist, die ermöglicht, den Moment, an dem eine vielleicht nur geringe Verschiebung (Blitzblende!) dazu führt, dass die Erträglichkeit aufhört, mithilfe eines Seidenschirms (*parachute de freinage*), der sich per Druckluft quasi automatisch herauskatapultiert, zu markieren – wobei der Schirm, flieder, mint oder rosé, dann weithin sichtbar über dem oder der Betreffenden niedergehen würde (wallend, zärtlich), sodass man, wenn man von außen in ein Lokal hineinschaute, bereits sehen oder ahnen könnte, wer unter den Anwesenden noch über eine Reserve verfügte und wer nicht. Einerseits überdeutlich und andererseits den Blicken entzogen. Eine gute Sache? Nun ja, das wäre eine sehr komplizierte Weise, sich in eine Burka zu kleiden, nicht wahr? Mit dem entscheidenden Unterschied, dass es dem Idioten freistehen würde, sich unter seinem fliederfarbenen Fallschirm hervorzuwühlen, um beispielsweise zu rauchen. Auch dies tut er, um sich zu schützen.[54]

Rattengift kann es kaum erwarten: »Rasch denn, eingeschenkt!«[55], fordert er die beiden anderen auf, doch der Schulmeister bittet um eine halbe Minute Geduld, um an das Bette zu eilen, ein Bettlaken herunterzureißen und es sich um den Kopf zu wickeln. »Donnerwetter, Herr Schulmeister, was ist das für eine tolle Verkappung?«, fragt Mollfels, woraufhin der Schulmeister erläutert: »Bloße Vorsicht, Herr Mollfels, bloße Vorsicht! Wegen des Umfallens besaufe ich mich gerne mit verbundenem Kopfe!«

Mollfels ist beeindruckt und entschließt sich, genauso wie Rattengift, zur gleichen Vorbereitung: »O du weiser, erfahrener Praktikus! Als dein demütiger Schüler ahme ich dir stracks in deiner Vorsichtsmaßregel nach!« Sie reißen zwei Bettlaken los und umwickeln sich ebenfalls die Köpfe. Worauf der Schulmeister anmerkt: »Wahrhaftig, ihr Herren, unsre drei Köpfe nehmen sich

54 Diese Überlegungen wurden in jahrelangen Planungsrunden gemeinsam mit Claudia Gülzow zur Serienreife gebracht.

55 Christian Dietrich Grabbe: Scherz, Satire, Ironie und tiefere Bedeutung. Ein Lustspiel in drei Aufzügen. Stuttgart 1982.

in den ungeheuren Bettlaken wie drei unglückliche, in die Mitte des Milcheimers gefallene Fliegen aus!«[56]

Sollte Ihnen das etwas altmodisch erscheinen, möchte der Idiot Sie daran erinnern, welcher Art das Wissen ist, das Sie in den letzten zehn Jahren erwerben durften: Die Mehrfachfunktionen von Ordnern. Verfeinerungen Ihres Gaumens und der Technik Ihrer Überwachung. Dass eine Funktion deswegen ausgegraut ist, weil sie bereits aktiviert ist. Intelligibilität des Tötens. Drohnen. Terror. Drastik. Fremde Sprachen. Die Krähe. Autofahren. Verstehen, was gemeint ist, wenn jemand sagt: Nein, das ist nicht vorgesehen. Euphemismen zu lesen. Eine Art von Entspannung. Sich das Tödliche so nicht auszumalen.

Wohin geht der Dichter, um sich zu erfrischen? Sich zu imprägnieren? Sich zu bilden an formloser Rede? Zu lallen, aber doch in tiefer Süße. Wenn Regression auf Zustimmung stößt, dann ist die Zustimmung in etwa identisch mit: *crème brûlée*. Der Atlantik gelierte und er war sehr, sehr süß. Die Schwimmer versagten, sie sanken. Sehr langsam durch das Gelee auf den Grund. Süß wars, süß und auf unerhörte Weise gemächlich. Und zuallerletzt stellt der Idiot sich vor, dass die Werte dessen, was um jeden Preis befördert und was um jeden Preis vermieden werden muss, sich fortwährend ändern müssten. Das verbindet Vorsorge mit Idiotie, da die Vorsorge dem Geschehen ja immer nacheilt, und zwar gerade weil sie ihm zuvorkommen will. Kommt jetzt der Götterbote Herpes? Nein, jetzt nicht, aber bald.

56 Christian Dietrich Grabbe: Scherz, Satire, Ironie und tiefere Bedeutung. Ein Lustspiel in drei Aufzügen. Stuttgart 1982.

Das Alberne hat Glück

57 —— 106

DAS ALBERNE HAT GLÜCK

Näher an die Quellen heran

Wo aber tränkst du deine Kamele?

Der Dichter möchte näher an die Quellen heran. Ein in Gedanken versunkener Philosoph fühle, je tiefer er in seine Gedanken sinke, gleichsam die Dummheit in sich aufsteigen, heißt es in einem viel zitierten Text – stumm, müde, voller Überdruss, in Erwartung des Schocks der Differenz. Das sei seine tägliche Vorübung, die dem Denken voranzugehen habe.[57] Ein noch trockener Schwimmer, der am Beckenrand mit den Armen kreist und mit leerem Blick über das Wasser schaut. Einer, der sich in der Küche idiotische Reime vorsagt und sich überall kratzt. Eine, die summend auf dem Rücken liegt, und wieder ein anderer, der sich zögerlich die Nägel macht.

Kommen jetzt die Kramgedanken? Keimt es? Die Tür zur Messe lässt der Messie auf – die Fülle ist auch Chaosangst, das Ritual steht sehr gerade, doch gefährdet wie auf Kante da, eingehüllt in Marktgeschehen, Rufe, Dübel, Apfelsinen, Ramschklamotten, Handys, Gurken, Ledergürtel, Messer, Scheren und Oliven. Wann gelingt es denn, das Denken? Und woher kommt es, wenn es neu ist?

Sie kennen das Unterbestimmte, das Grobe, das Panische, das Angespannte, das Alberne, das Amorphe, das Semiotische, das Überanstrengte, das Mimetische, das Poetische, das Idiotische,

57 Michel Foucault: Theatrum Philosophicum, in: Deleuze, Foucault: Der Faden ist gerissen. Übersetzt von Walter Seitter und Ulrich Raulf. Berlin 1977. Seite 50.

das Eigene und so weiter. Es sind formlose, noch nicht denkbare Figuren, wie die Vorstellung von Wortsinn ohne Klang oder die Kontur eines noch inhaltsleeren Gedankens. Es ist nicht ausgeschlossen, dass das Neue, um ans zu Licht zu kommen, einen dunklen Korridor der Dummheit durchqueren muss. Das ist der einzige Weg, so erfand man in der Antike das Tennis, die Pumpe und den Latex. Sind Sie Frau Baugrund?, siezte ein Glas Milch seine Ex – und die Situation kippte.[58]

Zum Advent des Neuen gehört eine leicht fahrige Anspannung des Denkens, die erst dann nachlassen will, wenn ein haltbarer Gedanke aufgetreten ist. Es ist die unsichere und überfordernde Vorwegnahme eines Raumes, den erst der Gedanke, welchen ich aber noch nicht denken kann, schafft und damit legitimiert. Es gilt also, in stummer Erwartung ein Leervolumen herzustellen, in das jedoch der herumlungernde innere Vandalismus unverzüglich hineineilt und wo er haust, in Angst, Trübsal und Rage. Entmutigend und zerstreuend. Haben Sie die Gerundien gegossen? Noch besser, ich habe sie verdübelt. Hier passt alles und nichts. Julia Kristeva nennt das Hohelied »den Soundtrack einer Bestattungsorgie«.[59]

Kommt eine Frau zum Frauenarzt. Das reicht schon. Bitte, erzählen Sie mir den nicht. Zu spät. Den hätten Sie mir besser nicht erzählen sollen. Der Dichter muss schließlich haushalten mit den vor-ideologischen Rohstoffen, von denen es zudem kaum noch welche gibt. Sie kennen schlechte Witze, dumme Witze, gute Gedichte, bösartige Sprechakte, die alle aus irgendwelchen Gründen unvergesslich sind. Entsetzlich ist die immense innere Produktivität der bösartigen Aussage, die ihren verunsicherten Adressaten so in Beschlag nimmt, dass der sich bald wünscht,

58 Latex meint hier: Eine Situation bis zum Rand mit Milch zu füllen und sie auf einmal, also ohne abzusetzen, auszutrinken. Das ist optimal. Auch zum Heulen komisch: Der Super-Palmölwitz. Palmöl-Invest ab 7.500 €. Garantierte Rendite von 9% p. a. + Laufzeit 10 Jahre + Auszahlungen bereits im 1. Jahr. Irre. Irre. Etwas anderes kann ich gar nicht sagen.

59 Julia Kristeva: Geschichten von der Liebe. Übersetzt von Dieter Hornig und Wolfram Bayer. Frankfurt am Main 1989. Seite 91.

er hätte dieses oder jenes sein Lebtag nicht gehört.[60] Es ist die Befähigung zum jahrzehntelangen Widerhall, die der unvergesslich schlechte Witz, die unvergesslich böse Beschimpfung und die unvergesslich schöne Zeile eines Gedichtes gemeinsam haben. Einstweilen aber möchte der Idiot folgendes Idyll mit Ihnen teilen.

Idyll

Ich lag und sann, da kamen Kram-Gedanken.
Natürlich ist es recht, den Kram im Kopf zu haben.
So hältst die Sterne du in ihren Bahnen.
Statt aus der Welt heraus zu existieren
und fremd zu sein wie dir mehr als den Tieren.
Lass deinen Kram wie Himmelskörper strahlen
und denke dir zum Abschluss Brombeerranken.[61]

Es gibt eine unheilige Koinzidenz zwischen der Schönheit und der Grausamkeit einer Aussage, die die Wiederholung und das unfreiwillige Memorieren begünstigt. Wenn es linguistische Liebe gibt: Du hast so schön gesprochen, wird es auch eine Form des linguistischen Hasses geben. Ob der Sprecher, die Sprecherin nur zitiert oder sich preisgibt – oder sich preisgibt, obwohl oder indem sie zitiert –, ist zwar in mancher Hinsicht nicht gleichgültig, spielt aber für die Sympathie, die man der Äußerung entgegenbringt, keine allzu große Rolle. So wie es auch nicht unbedingt darauf ankommt, ob der Idiot den bösen Witz, den er erzählt, genau in diesem Moment erfindet oder ob der seit mehreren Jahren in seinem Gedächtnis herumlag.

Der Idiot beobachtet die Zunahme einer sehr unkomischen Härte in vielen Bereichen, die von denen, die sie vertreten und ausüben, genauso wie von denen, die sich ihr vorbildlich unterwerfen, bedauert wird. Zwei spielsüchtige Homöopathen nachts um drei im Automatenkasino schüsslern den Automaten, der sogleich

60 Denise Riley: Malediction, in: Impersonal Passion. Language as Affect. London 2005.

61 Elke Erb: Meins. Holderbank, Berlin, Wuischke 2010. Seite 57.

tiltet. Sagt der eine: Ich hab das ganze Geld verbrannt und bin liquide. Ich bin liquide wie ein Flammenmeer (*Sea of Flames*). Zwei Homöopathen nachts um drei im Automatenkasino reißen ihre Beine auf Stirnhöhe, zeigen die aufgedehnte Kehle des Knies, schnalzen. Kommt die unterbezahlte Abrufkraft im grünen Uniform-Imitat und sagt: Ich sehe »eine wütende, eine rasende Nüchternheit, gegen die sich die Beschreibung der visionären Berauschung kontemplativ ausnimmt: die Ekstase ist ein Stillstand reiner Gegenwärtigkeit in ruhigem Auskosten«.[62] Da rappeln aus dem Automaten hämische Dübel im Wert von etwa 200 Euro. Der Abend ist gerettet.

Viele wollen sich – unterstützt von multiplen Anwendungen – einer panischen Gleichzeitigkeit andienen, oder sich zumindest nicht länger dagegen wehren, wobei sie mit fahrigem Multitasking ihre Befähigung dazu ununterbrochen unter Beweis stellen, respektive wischen. Diese Form einer vermeintlichen Gegenwärtigkeit ist das Gegenteil des Auskostens. Zuweilen scheinen selbst Sexualität und Effizienz in eins zu fallen! Grusel! Der Dichter vermisst das Ausbrechen befremdender Albernheit, den Hauch tiefholden Unfugs und andere taumelnde Spiele. Sagt das Seihsieb zum Halbgott: Ich lass dich durch, wenn auch nur zu Hälfte. Mit Roger Caillois könnte man argumentieren: Dem Spielerischen fehlt häufig die Hälfte, es fehlt *Ilinx* (der Rausch des Taumelspiels) und *Alea* (die Freiheit des Zufalls), *Agon* und *Mimikry* aber sind vorhanden bis zum Überdruss.[63]

Es ist wirklich schade zu sehen, wie trist die Spiele geworden sind, die die Gesellschaft zu ihrer Erholung vorgesehen hat. Dennoch scheinen sie zu funktionieren, zumindest unter Zuhilfenahme von Drogen. »Die Veränderung der Stimmungslage ist das Wertvollste, was der Alkohol dem Menschen leistet, und weshalb dieses ›Gift‹ nicht für jeden gleich entbehrlich ist. Die heitere Stimmung, ob nun

62 Gert Mattenklott: Rausch und Nüchternheit, in: Der übersinnliche Leib. Beiträge zur Metaphysik des Körpers. Hamburg 1983. Seite 218.

63 Roger Caillois: Man, Play and Games. (Les jeux et les hommes, 1958). Übersetzt ins Englische von Meyer Barash. Urbana, Chicago 2001.

endogen entstanden oder toxisch erzeugt, setzt die hemmenden Kräfte, die Kritik unter ihnen, herab und macht damit Lustquellen wieder zugänglich, auf denen die Unterdrückung lastete. Es ist überaus lehrreich zu sehen, wie die Anforderungen an den Witz mit einer Hebung der Stimmungslage sinken. Die Stimmung ersetzt eben den Witz, wie der Witz sich bemühen muss, die Stimmung zu ersetzen, in welcher sich sonst gehemmte Genussmöglichkeiten, unter ihnen die Lust am Unsinn, geltend machen. ›Mit wenig Witz und viel Behagen.‹«[64]

Der Dichter möchte nicht nahelegen, dass Albernheit, womöglich gar in ihrer abgefuckten, neo-infantilen Spielart, ein angeratener Zufluchtsort wäre, nein – es geht ihm nicht in jedem Fall um eine evasive Bewegung des Flüchtens, sondern vor allem um eine des Quillens. Dort, wo der Idiot diese Schleuse, vielleicht mit dem Ziel des Entkommens, einmal geöffnet hat, dringt die Albernheit ihm entgegen. Das Hineinquillen des Albernen? Herzlos, fühllos. Walross auf Partyspießchen. Silberzwiebel. Höchst flexibel. Immerzu bereit, wenn Unfug erodiert, neuen feuchten (feschen) Unfug aufzuschichten.

So ist die Albernheit auch das Fremde, das vom Dämon haltlosen Gelächters Untergrabene oder Verwischte. Zur Etymologie des Albernen: vom ahd. *alawari*, freundlich, wohlwollend (10. Jahrhundert), es steht zudem mit Redlichkeit und Wahrheit in Verbindung und erst im 16. Jahrhundert kam hinzu: das alberne, kindische, unernste Benehmen.[65] Nach einem Hinweis von Gert Mattenklott »bleibt mindestens bis ins 19. Jahrhundert noch ein Nebensinn der Wortbedeutung erhalten, der sich aus einem subkulturellen Verständnis der Etymologie speist. (...) Albern, so lesen wir in der romantischen Enzyklopädie (der Wissenschaften und Künste von Ersch und Gruber), leite sich am wahrscheinlichsten von den Elfen her, deren Name mit dem Schreckgespenst des Traums

64 Sigmund Freud: Der Witz und seine Beziehung zum Unbewussten. Frankfurt am Main, Hamburg 1961. Seite 103.

65 Etymologisches Wörterbuch des Deutschen. Erarbeitet unter der Leitung von Wolfgang Pfeifer. Berlin 1993. Seite 25f.

ursprünglich gleich gewesen sei. Dieser, der Alptraum, sei aber so genannt, weil man sich früher die Elfen auf Bergspitzen, eben auf Alpen hausend, gedacht habe.[66]

Es bleibt also etwas über, das man nicht wissen kann, so wie es oft das Unbekannte ist, das Lachen erregt, das Unvorhersehbare, das ohne jede Dosierung in unsere Erwartung einbricht. Da wird schnell und deutlich klar, dass sich die Welt und die Menschen auf ihr in Bezug auf sich selbst außerhalb des eigenen Zugriffs befinden. Es gibt keine Kontrolle. Mit dem Albernen und seinen Energien zieht etwas Fremdes in den Körper ein. Der Idiot versucht weiterzuatmen, schüttelt sich die Haare vors Gesicht, setzt sich auf die Hände, es tränen ihm die Augen, sie tränen und tränen, er schaut nicht mehr auf, bloß nicht. Doch weithin sichtbar ist, dass seine Schultern zucken, während die argentinische Sopranistin auf der Bühne weiter ungerührt die vier letzten Lieder gurgelt. Und selbst nachdem er annimmt, der Reiz sei abgeklungen, und sich langsam wieder aufrichtet, kann das Gelächter immer wieder an anderer Stelle, aber im gleichen Körper aufflackern – und andere anstecken. »Gelächter wirft sich auf andere, füllt die Luft mit seiner Ausgelassenheit.«[67]

Und diese Ausgelassenheit dehnt sich zuweilen über alle Widerstände hinweg aus. Denn das Fremde ist schon da: »Es ist eine körperlich-seelische Reaktion, die über einen kommen kann, oftmals forciert durch eine gewisse Stimmung der Gelöstheit oder eben der totalen Anspannung.«[68] Albernheit übernimmt den Körper und die Seele, es wird infolgedessen auch unnötig, weiter zwischen beiden zu unterscheiden. Die stehen dann füreinander ein, die geben sich aneinander ab. Wie eine ausgelassene Form der Erotik, welche nach der Peinlichkeit einsetzt, die darin besteht, dass man

66 Gert Mattenklott: Albernheit, in: Ästhetische Opposition. Hamburg 2010. Seite 181.

67 Brandon LaBelle: Lexicon of the Mouth. Poetics and Politics of Voice and The Oral Imaginary. (ÜS MR) London 2014. Seite 115.

68 Michael Glasmeier, Lisa Steib: Albernheit. Hamburg 2011. Ein sehr schönes kleines Buch, neben dem Essay von Gert Mattenklott vielleicht die beste Schrift über Albernheit überhaupt!

überhaupt über einen Körper verfügt (oder umgekehrt: der Körper über uns verfügt), was man ja insgeheim immer schon ahnte, aber was nun nochmals als gemeinsames Wissen erneuert wurde, mit einem anderen Körper im Konfetti des Begehrens. Geteilte Albernheit, die an die Stelle der Peinlichkeit tritt, kann einer Rettung gleichkommen. Womöglich rettet sie sogar das Kunstwerk.

»Seine Albernheit (die des Kunstwerks) ist jedoch auch ein Stück Gericht über jene Rationalität; darüber, dass sie, in der gesellschaftlichen Praxis zum Selbstzweck geworden, ins Irrationale und Irre umschlägt, in die Mittel der Zwecke. Das Alberne an der Kunst, das die Amusischen besser gewahren, als wer naiv in ihr lebt, und die Torheit der verabsolutierten Rationalität verklagen sich gegenseitig, übrigens hat Glück, der Sexus, aus dem Reich der selbsterhaltenden Praxis gesehen, ebenfalls jenes Alberne, auf das, wer von ihm nicht getrieben wird, so hämisch hindeuten kann.«[69] Was den Idioten daran reizt, ist, neben dem Wunschtraum eines so zärtlichen wie plumpen und albernen Umgangs mit den menschlichen Sexualtrieben, die Idee einer Literatur mit Wirkung, direkter, körperlicher Wirkung – weil es diese Heiterkeit gibt, sind wir verpflichtet, es so einzurichten, dass sie zuweilen zum Ausbruch kommt. Es ist ja ein kleines Alltagswunder, mit Fremden zu lachen, weil es sich ergibt und ein ansteckender Impuls sich fortsetzt. Dies verwandelt die Situationen, in denen man vielleicht nur gleichgültig bis missmutig aneinander vorbeiwartete, in kollektive Happenings.

Und dann war da noch eine kompulsive Aufforderung: loch, so loch doch, so loch doch schon, die in der mehr resignativen als spontanen Versicherung »üch loch müch kronk« kulminiert.[70] Sich totzulachen, lautet die Redensart, und manchmal liest man von Rippenbrüchen, die besonders starken und heftigen Lachanfällen angelastet werden. Ich lach mich tot, aus einem Körper heraus, in den sozialen Körper hinein, aber auch aus einem sozialen Körper hinaus. Es ist ein soziales Geräusch mit monströsen Anteilen,

69 Theodor W. Adorno: Ästhetische Theorie. Frankfurt am Main 1995. Seite 180f.

70 Ernst Jandl: loch, in Sprechblasen. Stuttgart 1984. Seite 57.

doch die sind schließlich auch dem Sozialen nicht fremd. Wir werden später im Zusammenhang mit dem apotropäischen Gelächter, das Katastrophen bannen soll, darauf zurückkommen.[71] Es braucht nicht viel, und das Wenige, was dazu nötig ist, lässt sich zur verzweifelten Freude der Ausgelassenen endlos wiederholen. Zuweilen reicht ein Wort und die Bereitschaft, es jeder möglichen Variation zu unterziehen: »Ihr Lacherer, schlagt die Lache an! / Ihr Lacherer schlagt an die Lacherei! / Die ihr vor Lachen lacht und lachhaftig lachen macht; / schlagt lacherlich eure Lache auf!«[72] Dies ist der Anfang des berühmten Gedichtes von Velimir Chlebnikov, das zu vielen verschiedenen Übersetzungen Anlass gegeben hat.

»In seiner Aufführung stellt das Gelächter die Linien der sozialen Ordnung infrage und setzt gleichzeitig andere ein; es macht gefährlichen Kräften des Unvereinbaren den Weg frei, verbindet uns mit dem Irrationalen und der geistreichen Vitalität des Unsinnigen – Wahnsinn, Torheit, Unfug und Clownerei –, während es außerdem ein Set von Aktionen und Handlungen abbildet, die im Gewöhnlichen und Sinnhaften funktionieren. In anderen Worten: Gelächter ergibt Sinn, während es alles, was dem Sinn zuwiderläuft, offen in Erwägung zieht.«[73] Selbstverständlich gibt es Formen der Heiterkeit, die sich gegen andere, auf irgendeine Weise von der gegebenen Norm abweichende Menschen richten, eine herzlose Belustigung, die Abwehr und Ausschluss befördert und sich alles in allem im Dienste der Selbstgewissheit betätigt. Es ist nicht nur unter Ägyptologen, die sich mit dem Humor des antiken Ägyptens beschäftigen, ein offenes Geheimnis, dass die Zahl der menschenfeindlichen Witze die der menschenfreundlichen bei Weitem übersteigt.[74]

71 Siehe Seite 90f. in diesem Buch.

72 Velimir Chlebnikov: Beschwörung durch Lachen, in: Werke 1. Poesie. Übersetzt von Hans Magnus Enzensberger. Hamburg 1972. Seite 19. Das Buch eröffnet mit zwölf verschiedenen Übersetzungen desselben Gedichtes über das Lachen.

73 Brandon LaBelle: Lexicon of the Mouth. Poetics and Politics of Voice and the Oral Imaginary. (ÜS MR) London 2014. Seite 126.

74 Ludwig D. Morenz: Kleine Archäologie des ägyptischen Humors. Ein kulturgeschichtlicher Testschnitt. Berlin 2013.

»Wer aber nicht mitlacht, hat nicht zu erkennen gegeben, wo seine Normgrenzen liegen und ob er mit der Gruppe entscheidende Voraussetzungen der Kommunikation teilt. Dieser spürbare Konformitätsdruck, diese durch die scheinbare Enthemmung sichtbar werdende Zwanghaftigkeit des Gruppengelächters lässt es als ein Unterdrückungsritual erscheinen, mit dem man festgelegt werden soll auf Tabus, die auch in der vorübergehenden Auflockerung die Verdrängung garantieren. Das Nicht-Mitlachen, das meistens beschämt werden soll als Muckertum und Gehemmtheit (was natürlich auch zutreffen kann), ist häufig eine unbewusste Weigerung, sich auf die im Gelächter vorausgesetzten Normen wieder einzulassen. Das Lachen kommt einem dann unerträglich vor, als der scheinhafte Freiheitstaumel einer Gesellschaft von Spießern.«[75] Freilich, auch solche Witze dürfen generell gemacht werden, aber der Idiot hat allemal das Recht, sie nicht zu genießen.

Besonders fies ist ja, dass hierbei die kognitive Mitarbeit der Angefeindeten gefordert ist. Denn um etwas als menschenfeindlich zu verstehen, müssen Sie es zunächst einmal verstehen. Das ist eine Form des Mitmachens, gegen die Sie sich willentlich kaum werden wehren können. Der Idiot erinnert sich an Witze, die ihm als Kind erzählt worden sind und die er damals überhaupt nicht verstand. Ihm fehlte einfach der frauenfeindliche Hintergrund, vor dem allein sie sinnvoll wurden. Mit einem skandalösen und raunenden Unterton weitererzählt, erschienen sie ihm leer und hart, aber gerade darin sehr unheimlich – und eingestandenermaßen schon auch verlockend. Er hätte ja sehr gerne darüber gelacht, weil ihm der klandestine Tonfall, in dem sie vorgetragen wurden, imponierte. Der Idiot sagt, er erinnere sich noch an jeden einzelnen. »Einen Witz komisch zu finden, hat damit zu tun, dass man ihn genießt, weil man ihn versteht. Hier ist das Vergnügen oder die Freude an der Pointe der Schlüssel, weswegen man ihn komisch findet. Jedoch erscheint es als offensichtlich, dass man daran scheitern kann, Humor zu genießen – im Fall einer absichtlichen rassistischen Beleidigung zum Beispiel –, einfach weil man

75 Dieter Wellershoff: Infantilismus als Revolte, zur Theorie des Blödelns, in: Das Verschwinden im Bild. Essays. Köln 1980. Seite 60f.

sie als das versteht, was sie ist.«[76] Am Ende steht der Hinweis, dass, auf manchen Witz eine Stille folgen zu lassen, angesichts der teils unbewussten Quellen von Rassismus, Sexismus und Homophobie, nicht die schlechteste Taktik sei: »Sometimes silence is the best policy.«[77]

Ja, Humor ist eine Waffe. Denkt der Leser dabei an Kurt Tucholsky, wird er diesen Satz vielleicht begrüßen. Aber eine Waffe ist neutral, sie kann allen dienen, die ihrer habhaft werden. Der Leser könnte sich auch andere Agenten vorstellen und käme in eine entsetzliche Lage. Es ist letztlich eine Frage der Hegemonie. Wenn es einerseits als ethisch vertretbar, ja sogar geboten gilt, die Mächtigen auszulachen, und auf der anderen Seite als verwerflich, sich über die Schwachen lustig zu machen, muss die Situation immer wieder neu verhandelt werden. Wie verläuft das Gefälle? Es kann sich auch ändern, je nach Perspektive und Beteiligten. Die Weltanschauung der Scherzenden zu teilen, kann dazu beitragen, etwas komisch zu finden, muss das aber nicht, zum Beispiel angesichts einer Art der Satire, die »unberechtigte Stereotype braucht, um berechtigte Kritik zu formulieren«.[78]

Es ist nicht allein der Inhalt, es ist die gesamte Situation, die einen lachhaften Sprechakt zu einem gewalttätigen Sprechakt macht. Diese Situationsgebundenheit – »on peut rire de tout, mais pas avec tout le monde«[79], dass man eben über alles, aber nicht mit allen lachen könne – macht es schwer, eine Trennlinie zu skizzieren, mithilfe derer man den guten vom schlechten Witz unterscheiden könnte. Andererseits kann man es ja doch.

76 Noël Carroll: Humour. A very short introduction. (ÜS MR). Oxford 2014. Seite 110f.

77 Noël Carroll: Humour. A very short introduction. (ÜS MR) Oxford 2014. Seite 117.

78 Carolin Emcke: Unreine Lehre. Im Angesicht des Terrors helfen keine Vereinfachungen. Süddeutsche Zeitung, 10./11. Januar 2015.

79 Wie es der französische Comédien Pierre Desproges formulierte.

Nach der Revolution der poetischen Sprache

»Wir haben aufgehört, Wortbau und Wortaussprache nach grammatischen Regeln zu betrachten, wir haben begonnen, in den Buchstaben nur *Wegweiser für Wörter* zu sehen.«[80] Sagt ein Wegweiser zur Vorfahrtsstraße: Wir haben die Syntax erschüttert! Auf nach Bad Kreuznach! Sagt die Vorfahrtsstraße: Ich, ich bin Bad Kreuznach. Sagt der Wegweiser: Das geht nicht. Die Vorfahrtsstraße: Wieso? Der Wegweiser: Wenn du das Ziel bist, wer ist dann der Weg? Dieses kleine Dramolett können Sie an jeder Kreuzung aufs Neue aufführen. Alles, was Sie dazu brauchen, ist eine weitere Person, die entweder Vorfahrtsstraße oder Wegweiser darzustellen gewillt ist.

»wir lagen übereinander, in der generationszeit. auf mir befand / sich ein präsident und die endlose reihe seiner lebendigsten darsteller. // sagt eine erbse zur andren. die nachschublinien sind über und über / mit wohngebieten bedeckt. rasen von bürgerbüros. // wenn strukturen auf die straße gehen, was ist dann die straße. und / das obst, am strauch sekundenlang optimal konserviert. // ich zahlte in der lebensmittelabteilung und bekam das geld am auto- / maten zurück, das an den bäumen wächst.«[81]

---

80 Horst Bienek: Schamanismus der Sprache. Zu Chlebnikovs Neu-Entdeckung, in: Merkur 1972. Seite 927.

81 Daniel Falb: Bancor. Idstein 2009. Seite 10. Der neue Band von Falb, CEK, erscheint 2015 bei kookbooks. Der Titel steht im Übrigen für die Gleichung: Coöperation Est Koördination.

Ist das nicht auf allerbeste und sehr kluge Weise albern? Bitte, lesen Sie auch das neue, fantastische Buch des Autors, das unter dem idiotischen Titel »CEK« erscheinen wird. Sie werden es nicht bereuen. Sie werden den Idioten mit Blüten beregnen aus Dankbarkeit – Stichwort wäre hier erneut: Phyllobolia – und ein Unverständnis entwickeln gegenüber dem Leben, welches Sie gelebt hätten, ohne dieses Buch gelesen zu haben, schwört Ihnen hochachtungsvoll Ihr Iddy.

Es lockt ihn, es lockt ihn sehr. Automatisch greift der Dichter nach dem grünen Buch mit dem Titel »Die Revolution der poetischen Sprache«, von dem mit einem Mal eine ganz neue Strahlkraft auszugehen scheint. Als hätte er es noch gar nicht gelesen. Auch 1993 nicht, als Student nicht, unter professoraler Anleitung in einem halb verwahrlosten, asymmetrischen Seminarraum der sogenannten Rostlaube in Dahlem nicht. Aber er hat es gelesen. Er betrachtet die Anstreichungen eines anderen Ichs. Aber »ich ist kein Anderer«.[82] Folgendes hat er zum Beispiel auf Seite 54 angestrichen: »(der Hund macht ›wau‹ und alle Hunde sind ›Wauwaus‹)«.

In dem Buch geht es, grob gesagt, um die Entwicklung des Konzepts des Semiotischen, worin die Materialität der Sprache, der Vorgang der Sinngebung, die sprachliche Vermittlung von Subjektivität und anderen Normen miteinander in Beziehung gesetzt werden. Es geht um eine Neukombination der ästhetischen, normativen und lautlichen Merkmale der Sprache, wie sie in der poetischen Sprache mit Mallarmé, Baudelaire und Lautréament in Gang gekommen ist. »Magie, Schamanismus, Esoterismus, Karneval und ›unverständliche‹ Poesie kehren die Schranken des gesellschaftlich nützlichen Diskurses hervor und tragen den Stempel dessen, was verdrängt wurde: des *Prozesses*, der über das Subjekt und die Kommunikationsstrukturen hinausweist.«[83]

82 Paulus Böhmer: Zum Wasser will alles, Wasser will weg. Ostheim/Rhön 2014. Seite 82.

83 Julia Kristeva: Die Revolution der poetischen Sprache. Übersetzt von Reinold Werner. Frankfurt am Main 1974. Seite 29f.

Seither hegt der Dichter eine ungefähre Vorstellung von Bahnung (Zuwegung der Sinngebung), Stase (Stoppschild oder Hemmung) und Chora, womit die Triebauflage an der Schwelle zur Sinngebung gemeint ist. Das ist ein untergründiges Triebgeschehen, welches grammatischen Regeln aus dem Verwaltungsbezirk des Symbolischen nur freiwillig gehorcht, und damit im strengen Sinn eigentlich überhaupt nicht gehorcht. Julia Kristeva setzt neben (zuweilen auch gegen) die Unausweichlichkeit der Symbolischen Ordnung im Sinne Lacans das Semiotische, das zwar vorsprachlich, aber bereits strukturiert ist und in gewisser Weise doch sprachlich mit hervorgebracht wird. Der Filmregisseur erbleicht und reicht das Telegramm weiter, das er gerade von seinem Kopierwerk erhalten hat: »Nichts Cannes, alles Mus«.

Wenn der Dichter liest, es sei »die poetische Sprache, die heraufbeschwört, was immer schon ihre Funktion war: in und durch das Symbolische einzuführen, was eben dieses Symbolische bearbeitet, durchkreuzt und bedroht«[84], entsteht in ihm eine zehrende Sehnsucht, es möge wirklich so sein. Die Wirkkraft der poetischen Sprache ist ja vergleichsweise gering, heißt es. Wobei allerdings nicht von einer Revolution durch die poetische Sprache die Rede ist, sondern der poetischen Sprache: *La Révolution du langage poétique*. Welcher Art wäre das Potenzial der poetischen Sprache, wenn sie so, wie von Kristeva beschrieben, fortgewirkt hätte? Oder hat sie das sogar? Man kann es kaum klauben.

Sagt ein Seismograf zum andern: Du erschütterst mich. Sagt der andre Seismograf: Das bin ich nicht. Das ist die Schönheit. Sie wird ein Beben ... Aufhören!! Sofort aufhören! Laisse Bréton. Da sagt wieder ein anderer, es stimme zwar, dass das Lachhafte das Unbekannte sei, eine unbewusste Erinnerung an das Säuglingsalter, in dem das Lebewesen immer wieder Entdeckungen mache, die vollkommen inkonsistent zu seiner bereits gegebenen Erfahrung seien, wobei allerdings einzuräumen sei, dass kaum einer von uns, wenn plötzlich die Erde zu zittern begänne und der Grund unter unseren

84 Julia Kristeva: Die Revolution der poetischen Sprache. Übersetzt von Reinold Werner. Frankfurt am Main 1974.

Füßen wankte, in Lachen ausbräche. »I think that none of us will dream of laughing.«[85] Natürlich auf Französisch, évidemment.

Es vergnügt den Idioten, sich das theoretische Geschehen dreidimensional und wie im Zeichentrick animiert vorzustellen. Zum Beispiel hier, beim Einbruch des Semiotischen ins Thetische. »Die poetische *mimesis* bewahrt und überschreitet gleichzeitig jene Einzigkeit des Thetischen, indem sie ihm eine Art Anamnese nahelegt, da sie ja in ihre Setzung die semiotische Triebwelle einführt, der sie eine Bedeutung gibt. Dieser Zusammenstoß des Symbolischen mit dem Semiotischen vervielfältigt Bedeutung und Denotation, kurz: die thetische *doxa*. *Mimesis* und poetische Sprache leugnen nicht das Thetische: sie streifen seine Wahrheit (Bedeutung, Denotation), um sodann über diesen Streifzug die Wahrheit zu sagen.«[86] Auf Ihrer linken Seite sehen Sie jetzt die Mimesis, die korrigierende Mimesis, eine rasende Schablone mit der Energie eines *English Setters*, die immer schon vorausläuft, wo ein Verstoß gegen die Symbolische Ordnung erst noch zu folgen haben wird (sonst wüssten Sie ja nichts von dem Verstoß) – sodass die nachahmende Mimesis immer das streift, was es ohne sie nicht gäbe. Ja?[87] Man darf sich die Mimesis dabei jedoch nicht zu hundeförmig vorstellen – schaffen Sie gedankliche Abstraktion, alles andere wäre korrupt.

Möglich, dass die Mimesis zuweilen auch in den vierten Gang hochschaltet und Dellen in die symbolische Setzung fährt (Michelangelo Antonioni). Sie macht den Makel in der Denotation erst erfahrbar und ist damit sowohl Kontrolle als auch Subversion. Sie ist der Schwarzfahrer, dem die Flucht gelingt, indem er, vom Kontrolleur auf den Bahnsteig geholt, in den soeben anfahrenden Zug zurückspringt, und sie ist der Kontrolleur, der versucht, den

85 Georges Bataille: The unfinished System of Nonknowledge. Übersetzt von Michelle and Stuart Kendall. Minnesota 2001. Seite 136.

86 Julia Kristeva: Die Revolution der poetischen Sprache. Übersetzt von Reinold Werner. Frankfurt am Main 1974. Seite 70.

87 Wie heißt der schnellste Hund der Welt? (Hach, wie die Ohren mit dem Fell dran parallel zum Boden in der Quere fliegen!) Der Idiot möchte lösen: Der schnellste Hund der Welt heißt Mimesis.

Schwarzfahrer festzuhalten, beide in einer Person! Und beinah zur gleichen Zeit. Nach der Kirmes-Messerstecherei verteidigt sich der Verdächtige vor Gericht: Ach Gott, Herr Richter, jetzt stellen Sie sich das emol vor: So kurz vor seim Tod iss der mir noch ins Messer geloff. Noch einer? Hier: Das Subjekt der poetischen Sprache klammert sich an den Balken, den ihm der Fetischismus entgegenstreckt. Sagt der Balken: Wenn das nicht bald ins Auge geht, können wir es auch ganz sein lassen. Und plötzlich: Jahrmarktstekkno aus Riesenboxen. Die Mimesis imitiert und unterläuft somit auch die Setzung des Subjekts und, gemeinsam mit der poetischen Sprache, hindert das Thetische daran, theologisch zu werden, das heißt, sich zu einem transzendentalen Ego zu verdunkeln und zu verdinglichen.[88]

Ganz falsch ist die Annahme, poetische Sprache sei vor allem Lobpreis an – und Werbung um – nicht-menschliche Wesen. Weil sie ja kein Mensch verstehe, schlage sie sich unumwunden auf die Seite der Transzendenz, der Geister, Götter und Dämonen, so wurde es vor Kurzem von Heinz Schlaffer vertreten.[89] Das für Menschen nicht mehr verständliche Gedicht verlasse die Sphäre des Humanen und werde zur Opfergabe, mit Blüten, Bändern und Perlen geschmückt den Göttern zum Verzehr bereitet. Denn was nicht für die Menschen ist, so schließt er messerscharf, muss für die Götter sein. Ei, was spielsch dann du? Ei, isch schpiel Fagott. Ei, warum spielsche ned ferdie Leid, dann fadiensche mehr!

Aber es ist ja so: Sprache, die sich an göttliche Wesen wendet, ist und bleibt Menschensprache. Mit der Abspaltung ist es nicht getan. Die Annahme, dass die ästhetische Bearbeitung der Sprache sie aus der menschlichen Kommunikation heraushebe und dem Religiösen überantworte – ist ein Hinweis auf ein sehr enges rationalistisches Korsett.

---

88 Julia Kristeva: Die Revolution der poetischen Sprache. Übersetzt von Reinold Werner. Frankfurt am Main 1974. Seite 67f.

89 Heinz Schlaffer: Geistersprache. Zweck und Mittel der Lyrik. München 2012.

Zwar fächert Schlaffer in seinem Buch »Geistersprache« die große Vielfalt in der Sprechhandlung der Anrufung auf, beharrt aber eigenartigerweise auf ihrer Einseitigkeit, das heißt auf der prinzipiellen Nicht-Reaktion des Angerufenen, sowohl in der Gegenwart wie auch in der Vergangenheit. »Gedichte sind einseitige Sprechhandlungen, die wegen der Nicht-Reaktion oder Nicht-Existenz des Adressaten ›Poesie‹ bleiben.«[90] Dieser Satz ist gelinde gesagt ein Skandal: die Definition von Poesie als wirkungsloser und vereinsamter Sprachhandlung. Zudem ist er komplett falsch, denn es gibt sowohl Reaktionen wie Adressaten. Es gibt zuweilen sogar Aufträge. Daraus lässt sich wohl schließen, dass die zeitgenössische Dichtung ignoriert wurde. Auch Behauptungen wie, der Gegenwartslyrik ermangele es an Anrufung, ihr fehle die Stimme und sie meide die Pronomina der 1. und 2. Person, kann nur der aufstellen, der sie gar nicht liest.

Man stelle sich vor, es behauptete jemand allen Ernstes, dass sich die Bildende Kunst, einmal von ihrer sakralen Rolle befreit, endgültig ihrer Zwecke beraubt habe. Die Aufgabe der Bildenden Kunst hat sich erledigt, die Malerei aber lebt eigenartigerweise weiter. Da sie nicht mehr im Dienste der Kirche steht, dient sie nunmehr allein dem Vergnügen, und das obwohl sie, aus unerfindlichen Gründen, Dinge nicht so abbildet, wie sie eigentlich aussehen, ja, es gar wagt, Dinge abzubilden, die nach gar nichts mehr aussehen! Da hört doch alles auf.

Als der Idiot unlängst die vatikanischen Museen besuchte, wurde er auf dem Weg zur Sixtinischen Kapelle in einem nicht enden wollenden Tross von Touristen aus aller Welt bis zum vollständigen Verlust der Orientierung durch gewundene Korridore und enge Treppenhäuser geschleust, unter anderem durch die Abteilung der modernen sakralen Kunst – eine unumgängliche Zuwegung. Der Eindruck, der sich ihm dann bot, war seltsam privat, als befände er sich mit einem Mal im Hobbykeller der Repräsentation, und das obwohl er neben viel Mittelmaß auch

90 Heinz Schlaffer: Geistersprache. Zweck und Mittel der Lyrik. München 2012. Seite 19.

eine Papstdarstellung von Francis Bacon in den recht niedrigen Räumen antraf: Innozenz X. nach Velázquez (Studie). Und mit einem Mal war der Idiot stumm und starr an die Wand gehängt und in die Rolle jener Bilder versetzt, die für Götter nicht mehr, nun also offenbar doch für Menschen sein sollten – und fragte sich, ob er sich in einer Analogie befand. Und sah die Gleichgültigkeit, mit der die internationale Menschheit an ihm vorbeieilte. Ob Außenstehende, fragte er sich, die Gedichte, die er in den letzten paar Jahren zu lieben gelernt hatte, mit eben diesem flüchtigen Gefühl der Abwehr, der erzwungenen Durchreise, als verzichtbare Arabeske wahrnahmen? Als hätten sie es mit etwas zu tun, das schuldhaft und launisch seiner eigenen Zeit verloren gegangen war ...

Selbst dem Idioten ist unklar, wie man der poetischen Sprache generell jede Zeitgenössischkeit ableugnen kann und ihren Kunststatus verkennt. Wobei Zeitgenossenschaft »nicht irgendeine Zusatzqualität ist, die Kunstwerke haben können oder auch nicht (...) Alle bedeutende Kunst, alle Kunst im emphatischen Sinne, ist zeitgenössisch. Sie hat Bedeutung für die Gegenwart.«[91] Zudem: Die Idee, es handele sich bei den Fügungen der poetischen Sprache eigentlich um einen schlichten Sachverhalt, den der Dichter aus reiner Bosheit bis zur Unkenntlichkeit verrätselte, geht davon aus, dass es so etwas wie einen schlichten Sachverhalt, unangefochten vom Kontext, überhaupt gibt. »Es gibt kein einfaches Sagen.«[92] In der Abwehr des Unbekannten kann sich eine xenophobe Tendenz zeigen. Sagt ein Fechter zum Degen: Außer Degen nichts gesehen. Sagt der Degen: Allerorts wohnt im vorgeblich Einfachen die Möglichkeit zur Schwierigkeit – und umgekehrt. Das weiß nicht nur die Neurose, die das Unmögliche überall entdeckt. Das weiß auch der Degen. Sagt der Fechter: Das ficht mich nicht an. Sagt Fichte: Oh, dochchen.

---

91 Juliane Rebentisch: Theorien der Gegenwartskunst. Hamburg 2013. Seite 17.

92 So Eva Meyer in ihrem Abschlussvortrag »Das Theater der Theorie« beim Symposion: Radikales Denken. Zur Aktualität Susan Sontags im Winter 2014 in München.

Sind Sie denn gerne schwierig? Hm, diese Frage kann der Idiot nicht ohne Weiteres beantworten. Auch der Dichter geht in sich und kommt einstweilen nicht mehr hervor. In diese Frage scheint ein stummer Vorwurf gekleidet zu sein. Oder eine Form magischer Invokation – und der Geist, der in den Körper hineingerufen wird, ist eben die Schwierigkeit. Und der Idiot, man kann es kaum glauben, ist mit einem Mal bereit zu ihrer Repräsentation, als sei sie ein Dämon, ein Dibbuk. Er tut dies mit einer ästhetischen und komplexen Distanz, von der er weiß, dass sie auch gestisch realisiert werden muss. Dazu legt er ein zeremonielles Gewand an und steckt sich schwermütige Blüten ins Haar. Er richtet sich gerade auf und beginnt im Duett mit dem Dichter ins Publikum zu sprechen. Dort im Publikum bleibt es eine Weile still, dann sagt ein Zahnarzt zu einer Zahnarztfrau: Du bist in aller Munde. Doch ich, ich bin in Ueckermünde!

Halten wir fest: Mimesis und poetische Sprache streifen die Wahrheit (Bedeutung, Denotation) des Thetischen nur, so Kristeva. Und genau dies versetzt sie in die Lage, über diesen Streifzug die Wahrheit zu sagen. Das ist nicht identisch damit, die Wahrheit zu sagen. Ebenso wenig wie auf die Frage: Kannst du die Wahrheit sagen, nur eine Antwort gelten zu lassen, und die lautete dann: »die Wahrheit«. Das Epiphanische am Sagen der Wahrheit scheint auf, wo der Idiot das Wort wiederholt und gegen die Referenz den identischen Reim setzt – oder wenn er wie in manchen schwachen Momenten behauptet: »So heißt das Wort nur«![93] Also, oben wohnt Herr Niemand, in der Mitte Herr Doof und unten Herr Keiner. Herr Doof wird in wenigen Augenblicken Anzeige erstatten: Niemand hat mir auf den Kopf gespuckt, Keiner hats gesehen. Fragt der diensthabende Beamte: Sind sie doof? Ja, sagt da Herr Doof, vor Wahrhaftigkeit strahlend.

Der dumme Witz muss fragen: Welchen Anteil hat das Perplexe am Komplexen? Es sind beides Formen der Bindung und der Umschlingung. Wie sind die miteinander verflochten? Es war ihm

93 Deleuze: Logik des Sinns. Übersetzt von Bernhard Dieckmann. Frankfurt am Main 1993. Seite 66.

neu, dass das Perplexe mit dem Verflechten in Verbindung stehen sollte, dachte der Idiot doch, wenn er perplex sei, dann fielen alle Bindungen von ihm ab, dann stehe er außerhalb und unverbunden wie ein Kiesel da. Doch ist *plectere* »freundlicher Art und hat die Folge, dass die Gegenstände zusammenhalten und nicht auseinanderfallen, *nectere* aber gewaltsamer Art und hat die Folge, dass die Gegenstände zusammengehalten werden und sich nicht mehr frei bewegen können. Der *plexus* ist durch schmiegsame, der *nexus* durch starre Bande gehalten.«[94] In *complecti* bezieht sich die Präposition auf den Umschlinger oder die Umschlingerin, die mit beiden Armen »oder anderweitiger Anwendung aller Mittel« das Objekt umfasst, im etwas schwächeren *amplecti* geht es um das Umschlungene, welches umfasst wird.

»So fühlt man sogleich, dass der *amplexus*, wie Umarmung, oft nur mit Einem Arm, blos ein Zeichen der Neigung und Theilnahme, *complexus* aber, wie das Umschlingen, Umfangen, ein Zeichen der zärtlichen Liebe und Vertraulichkeit ist.«[95] Den Complexus finden Sie wieder in der Komplexität, aber wo ist die Umarmung mit nur einem Arm hingegangen, wo ist das Amplexe zu finden? Und was finden Sie an der Stelle des Gedankens, dass das Komplexe eine Form der Liebe und Vertraulichkeit gegenüber seinem Gegenstand meint – sodass seine Abwehr vielleicht eine Form der Eifersucht ist, die sich nicht anders zu zeigen weiß?

Auf einer anderen Seite ist der Begriff des Komplexen auch zu einer Art von Schutzschild gegenüber der Möglichkeit zur Analyse geworden, zu einer Abwehrgeste. Zu komplex, zu komplex, sagt man, um die Entscheidung zu rechtfertigen, nun nicht mehr länger über dieses oder jenes nachzudenken, oder um der Unlust, sich weiter mit andernleuts Obsessionen zu beschäftigen, eine höfliche Form zu geben. Ja, das ist durchaus legitim. Ebenso legitim wie das Gespräch da abzubrechen, wo es zu simpel wird.

---

94 Ludwig von Döderlein: Lateinische Synonyme und Etymologien: 6 Teile u. Beil. in 6 Bd. 1826–1839. Seite 280.

95 Ludwig von Döderlein: Lateinische Synonyme und Etymologien: 6 Teile u. Beil. in 6 Bd. 1826–1839. Seite 280.

Zu simpel, zu simpel. Im Gegensatz zu vielen anderen Akteuren gereicht es der lateinischen Sprache zur Ehre, dass sie *simplex* nicht euphemistisch zur Bezeichnung einer Nuance der Dummheit missbraucht hat, ebenso wenig wie Komplexität automatisch Klugheit meinen muss, setzt der Idiot fröhlich hinzu.

Ist denn jede poetische Abbildung der eigenen Obsessionen, auch da, wo sie agrammatisch wird oder ins Privatsprachliche hinüberwechselt, bereits Sprachkritik? Das bezweifelt der Idiot und stellt sogleich eine Zwischenfrage: Gibt es überhaupt so etwas wie eine *eigene* Obsession, die gänzlich unabhängig wäre von dem großen Pool der Obsessionen und Phantasmen aller anderen? Könnte man hier mit Karl Valentin antworten: Es wurde alles schon einmal ersehnt, aber noch nicht von allen? Hm. Schließlich ist überall auf Werbeplakaten das Aufkommen neuer Ticks zu beobachten, die von ihrer eigenen Schablonenhaftigkeit ablenken wollen, indem sie das Verb. Weglassen. Oder Freistellen. Und überall. Punkte. Setzen. Das geht doch nicht. Oder ist dies nun endlich das lange erwartete Eindringen des Semiotischen in die Symbolische Ordnung? Jetzt noch?, fragen da die Vertreter der Letzteren, eher erstaunt als besorgt. Also, die Negative Dialektik und die Legitimation durch Verfahren trinken Birnensaft. Die Negative Dialektik kippt ihren um. Sagt die Legitimation durch Verfahren: Pwavre, Poire, Pesa, Helene. Birne auf Abriss.

Was bleibt, ist ein anarchistischer Impuls – das eigentümlichste Geheimnis, das im Gelächter zu finden ist, hängt damit zusammen, dass Sie sich an etwas vergnügen, das das Gleichgewicht insgesamt in Gefahr bringt.[96] Offenbar sind Sie lachend in der Lage, sich aufzuspalten und Ihr eigener Hohn zu sein – ist das nicht spektakulär?

Oder aber: Sie gehen auf in einer Flut von Heiterkeit und müssen keine Unterscheidung mehr treffen zwischen Stimmung und Atmosphäre, Innen und Außen. Zu einer sehr großen Pizza Calzone kann man übrigens auch PIZZA SCHLAFSACK sagen. Der Teigwitz

96 Georges Bataille: The unfinished System of Nonknowledge. Übersetzt von Michelle and Stuart Kendall. Minnesota 2001. Seite 144.

ist ein warmer Witz, die Regression sagt mit weicher Stimme: Leg dich hin. Komm, leg dich hin. Leg dich hin. Und der nervöse schwarze Mops zieht sich in sein Körbchen zurück und wagt es lange nicht, beide Augen zu schließen.

Wenn man annimmt, dass das Verständliche das durch die Symbolische Ordnung (der sich das Subjekt zu unterwerfen hat) Erzwungene ist, wird man dem Unverständlichen eine besondere Nähe zur Utopie unterstellen. Was zuweilen im Kontext der Lautpoesie auch getan wird, wobei unverzüglich die Gegenreaktion auftaucht, die den Utopiegenuss von subsemantischem Gebrabbel als Identifikation mit dem Vorwurf der Irrelevanz betrachtet. Oder – nehmen Sie den Aufzug oder die Treppe? – Sie begrüßen einander solidarisch in einer Gemeinschaft der Wirkungslosen und gewinnen an Überblick und Deutungswiderstand. Der Idiot mutmaßt, dass es genau jene reflexive Beschäftigung der bürgerlichen Kunst mit ihrer eigenen Machtlosigkeit und Überflüssigkeit in der empirischen Welt sein könnte, welche sie in die Lage versetzt, soziale Machtlosigkeit auf eine Art zu theoretisieren, die von anderen Formen der kulturellen Praxis nicht erreicht wird.[97] Aber stimmt das auch? Es geht im Folgenden um Fehlreaktionen. Das Seminar: Herr Despoix, Herr Despoix, warum sagen Sie eigentlich immer Hadesch statt Hades? Darauf Herr Despoix: Aber das weiß doch jeder, dass im Altgriechischen das S wie SCH ausgesprochen wird. Das Seminar: Herr Despoix, Herr Despoix! Darauf Herr Despoix: Was ist denn jetzt schon wieder? Das Seminar: Schoffo-Clash! Schoffo-Clash! Schoffo-Schoffo-Schoffo-Clash! Hier wurde offenbar eine Abkürzung gefunden, die Frage ist nur, wohin?

In Stockholm, wohin der Idiot vor Jahren im Novemberdunkel zu einem Festival eingeladen war, damals, als er noch rauchte, was dort kaum einer noch tat und was mithilfe allgegenwärtiger Plakataktionen als negative Praxis gebrandmarkt wurde, und er sowieso schon traurig gewesen war, als er ankam, und zudem in einem unkomfortablen und durch die ständig wechselnde Besetzung unberechenbaren Schuppen untergebracht wurde und es

97 Sianne Ngai: Ugly Feelings. Cambridge 2005. Seite 2.

immerzu regnete und er, aus Protest gegen die patente und, wie ihm schien, auch allzu selbstgewisse Art der Schweden auf dem düsteren Balkon seiner Herberge den Whisky trank, den er auf dem Hinflug gekauft hatte und eigentlich einer Freundin hatte schenken wollen, dazu entschlossen rauchte und sich seine triste Geschichte im Selbstgespräch auf *Broken English* erzählte, während in den umliegenden hell erleuchteten Fenstern junge schwedische Nichtraucherinnen Yogapositionen einnahmen und hielten, kam er sich wie ausgestoßen aus einem gesellschaftlichen Unbewussten vor, das für ihn nicht galt, ein Unbewusstes, von dem er sich gar nicht mehr sicher sein konnte, ob es überhaupt noch existierte oder nicht bereits in ein praktisches Bewusstsein hinein aufgelöst worden war. (Inzwischen weiß er es besser, es ist anders.) So ausgestoßen und mit seinem Hang, sich deutlicher zu fühlen, indem er sich nicht gut tat, betrieb er »Wehren durch Selbst-Schädigung«. Und schämte sich zugleich dafür, was dem Projekt der Selbstschädigung freilich überhaupt nicht zuwiderlief. Während dieses nicht sehr glücklichen Aufenthalts streunte er manchmal im Dunkeln durch den Regen. Und gelangte dabei ins Moderne Museum, wo eine Ausstellung afrikanischer Gegenwartskunst gezeigt wurde – und verstand nichts. Verstand auch die Symbolik nicht. Verstand das Arrangement nicht. Verstand nicht, warum hier ein Spiegel, da eine geometrische Form, hier ein Objekt, dort ein weiterer Spiegel und so weiter und so fort. Was war das für eine Erfrischung! Der Idiot schaute sich die Sachen an und sie waren nichts als da – und zudem ungemein verwirrend. Jede Deutung war ihm verstellt – durch die Objekte selbst. Seine Weltwahrnehmung bekam einen weiteren Knacks – und das war der Knacks, durch den das Licht eindrang.[98] Er begann, aufs Neue zu sehen. Auch zu sehen, wie dumm er war.

98 Inzwischen war er ein weiteres Mal in Schweden und es war schön, wie ausgetauscht. Wobei vermutlich weniger das Land ausgetauscht worden war als vielmehr der Idiot, der nicht mehr rauchte und andere Formen des Umgangs mit dem inneren Gefälle gefunden hatte. Ach, das Licht, das Licht, das Licht in Göteborg. So hell, dass die Leute beim Frühstück ihr Gleichgewicht verloren und zu torkeln begannen. Der Idiot hat Fotos von diesem Licht gemacht, das jede Abbildungslogik derart transzendierte, dass man selbst die Fotos nur durch ein berußtes Glas betrachten kann.

Ach, ein Mensch ist ja nicht deswegen besonders anziehend und interessant, weil er oder sie so durchschaubar wäre. Sagt der erste Florist zum zweiten Floristen: Ich lese in dir wie in einem Buch. Sagt der zweite Florist: Und, was steht drin? Sagt der erste Florist: Keine Ahnung, ich kann die Sprache nicht. Ebenso müssen die guten kritischen Möglichkeiten eines Unverständnisses der eigenen Zeit gegenüber verteidigt werden. In einer Reihe mit den besten Fußnoten der Welt steht diese aus dem Band »Tschwirik und Tschwirka« von Olga Martynova, in der sich eine Passage von Alexander Iwanowitsch Wwedenskij findet, die besagt, dass nur derjenige seine Zeit verstanden habe, der sie wenigstens ein bisschen nicht verstanden habe.[99] Dem folgt in der gleichen Fußnote: Der Wunsch nach dem Wegfall von Vermittlung ist für den Dichter gefährlich, denn der letzte Mittler, den es wegzuschaffen gelte, um mit den Dingen direkt in Kontakt zu kommen, wird er selbst sein.

Ja, die Position der Vermittlung zu tilgen, ist im Ansatz mörderisch. Aber kann es auch vitalisierend sein, wenn die Vermittlung ausbleibt? Es wird ja vermittelt, wenn auch auf eine besondere Art, die der Katastrophe der Vermittlung gleichkommt, die auch die Verzauberung nicht ausschließt. In ihrem Wörterbuch weisen die Gebrüder Grimm darauf hin, dass »vermitteln« im Mittelhochdeutschen noch die Scheidung mitmeinte: »als mittelstück zwischen unvermittelte dinge einschieben, wodurch eine annäherung, wie auch eine scheidung der letztern stattfinden kann. die bedeutung der scheidung scheint sich im neuhochdeutschen nicht mehr nachweisen zu lassen, jedoch ist sie im mittelhochdeutschen bei den mystikern nachweisbar.«[100] Da meinte »vermitteln« beispielsweise, als störendes Mittelglied zwischen Gott und dem Menschen stehen. »Wer mit den Dingen zusammenstößt, wird es derselbe sein, der sie harmonisiert? Das ist es wohl, was mich traurig macht.«[101] Wir werden später auf die Toten des Surrealismus zurückkommen.

---

99 Olga Martynova: WWEDENSKIJ (Eine Untersuchung in Versen), in: von Tschwirik und Tschwirka. Graz 2012. Seite 68.

100 Grimms Wörterbuch: Bd. 25, Sp. 880 bis 892. http://woerterbuchnetz.de/DWB

101 Hugo Ball. Zitiert nach Steffen Popp: Den Toten des Surrealismus, in: Wie Alpen. Idstein 2004. Seite 52.

Alle Interpretation ein Delirium

»Wie immer lag zu Füßen seiner Dame
der Gepard: Du sollst dir kein Verstehen machen.
Es gilt nicht, die Welt zu beschreiben,
sondern die Welt zu sein. Sagte die Braut, die Füchsin.
Alle Interpretationen ein Delirium.«[102]

In dem Jahr, in dem der Idiot über das Alberne nachdachte, kam er irgendwann an eine Kante, an den Rand. Wenn an einem Phänomen gerade der Widerstand, den es gegen seine Untersuchung aufbringt, verlockend ist, warum soll man ihm dann überhaupt zu Leibe rücken? Verteidigt sich der Idiot: Er führe schließlich kein gewöhnliches Besteck. Mit benervten Stäbchen, die im Dunkeln leuchten, einer tastenden Sonde aus gestraffter Luft, die eigentlich vielmehr eine Hülle ist als eine Spitze hat, einer Gnadenbürste, dem in Speis getauchten Digitizer bewegte er sich auf das Alberne zu. Auf dass es ihm bitte entgegenkäme, ungehalten, konvulsiv und sich in undurchsichtiger Heiterkeit ergehend. Eine andere Antwort: Aus Sympathie. Gerade, weil es nie als stabiles Wesen gegeben ist. Sein Eintreten ist ein plötzliches, unvorhersehbares Ausbrechen. Man kann ihm kein Haus bauen. Es knallt durch die Wände oder kommt aus dem Wolkendunkel nicht mehr zurück.

Dem Idioten gefällt ja zuweilen das Plumpe, das Frontale, ein übertriebener Begrüßungsschubs, nach dem er sich in den Marketing-Aufstellern eines holländischen Spezialverlags für Aquaristen wiederfindet. Auch erfreut ihn das aus dem Pathos

102 Paulus Böhmer: Am Meer. An Land. Bei mir. Ostheim/Rhön 2010. Seite 80.

dem Bathos entgegenstürzende Sprachbild, der dumme Witz, der Kategorienfehler als poetisches Mittel. Pathos lebt ja erstmal von Distanz. Der griechische Pathos-Begriff hat »als theoria, die Schau, die Anschauung«, die Handhabung von Distanzen und Perspektiven vorausgesetzt.[103] Wenn diese Distanz eingerissen wird, hört das Pathos auf und das Bathos beginnt.[104] Ein solches Herabsausen aus dem Pathos auf das Niveau des Bathos kann eine gute Übung sein, um in Momenten, in denen Distanz nicht mehr möglich ist, weil schlagartig eine Nähe ausgebrochen ist, neben Schreck und Abwehr eine weitere Möglichkeit parat zu haben: das Alberne und die ganze Palette seines Verhaltens. Um wieder Raum gewinnen zu können, auch wenn dieser konvulsivisch freigerüttelt werden muss und anfangs vor Gelächter ganz unbrauchbar zu sein scheint.

Was für Momente der Aufkündigung von gewohnten, auf der Leugnung von Bedürfnissen beruhenden Absprachen gleichkommt, kann so in aller Unschuld und Unvollkommenheit daran erinnern, dass das Leben befristet ist. Ja, man kann sich täuschen. Ja, und nein. Und warum haben wir Idioten damals in Nackenheim, als wir vor dem geschlossenen Museum standen, eigentlich nicht diese Nummer angerufen? Wir waren ja da, und sind dort seither nie wieder gewesen.

Wenn der Idiot einer komischen Utopie der Wirkung alle Freiheiten lässt, weil er sie nicht durch Bestimmungen einengen will – können Effekte aufkommen und in eine Richtung ausschlagen, wo das Lachen prinzipiell versagt. Grobe Komik? Ja! Nein. Eine ästhetische wie ethische Befangenheit erlaubte es dem Idioten nicht, nachdem ihn erneut Bilder vom Massenmord an Zivilisten getroffen hatten, die plumpen Aspekte des Komischen zu genießen. Welcher Art müsste ein Realismus sein, der sich ästhetisch dazu verhalten könnte? Es ist ja eine Verunsicherung, die nicht allein

103 Rudi Thiessen: Stadt und Meer. Berlin 2000. Seite 104.

104 Im Kapitel »Die Kerze an beiden Enden« dieses Buches finden Sie eine ausführlichere Darstellung des Zusammenhangs von Pathos und Bathos. Seite 109–120.

künstlerischer Natur ist.[105] Selbstverständlich nicht![106] Dass es falsch ist, diese Fragen zurück in die Verdrängung zu geben, liegt offen da. Ja, es gibt freilich auch andere Themen, doch sich klar zu werden, von welcher Position aus man schreibt, ist wichtig. Es gilt, die Wirklichkeit in Betracht zu ziehen. Die weltweite Wirklichkeit. Sich die Frage nach dem Faszinosum zu stellen. Machst du dein Gerät kaputt? Nein, ich dachte, ich benutze es, antwortet leise der Idiot.

Oder Sie alle fänden Erleichterung (jetzt noch!) in einem überholten Dispositiv des Körperlichen, wie es die Vertreter der vormodernen Komfortzone als *All-inclusive*-Paket anbieten, mit Insektenplagen und Amputationen ohne Anästhesisten. Halt, der Idiot darf so zynisch nicht sprechen, will es auch gar nicht. Denken Sie doch bitte an die rüde Lachkultur des Mittelalters, wie von Bachtin beschrieben. An einen grotesken Realismus, eine Karnevalisierung aller Verhältnisse, jenseits der idealisierten Körper- und Kontrollideale. Eine Regression, in der die Lebenslust auch da, wo sie hässliche Züge trägt, grell hervortritt? Es stehen noch 78 groteske Körperkonzeptionen zur weiteren Beschreibung aus. Bitte treffen Sie Ihre Wahl. Sich Ausschütten vor Lachen, das heißt, das Innere nach außen kehren, wie echte Dichter eben.[107] Das muss nicht schön sein. Hier herrscht ein rustikaler Witz, nichts für feine Seelen, ja? Stülp, ruft der Idiot, stülp – und schlägt mit den Türen.

105 Harte und böse Dialektik des Un-Erträglichen, die sagt: Ja, wenn's unerträglich ist, warum erträgst du's dann? (– und lacht, lacht, lacht). Oder Magritte, den die Kriegserfahrung lehrte, dass Kunst Bezauberung auszudrücken habe, ah. Dass die Schicht der Zivilisation so dünn, dass Gewalt und ihre Darstellung Unzahl sind (und die Nachbarn schreien, schreien, schreien) – gebe Anlass zur Komik, als eine Form von Distanz, in welche die Amorphie zu implodieren Platz hat? (Es muss mehr als ein Kontrastmittel sein, so John Baldessari, auf Seite 42 des Katalogs »Don't Smile – Humor in der Kunst«. Hg. von Christiane Meyer-Stoll. Liechtenstein 2012.)

106 Lesen Sie zum Beispiel dieses Gedicht, hören Sie es sich an auf lyrikline.org: WIR, von Ghayath Almadhoun, übersetzt von Sandra Herzel.

107 Schreibt Renate Lachmann in ihrem Vorwort zu Michail Bachtins Buch »Rabelais und seine Welt. Volkskultur als Gegenkultur«. Übersetzt von Gabriele Leupold. Frankfurt am Main 1995. Seite 39.

Oder ein anderer Witz, der gerade die Runde macht: Also, da ist ein erfolgreicher Philosoph und der heißt Byung-Chul Han und der Philosoph schreibt, pass auf, jetzt kommt der Witz, also er schreibt: »Gewalt entlastet die Seele, denn sie externalisiert das Leiden.« Ah! Dann müsste man seelisch Kranke ja einfach nur verprügeln, um ihnen Entlastung zu verschaffen.[108] Das ist ein ziemlich guter Witz. Den Körper als reines Außen der Seele zu sehen, in Konkurrenz oder in irgendwie osmotischer Verbindung zu ihr ... das muss ein Witz sein.[109] Eine andere Frage ist, ob man sich wappnen kann, nein, vielmehr, ob man sich wappnen darf. Ob die dünne Haut ein Privileg derer ist, die nicht zur Abhärtung gezwungen sind. Dies nennt man: Dialektik einer Ikonografie der Desensibilisierung. Oder Sensibilisierung, klar.

Es verfolgen den Idioten Sätze, Sprachbilder von Gewalt. Er liest sie in der Zeitung. Teils diskret formuliert, teils reißerisch. Sie sind immerzu da und er weiß nicht, wo er sie innerlich ablegen soll, damit sie still stehen und verstummen. Wohin damit, um zu vermeiden, dass solche Informierungen Kontakt aufnehmen zu dem Ort, wo sich Erschrecken mit Faszination anreichert. Dass bewusst sie bleiben, aber vergleichsweise neutral, insofern das überhaupt möglich ist. Ohne dass sich die Fratze der Dämonie zeigt und die Mechanismen von Fiktionalisierung, Verdinglichung oder Verdrängung greifen. Wer dazu eine Übung kennt, möge sie dem Idioten bitte mitteilen.

Was könnte nun eine bewusste künstlerische, poetische Haltung dazu sein? Der Idiot möchte auf die epischen Langgedichte von Paulus Böhmer zu sprechen kommen. Gerade ist mit »Zum Wasser

108 Byung-Chul Han: Topologie der Gewalt. Berlin 2011. Seite 11. Überhaupt ist das über weite Strecken ein erschreckend selbstbezügliches Buch. Es ist nicht mal eurozentristisch, eher so etwas wie: mein-zimmer-zentristisch. Das kann man ja gerne machen, dann sollte man es allerdings nicht mit dem Titel »Topologie der Gewalt« universalisieren.

109 Ja, ja, der Einwand ist notiert, es gab durch die Jahrhunderte Formen institutionalisierter Ausübung von Gewalt, mit dem geheimen Sinn, ihr zu entgehen, wie das Ritual des Duells, das Aneinandervorbeischießen, das wohlerzogene Wiedervertragen, nachdem im Ring die Glocke bimmelte, aber für wen kam das denn bittschön infrage? Hm? Ein Tipp? Gerne: Denken Sie zum Beispiel mal an Ihre Frau. Genau.

will alles, Wasser will weg« ein weiterer großformatiger und über zweihundertseitiger Zyklus erschienen. Schon der Titel ist eigentlich ein guter Witz: »Zum Wasser will alles, Wasser will weg«.[110] Dieses Prinzip zeigt sich in erquickender Überdeutlichkeit auch im Garten der Villa d'Este in Tivoli bei Rom. Ganz so verspielt, wie sich dort die weißen Wasser in den italienischen Himmel werfen, sieht es der Böhmer allerdings nicht. Dem Wasser-Band voraus ging »Am Meer. An Land. Bei mir.«, auf dessen DIN-A4-großem Cover man eine Schwarz-Weiß-Fotografie sieht, die den Autor angeschlagen und frisch zusammengeflickt zeigt, ganz so, als käme er nach einer Kneipenschlägerei geradewegs aus der Notaufnahme.

Viele sagen: Alles. Aber nur wenige können es aushalten, denn alles meint eben sehr vieles, das nicht gut ist. Diese Gedichte sind mittig gesetzte flackernde Säulen, hoch rhythmische Bilderströme, die aus der ganzen Summe des Menschlichen, was das Unmenschliche miteinschließt, hervortreten. Hier sind es wieder, etwas weniger deutlich als in seinen Kaddish-Bänden, die Erinnerung an die Shoa, die Verbrechen gegen die Menschlichkeit, das Weiterleben, die Entfernung, die Nähe, die um Vorherrschaft ringende Gleichzeitigkeit, die im Gedächtnis herrscht, die das Schreiben in eine Heftigkeit versetzen – wie soll man damit aufhören, wenn man nie sagen kann: Es ist gut. Weil es eben gut nicht ist.

»Es ist keineswegs eindeutig, was für uns verfügbar ist: Unter der Vorstellung, dass die Begriffe, so wie wir sie haben, von ihren Inhalten her, Machtkämpfe in uns austragen und wir mit ihnen Machtkämpfe austragen, ist Gedächtnis eine schwierige, eine selbst neurotische oder psychologische Kampfsituation.«[111] Daneben kann es aber auch zu sanften Sinneseindrücken kommen, Erfahrungen, in denen weder die Dinge Herr über uns werden wollten noch wir Herr über die Dinge. »Sie kennzeichnen eine

110 Paulus Böhmer: Zum Wasser will alles, Wasser will weg. Ostheim/Rhön 2014.

111 Wilhelm Schmidt-Biggemann: Schläft ein Lied in allen Dingen. Zur Topik einer poetischen Welt, in: Der Prokurist, Nummer 6, 1991. Seite 11f.

Welt- und Geschichtsoffenheit.«[112] Doch stellt diese Offenheit eine poetische Haltung dar?

»Zum Wasser will alles, Wasser will weg«: Das Langgedicht ist eine hochmetaphorische, dann wieder karge Chronik, in der die Bilder einander stützen, sodass es scheint, als hielten sich im Gedankensturz auch jene ausgeeinzelten Überbietungsbilder von schwer erträglicher Gewalt noch in einer Beziehung auf den Zeitverlauf, an dem wir teilhaben: Es denken lernen. Als würden sie in einen breiten Bilderstrom eingebunden, der zum Leben gehört und seinen Ausgang dort hat, wo die Verdrängung ästhetisch außer Kraft gesetzt worden ist. Der Leser muss die Gewalt nicht mehr beim Wort nehmen, das wurde längst getan, aber er muss das Wort erneut nehmen.

Dann, manchmal, wird die Rede unversehens leicht, »Ich bitt euch lasst mich nicht / durch allzu viel Erbarmen zur Raupe werden!«[113], und eine Sehnsucht nach Albernheit macht sich Raum, wenn es vorher beispielsweise hieß: »Ich bitt Euch, bleibt, / bleibt für ein Klitzkleines, / für einen Song, für eine Albernheit: / Mir nah.«[114] Der Text bietet Erleichterung, für die Dauer eines Liedchens, das man, wenn die Melodie dazu einlädt, immer wieder singen will, weil darin Wiederholung eine Vorform ist von Trost. »(Ich werde ihn Euch summen, diesen Song. Wir sollten *alberner* sein! / Viel *alberner.*) / (Das Weltall rast auseinander. Wir sind nicht da, wo wir sind.)«[115] Das stimmt. Fragen Sie den Quantenphysiker Ihres Vertrauens.

Da wird es lebenswichtig für die dichterische Stimme, die durch dieses verstörend umfassende Gelände führt, stets auf der Höhe des Geschehens und aller Beteiligten zu sein, verwickelt zu bleiben und sich nicht doch selbst zu erhöhen, um sich dann, weil die

112 Wilhelm Schmidt-Biggemann: Schläft ein Lied in allen Dingen. Zur Topik einer poetischen Welt, in: Der Prokurist, Nummer 6, 1991. Seite 12.

113 Paulus Böhmer: Am Meer. An Land. Bei mir. Ostheim/Rhön 2012. Seite 37.

114 Paulus Böhmer: Am Meer. An Land. Bei mir. Ostheim/Rhön 2012. Seite 45.

115 Paulus Böhmer: Am Meer. An Land. Bei mir. Ostheim/Rhön 2012. Seite 44.

Draufsicht so lockte, zum Material herabzulassen. Leicht kann es passieren, dass es bei der metaphorischen Bearbeitung zur Kolonialisierung des Materials kommt. Mit der Geste des Beherrschers ordnet der Dichter ein exotisches Intermezzo im Salon seines lyrischen Ichs an, wobei alle Bewunderung, die dem Material gelten sollte, dem Dichter zugeschrieben wird: ästhetische Ausbeutung. Zuletzt wird noch der Widerstand des Materials gegen seine metaphorische Abfassung dem Dichter zugerechnet, dem großen Bändiger, während das Beschriebene an Eigenleben und Bewegungsfreiheit verliert. Der Idiot kennt Gedichte, die junge deutsche Dichter von ihren Lesereisen durch Osteuropa mitgebracht haben, in denen alle Eindrücke wie am überlegenen Wissen des Dichters aufgefädelt baumeln, statt ihn in die Knie zu zwingen. Und das liegt nicht daran, dass junge deutsche Dichter klüger und stärker als ihre Eindrücke sind, sondern vielmehr daran, dass sie nichts sehen. Das Gedicht ist dann fertig, wenn das Material in der unveränderten Affektlogik des Dichters gut verstaut ist. Das passiert häufig, aber bei Paulus Böhmer passiert es nicht, oder sehr selten. Löste man das eine oder andere Bild aus dem Gesamtzusammenhang des Langgedichts – müsste man schauen, wie manche sexistische Einfärbung zu bewerten ist, die den Leser in ihrer Drastik zurückschrecken lässt. Immerhin: Er muss aus seiner Gleichgültigkeit hervortreten, und sei es zur Abwehr. Das Buch ist triftig, »in pasolinisch-zerfahrenem Sinn, also nicht engagiert, sondern enragiert-engagierend (›non scandalizzo – mi scandalizzo‹!), und das nicht allein, weil es alles Schreckliche aufruft und in erschreckenden Wiederholungen sichtbar macht, und auch nicht, weil es erratisch ist und manchmal versprengt daherkommt, sondern weil es so haltlos und rücksichtslos nach dem Leser greift«[116].

Es braucht ästhetische Entschiedenheit, wichtiger noch eine gute Form der Kombinatorik, gerade wenn das Geschilderte von großer Brutalität ist. Und der Dichter gehört in das Geschehen, nicht auf den Rang. Es gibt in den Gedichten von Paulus Böhmer keine Unbeteiligten. »Dass nichts von dem, was ward, / für sich alleine

116 Theresia Prammer, aus privater Korrespondenz.

steht. / Dass jedes Ding, jedes Wort / zugleich der Zwilling eines Gegensatzes ist. / So denken Pflanzen uns mit, küssen Bakterien die Zeit / in aeternitas aeternitate.«[117] Die textgenerierenden Bewegungen heißen: Festhalten und Freigeben. Doch auch sich davor bewahren, auf einer Woge von Details wegzutreiben. Die Details müssen gehalten sein, in einer Distanz, die gehorcht und sich freinimmt. Übertreibung kommt an eine unmögliche Grenze. Man muss sich wappnen: Kaum löst sich die Anspannung des Lesers angesichts eines berückend schönen Satzes oder befreienden Scherzes, treiben unvorhergesehen Vergewaltigungsopfer vorbei, wird eine Gewaltpraxis benannt, als ließe man sie fallen, auf dem Weg auf die Wiese, weil es sie gibt, genauso wie es die Wiese gibt. So muss das sein, wenn man die Gleichzeitigkeit des Geschehens nicht unterdrückt, die deutsche Geschichte des Genozids nicht ausblendet, wenn man Weltnachrichten hört und Zeitgenossenschaft so versteht, wie von Boris Groys beschrieben, von dem der Gedanke stammt, »dass der Zeitgenosse, wie jeder gute Genosse, Gefährte oder Kamerad, der eigenen Zeit helfen, ihr beispringen sollte, wenn es schwierig wird (...) Der eigenen Zeit gegenüber in dieser Weise treu zu sein, ein guter Genosse oder eine gute Genossin zu sein, bedeutet dabei nicht zuletzt, in das Kontinuum der chronologischen Zeit gewisse Diskontinuitäten einzufügen.«[118] Daher rühren die Brüche, die harten Rückblenden, der übergangslose Wechsel vom Kleinsten ins Größte, vom Privaten in kriegerische Zeitläufte.

Böhmer kommt mit Obsessionen, die gleichsam persönlich und unpersönlich sind, aber nicht archetypisch. Nein, archetypisch auf keinen Fall! Dazu sind es zu viele, sie sind zu durchgeknallt, zu wechselhaft und nicht simpel genug. Führt er sie auf, oder wird er von ihnen bewohnt? Wenn das Buch »Zum Wasser will alles, Wasser will weg« zu Ende geht, beginnen viele Sätze mit »Dass« – was ein Erstaunen, eine Rührung, ein Phänomen ohne

117 Paulus Böhmer: Zum Wasser will alles, Wasser will weg. Ostheim/Rhön. 2014. Seite 234f.

118 Zitiert nach Juliane Rebentisch: Theorien der Gegenwartskunst. Hamburg 2013. Seite 13.

seine Einschätzung durch das Subjekt an den Satzanfang setzt. Die Beobachtung überdauert den Beobachter. »Dass ein jeder ein Schaum ist, ein Schnee auf dem Grund des Meeres, / ein Gouvernement frei ziehenden Planktons, / ein Netzwerk aus Eisenstäbchen, / eine Blüte, ein Leopard, ein Zweiweltenkind, eine / huschende, hastende Melodie, / ein Regen, der regnete, regnete / regnete regnete jeglichen Tag, dass endlich ein Anfang sei.«[119]

Und will er denn nun ein Stahlwerk oder eine Zementfabrik sein oder keines von beidem, fragt der Idiot den Dichter. Was alles trifft nicht nacheinander ein, in der kreiselnden Zeit dieses Gedichts. Biblische Motive, talmudische Weisheit, Gewalt, Ekliges, aber vielmehr Todesekel als Lebensekel, Betrauerte, Betriebliches, Hirnwitze, Personen mit Klarnamen und Personen mit Spitznamen und fiktive Figuren, oder sind dies auch reale Personen, von denen der Leser nichts weiß und die er deswegen einfach für fiktiv hält? Kindheitserinnerungen, Flüsse, so viele Arten von Wasser, Schlachtvieh, Mord, liebe Seelen, Anrufungen und Dankesworte, eigenartige Merksätze von großem, herbem Witz. Gut tut die Wiederkehr einiger schon vertrauter Bilder, quasi auf elliptischen Umlaufbahnen, mit dem Witz einer Überlappung in der Umkehr oder einer unmöglichen Schnittmenge, in der dennoch irgendetwas zusammenkommt – und jetzt alles noch einmal in der umgekehrten Reihenfolge!

Aufgesplittert wird das Ganze durch Trauminhalte, Lob und Witze über Moose, »Moose versetzen sich vor großen Kämpfen / durch Schlafentzug in einen psychotischen Zustand, sie sind schön, hellsichtig, unbeirrbar. Manchmal / rasen Moose vor Wut – wenn sie glauben, dass fremde Mächte / sich ihrer bedienen«[120], und so krasse wie alberne Vorstellungen wie die von Hirnen als huschende Wolken. Aber genug, an diesen Texten wird vollkommen evident, warum es unmöglich ist, Gedichte zu referieren. Sie

119 Paulus Böhmer: Zum Wasser will alles, Wasser will weg. Ostheim/Rhön 2014. Seite 224.

120 Paulus Böhmer: Zum Wasser will alles, Wasser will weg. Ostheim/Rhön. 2014. Seite 133.

sind sie selbst. Allein durch Rezitation ließen sie sich referieren. Ja, so könnte es gehen. »Ein Song. Igel nähern sich einander, werden von den Stacheln / des anderen abgewiesen, beginnen erneut zu frieren / und sich erneut einander anzunähern: Ein Song.«[121] Das kann auch dem Leser passieren: Er nähert sich an, wird abgestoßen und beginnt sich wieder zu nähern, neutral aber kann er nicht sein.[122]

In der Art wie alberne Zeilen das grauenhafte Geschehen durchqueren, kurz abstoppen und auf eine andere Bahn bringen, wohnt ihnen die Qualität apotropäischen Gelächters inne. Apotropäisch bedeutet ursprünglich die Verwendung von Magie, um eine gefährlichere Magie abzuwenden – das Auslachen der Katastrophe.[123] »Nicht Heiterkeit veranlasst uns zu lachen, eher drückt Lachen die Erleichterung aus, spezifischen Katastrophen, wie z. B. jeder Witz sie in nuce provoziert, entronnen zu sein: das ›Auslachen‹ der Katastrophe in des Wortes doppeldeutig redender Bedeutung. Hieran anknüpft die megalomane halluzinatorische Erwartung, so auch den großen Katastrophen entrinnen zu können, ihre Präsenz zu übertrumpfen oder zumindest ihrer ›lachmächtig‹ zu sein (...)«[124]

Eine lachhafte Handlung bewirkt in den volkstümlichen Legenden vom Wechselbalg die Rückgabe des von den elfischen (albernen) Dämonen ausgetauschten Kindes, ein Motiv, das bis in das neunte Jahrhundert zurückgeht. »Als Wechselbalg wird ein der Mutter durch ein dämonisches Wesen untergeschobener beziehungsweise vertauschter Säugling bezeichnet, der sich durch seine Hässlichkeit, Unförmigkeit, Unersättlichkeit und Zurückbleiben in der

121 Paulus Böhmer: Am Meer. An Land. Bei mir. Ostheim/Rhön 2012. Seite 44.

122 Diese Anmerkung kommt von Theresia Prammer, der besten Leserin der Welt.

123 Das konnte zu Praktiken führen wie jene, von denen Erwin Rohde in seinem Buch »Psyche. Seelencult und Unsterblichkeitsglaube der Griechen« berichtet, dass der Mörder sich Körperteile des Ermordeten auffädelte und wie einen Rucksack schulterte, um Hekate, die Herrin der Seelen, zu besänftigen. Weißer Thymian hatte eine solche Wirkung. Das Aufhängen eines Hyänenfells half gegen Hagel. Auch behängte man Kinder, um sie zu schützen, mit andernleuts Körperteilen. Oder hab ich das nur geträumt?

124 Klaus Heinrich: »Theorie« des Lachens, in: dämonen beschwören katastrophen auslachen. Frankfurt am Main, Basel 2013. Seite 81.

Entwicklung auszeichnet. Es sind meist die Elementischen, Unterirdische, Wassergeister, Waldfrauen, die sich auf diese Weise eines Menschenkindes bemächtigen, indem sie es gegen das eigene austauschen.«[125] Um den Tausch rückgängig zu machen, empfiehlt der Volksglaube Verrichtungen, die den Wesen, die das Kind stahlen und dafür ein anderes, schlechteres daließen, nicht einleuchten. »Chaos, ein wenig jedenfalls, tut not.«[126] Um den Bann aufzuheben, braucht es also die Aufführung einer widersinnigen Handlung, wie zum Beispiel Wasser in Eierschalen aufzusetzen. »Nun bin ich so alt wie der Westerwald / und hab nicht gesehen / dass jemand in Schalen kocht«[127], sagt das Wichtelmännerchen, legt das Kind zurück und nimmt den Wechselbalg mit sich fort. Um dies nicht so karg stehen zu lassen, möchte der Idiot an die Erzählung »Das Wechselbälgchen« von Christine Lavant erinnern. Ganz knapp: Entstanden gegen Ende des Zweiten Weltkriegs, beschreibt Lavant in einer bewegten sowie schweren und sehr treffenden Sprache, wie sich eine ganze Dorfgemeinschaft gegen die behinderte Tochter einer Bauernmagd wendet und sich die Logik der Euthanasie, als Volksglaube verkappt, ausbreitet.[128]

Nach einigen Stunden angezogener und abgestoßener Böhmer-Lektüre wird dem Leser mit einem Mal klar, was das Besondere ist: Verdinglichung findet nicht statt, auch nicht als Prinzip der Referenz.[129] Das, was am Leichnam seltsam sei, trage Züge dessen,

125 Leander Petzoldt: Kleines Lexikon der Dämonen und Elementargeister. München 1995. Seite 175.

126 Klaus Heinrich: »Theorie« des Lachens, in: dämonen beschwören katastrophen auslachen. Frankfurt am Main, Basel 2013. Seite 61.

127 Klaus Heinrich: »Theorie« des Lachens, in: dämonen beschwören katastrophen auslachen. Frankfurt am Main, Basel 2013. Seite 62.

128 Die Erzählung ist jüngst bei Wallstein in einer neuen Ausgabe erschienen und in Meran in einer vorbildlichen Veranstaltung präsentiert worden, an deren Ende in einer nächtlichen Lesung der gesamte Text verlesen wurde. Christine Lavant: Das Wechselbälgchen. Mit einem Nachwort von Klaus Amann. Göttingen 2012.

129 Wie es Blanchot in seinem Aufsatz »Zwei Versionen des Imaginären« für die Fragen der Ebenbildlichkeit und der Bildproduktion ganz allgemein exemplifiziert hat. In englischer Übersetzung: Two Versions of the Imaginary, in: The Station Hill Blanchot Reader. Übersetzt von Lydia Davis, Paul Auster und Robert Lamberton. Barrytown 1999. Seite 417 bis 429.

was auch am Abbild seltsam sei, heißt es bei Maurice Blanchot. Damit baut er den Tod ein in die Erschaffung der Ebenbildlichkeit, die er vom Leichnam her denkt, der an den lebenden Menschen nur noch erinnere, sein unbewegliches Abbild sei. Wieder umfängt den Leser ein beklemmendes Gefühl angesichts dieses Aufgebots von abstrakten Existenzialismen, eine Argumentation, die den Tod nicht beklagt, sondern als Relais benutzt, metaphorisch in Dienst nimmt. Der tote Körper etabliere eine Verbindung von Hier und Nirgendwo und ähnele sich (auf tödliche Weise) selbst. Was ein eigenartig fahles Licht auf die epidemische Verbreitung der sogenannten Selfies wirft. Hm. Diese Art der Ähnlichkeit treffe auf Lebendige nicht zu. Daher sei der Mensch, solange er lebe, niemandem ähnlich.

Aber, wendet der Leser ein, es muss ja nicht alles tot sein, wovon es ein Bild gibt. Auch ist das Bild selbst nicht notwendigerweise tot. Ganz dünne Luft. Der Leser schabt sich am Nacken, betastet prüfend eine kleine entzündete Stelle an seinem Kinn: als komme die Erschaffung in Ebenbildlichkeit der Entschaffung gleich. In dieser Entschaffung wird nicht etwas rückgängig gemacht, sondern als Negation neu erschaffen. Dies ist eine rhetorische Bewegung, die vielen Texten von Blanchot eine faszinierende und gleichsam eisenharte Sublimierungsatmosphäre gibt.

Doch der Leser gewinnt nicht den Eindruck, dass die Sprachbilder, die Böhmer sich macht, den Tod als Übertragungsinstanz in Kauf nehmen, noch dass die dargestellte Gewalt (oder ist es eher: die hingestellte Gewalt) auf prahlerische oder plakative Weise ästhetisiert wird – nein, sie wird beklagt. Es ist ein Trauermarsch der Bilder, durch die Erinnerung. Der Leser kann sich nicht entsinnen, jemals bei Böhmer irgendwo die Redensart gelesen zu haben: und so weiter. Und so fort. Und dergleichen.[130]

130 Interessant wiederum ist, dass es in den Gedichten von Friederike Mayröcker vielerorts heißt: undsoweiter, etc. – und dass diese Geste, wie der Leser meint, bei ihr eine Geste der Humanität und der Sorgfalt ist. Wie das? Dazu später mehr, der Leser muss noch ein wenig darüber nachdenken.

Und selbst, wenn er sich täuscht und es doch irgendwo in den Gedichten diese Sprachgeste geben sollte, ist sie nicht triftig. Nein, die Dinge, Geschehnisse und Menschen werden genannt, und wo sie keinen Namen tragen, treten sie oft im Plural auf, was manchmal, wenn man sich das Ganze en détail ausmalt, einigermaßen seltsam wird. Das können Sie in einer ruhigen Stunde selbst einmal ausprobieren, Sie werden überrascht sein, welche aberwitzigen Szenarien sich vor Ihrem inneren Auge formieren.

Es ist wichtig, auf die Gefahr zu achten, die darin besteht, dass die beschriebene Gewalt die Sprache instrumentalisieren kann – gegen ihr Anliegen der reflektierten Zeugenschaft befördert sie dann die Verdinglichung der Opfer, betreibt sie Propaganda. Etwa so: Zeigen Sie den noch nicht Traumatisierten Bilder, die sie als Unbeteiligte in einen Zustand des Entsetzens, der Scham, der Abwehr, Wut und Angst bringen. Nutzen Sie Bilder zur Steigerung der Gewalt statt dazu, vor ihr zu warnen. Vervielfältigen Sie dann sprachlich die sprachlose Wirkung des Schocks. So soll es Ihnen gelingen, zu argumentieren und dies im selben Moment nicht zu tun. Verunsichern Sie sie. Sorgen Sie dafür, dass sie sich als bedroht erleben. Geben Sie den Leuten das Gefühl, sich zu verteidigen, und versichern Sie ihnen, dass alle Dummheiten und Brutalitäten, die sie als Bedrohte begehen, im Dienste der eigenen Verteidigung stehen. Wie soll Sprache sich dazu verhalten? Selbst wenn man dies entscheiden könnte, wäre es schwer zu sagen. Umsichtig? Bockig? Auf eine andere Geschichte drängend? Sich abwendend? Argumentativ?

In der vergangenen Nacht (es ist 8 Uhr 22 am 5. Juni 2014) träumte der Idiot, in einem über südamerikanische Pass-Straßen holpernden Bus zu fahren und zwei klugen Freunden, die nebeneinander auf der anderen Seite des schmalen Mittelgangs saßen, das Buch »Sympathiezauber« von Michael Taussig zu zeigen. »Schöner Schutzumschlag« habe er gesagt – und die beiden auf den langen Satz der gewalttätigen Zusammenhänge hingewiesen, der nicht aufhöre und immerzu damit weitermache, Dinge und Menschen an der Gewalt zu beteiligen.[131] Nirgends könne man einen Punkt machen. Die fatalen Verbindungen erlaubten dies nicht – blanke Konsequenz. Im Traum konnte der Idiot sich nicht verständlich machen. Oder es wurde das Thema bald gewechselt und er wachte auf.

»Zugleich wuchs mein Empfinden dafür, wie das Schreiben über Gewalt die Gewalt meist noch verschlimmert. Meine (...) Theorie lautet, dass Geschichten über Terror und Extremsituationen in hohem Maße die Realität zu gestalten vermögen (zu einem guten Teil durch Ungewissheit), indem sie eine Kette von Erzählern durchlaufen. Die Aufgabe des Erzählers, der diese Kette durchbrechen möchte, bestand also meiner Ansicht nach darin, mit einer eigenen Geschichte hervorzutreten, die sich bewusst als ›vorletzte‹, ›penultimative‹ versteht – soll heißen: die Tatsache anerkennt, dass bald eine andere Geschichte an ihre Stelle treten wird und dass die eigene deshalb unter Spannung steht; dass die eigene, wie man hofft, auf Dauer vor der letzten zu liegen kommt – mit ihrem Versprechen, den Strom von der Gewalt ab- und zu ihrer Heilung hinzulenken.«[132]

---

131 »Die Banden werden immer mehr, und die Tür wird aufgehebelt von den *tough guys* mit ihren Brecheisen, um den Fernsehapparat zu stehlen und dem schlafenden Kind die *sneakers* von den Füßen zu reißen; mit dem *bazuco* fühlst du dich so gut, die Haut kribbelt und du glaubst zu schweben, während die Polizei, die sich sonst nie zeigt, und die örtlichen Todesschwadronen Süchtige, Transvestiten und Schwule zur Strecke bringen und töten – die desechables, Verächtlichen, ›die zum Wegwerfen‹ –, deren Leichen von den Pritschen der Pickups geworfen werden und die man verdreht und verrenkt in den Zuckerrohrfeldern findet, die im Besitz von nur 22 Familien sind, Felder, die wie der Ozean von der einen Seite des Tales zur anderen wogen, während die Gezeiten dich beim Klang echter indianischer Flötenmusik aufnehmen und das Geheul kokainschnüffelnder Hunde im Mondschein dich zum Goldmuseum der Banco de la Republica willkommen heißt.« Michael Taussig: Mein Kokainmuseum, in: Sympathiezauber. Übersetzt von Horst Brühmann. Konstanz 2013. Seite 246.

132 Michael Taussig: Schreiben an vorletzter Stelle, in: Sympathiezauber. Übersetzt von Horst Brühmann. Konstanz 2013. Seite 10.

Berichte vom Ende der Drastik

Selbstverständlich darf sich der Idiot vor gewalttätigen Kunstprodukten schützen. Auf Überwältigung zielende Gewaltpornos ohne kritisches Potenzial oder das Bewusstsein in eine Schockstarre versetzende Horrorfilme anzuschauen, kann ihm niemand ernsthaft abverlangen. Doch im Sinne bewusster Zeitgenossenschaft ist er verpflichtet, die Augen vor realen Grausamkeiten nicht zu verschließen. Hier gibt es freilich Abstufungen in Sachen Anschaulichkeit. Wie sieht es zum Beispiel mit Youtube-Uploads aus Bürgerkriegsregionen aus, wie mit propagandistischen Aufzeichnungen von Enthauptungen, mit realer, in diesem Moment stattfindender Gewalt? Es kommt vor, dass sich nach der Überwältigung durch filmische Zeugnisse menschenmöglicher Gewalt bei dem Idioten eine eigenartige Gedankenlage einstellt, weniger ein Denken oder eine Bereitschaft zum Engagement, sondern vielmehr Panik, Erschütterung, Abwehr, ein ambivalentes Gefühl von Mitleid, Schuld und unterlassener Hilfeleistung.

Der Idiot möchte hier (mit Ute Frevert) an Nietzsches Kritik aus den 1880er Jahren erinnern, die Mitleid als »Haltung, die das Leiden abschaffen wolle und den Menschen damit erniedrige«, ablehnte. »Aber Nietzsche besaß auch ein feines Gespür für die Asymmetrie, die in der Beschämung dessen gipfele, der Mitleid empfange (...) Und ihm war bewusst, dass der Ruf nach Nächstenliebe in einer Zeit des ›Nationalitäts-Wahnsinns‹, in der ganze Völker am ›nationalen Nervenfieber‹ litten, nichts Gutes verheiße.

›Die Ferneren sind es, welche eure Liebe zum Nächsten bezahlen; und schon wenn ihr zu fünfen miteinander seid, muss immer ein sechster sterben.‹«[133] Der Hochzeit des Mitleids im 19. Jahrhundert folgte in Deutschland bald der mitleidslose Völkermord, schließt Frevert das Kapitel »Mitleid und Empathie« ihrer historischen Untersuchung von Gefühlen.

Mitgefühl kann auch eine Grenze bezeichnen und verfestigen. »Unser Mitgefühl beteuert unsere Unschuld und unsere Ohnmacht. Insofern kann es (unseren guten Absichten zum Trotz) zu einer impertinenten – und völlig unangebrachten – Reaktion werden. Das Mitgefühl, das wir für andere, vom Krieg und einer mörderischen Politik betroffene Menschen aufbringen, beiseitezurücken und stattdessen darüber nachzudenken, wie unsere Privilegien und ihr Leiden überhaupt auf der gleichen Landkarte Platz finden und wie diese Privilegien – auf eine Weise, die wir uns vielleicht lieber gar nicht vorstellen mögen – mit ihren Leiden verbunden sind, insofern etwa, als der Wohlstand der einen die Armut der anderen zur Voraussetzung hat – das ist eine Aufgabe, zu deren Bewältigung schmerzliche, aufwühlende Bilder allenfalls die Initialzündung geben können.«[134]

Interessant war hier die Vorführung von Birgit Heins neunminütigem »Abstraktem Film« in der Akademie der Künste in Berlin. Ein Film, der aus 130 Handy-Uploads von Bürgerkriegsszenen in Libyen und Syrien die Momente montierte, in denen das Motiv, die Szenerie unkenntlich wurde, weil die meist mit Mobiltelefonen Filmenden um ihr Leben rennen mussten. Im darauf folgenden Gespräch berichtete die Regisseurin, dass andere Fassungen des Filmprojektes dem »Abstrakten Film« vorausgegangen seien, auch solche, in denen sie die schlimmsten Bilder zu einem kaum erträglichen Film zusammengeschnitten habe. Davon habe sie aber Abstand genommen. Ein Kunstgriff? Ein im Sinne der Erträglichkeit mäßigender Trick, eine Form der

133 Ute Frevert: Vergängliche Gefühle. Göttingen 2013. Seite 68.

134 Susan Sontag: Das Leiden anderer betrachten. Übersetzt von Reinhard Kaiser. Frankfurt am Main 2005. Seite 119.

Dosierung, um dem Bewusstsein eine Chance zu geben? Es komme ja auf die Deutung an, die Frage, inwiefern die Einordnung der Bilder wirklichkeitsgetreu sei, also der Wahrheit entspreche. Können hier ästhetische Bewertungen wie Stimmigkeit, Struktur, Aufbau hilfreich sein? Muss der Idiot die Glaubwürdigkeitsprüfung so an jene Bilder richten, wie er es mit einem Sprachbild machen würde? »Die Leichen, die sind echt. So viel theatrale Bemühung kann nicht sein«, sagte Birgit Hein. Es ging um die Frage nach der dramatischen Legitimation. Wo nichts mehr zu erkennen war, dient gerade dies als Hinweis auf die Aufrichtigkeit der Bilder, was natürlich wiederum eine Form der Ästhetik der Authentizität ist. Unverändert aber blieb der Ton, die Schreie, die Schüsse, die überfordernden Geräusche, die wiederum Indexikalität, also grob gesagt: Verweis auf Wahrhaftigkeit oder Wirklichkeitsbezug, herstellten – im Sinne des kausalen Zusammenhangs zwischen Zeichen und Objekt.[135]

Wie lernt das Auge des Laien? Wenn ihm andere investigative Mittel ermangeln, würde der Idiot die Frage nach der Wahrhaftigkeit etwa so behandeln wollen, wie er ein Gedicht liest, dem er traut oder nicht, dessen Metaphern er kritisch betrachtet, dessen Mittel und Effekte er auf ihre Redlichkeit prüft. Es handelt sich dabei auch um eine Form ästhetischer Kritik, wobei die Leitkategorien weder Schönheit noch Stimmigkeit sind. Moment, sagt der Idiot, sie sind es aber auch nicht nicht. Nun, das wird sich kaum je verallgemeinern lassen.

Etwas anderes ist dies: Sie können in der Nähe damit beginnen, bestimmte Denkmuster, die Sie mit unmenschlichen Haltungen und Methoden teilen, schon dort abzuwehren, wo sie als Spuren auftreten. Wobei: In einer geringen Dosierung könnten sie ästhetisch von Interesse sein. Nein. Doch. Verleugnung ist keine gute Vorbereitung auf Gewalt, die ja nicht aufhört, nur weil sich der Idiot dazu entschlossen hat, sie im Sinne einer zweifelhaften

135 Man kann sich das Gespräch, das am 19. Februar 2014 in der Reihe »Schwindel der Wirklichkeit« in der Akademie der Künste Berlin stattfand, als Videomitschnitt hier ansehen: http://www.schwindelderwirklichkeit.de/die-welt-als-bild/

Psychohygiene, sowie zur Steigerung seiner persönlichen Effizienz, auszublenden.[136] Lenk nicht ab! Ich lenke nicht!, entgegnet er. Das, was Sie nicht verstehen, kann auch das Verheerende sein. Es sprengt das Vermögen des Begreifens, und es hört nicht auf; im Gegenteil. Den Teppich auf Grund setzen. Die wegschwimmenden Felle. Begreifen Sie die Gewalt. Begreifen Sie die Gewalt nicht. Der Dichter glaubt, es stimmt, dass das richtige Leben nur begehren kann, wer das Leben schon begehrt. »Wenn man, wie Spinoza sagt, ein richtiges Leben nur begehren kann, wo man das Leben bereits begehrt, scheint ebenso zuzutreffen, dass ein Strafszenario, welches auf die Verwandlung des Lebensbegehrens in ein Todesbegehren zielt, die Grundlagen der Ethik schlechthin untergräbt.«[137]

Was soll der Leser denn tun, wenn er liest, dass jedes Bemühen um Verständnis den Gegenstand, mit dem er sich befasse, zerstöre, zugunsten eines anderen Bemühens, das ihn wiederum vernichte, als gäbe es eine Welt jenseits des Verständnisses? Die gibt es schließlich auch, aber darin gäbe es ihn dann wieder nicht, und natürlich, ach. Das sind Dramatisierungen alter Evidenzen, mit denen er einfach leben muss, weil sie nicht zu vermeiden sind, unablässig vor sich gehen und ihn wachhalten. Es muss ihm klar sein, dass jede Form des Verstehens die Überschätzung des eigenen Standpunkts mit sich bringt. Was soll er denn tun? Der Idiot findet kein Ende. Er findet kein gutes Ende. Folgenden »Zweizeiler mit dem Schein eines Endreims« möchte er dennoch anführen: »Die Uhr geht, aber die Gurke.«[138] Ist das jetzt schon das Ende der Drastik? Wohl kaum.

---

136 Ja ja, sagt der Idiot, die Welt wird nicht besser, je mehr vom Weltgeschehen überforderte Erstweltdichter und -dichterinnen angesichts der mörderischen Komplexität der Gegenwart depressiv vor sich hinstarren.

137 Judith Butler: Kritik der ethischen Gewalt. Frankfurt am Main 2009. Seite 69.

138 Gert Mattenklott: Albernheit, in: Ästhetische Opposition. Hamburg 2010. Seite 171.

Das Gedicht ist da

Das Gedicht überdauert das Ende der Drastik. Das Gedicht ist da. Es bildet etwas ab, das auf eine vertrackte oder offensichtliche Weise der Gegenwart entspricht. Das Gedicht ist mithin nicht schwieriger als der Rest unserer Gegenwart, und dass Sie, um überhaupt etwas über die Welt aussagen zu können, nicht hinter ihre Schwierigkeit zurückfallen sollten, ist logisch. Der Idiot springt auf und widerspricht. Denn stelle man sich der Welt gegenüber dumm, könnte das auch ein Gedicht sein. Und dieses könnte genauso undurchsichtig sein, sperrig und sich trotz seiner Einfalt nicht ohne Weiteres preisgeben. Sodass das Einfache ein ebenso großes Recht auf Unverständlichkeit hätte wie das Komplizierte. Und woher wüsste der Leser ohne das Gedicht, dass es dort, wo es ihm die Sicht verstellt, überhaupt etwas zu sehen gibt? Dass es dort, wo es im Weg steht, einen Weg geben könnte?

Es ist nicht so, dass die Beschäftigung mit Gedichten Ihnen Zeit nimmt. Im Gegenteil: Sie gibt Ihnen Zeit. Erinnern Sie sich an »the strange hours travellers keep«, an die seltsamen Stunden, die den Reisenden bleiben – das sind nicht die eindeutigen.[139] Das sind die Stunden, die quer zur Eindeutigkeit stehen und alles aufhalten, weil Sie selbst aufgehalten sind. Das sind die Stunden,

139 »I have discovered that most of / the beauties of travel are due to / the strange hours we keep to see them«, dieses Zitat aus dem Gedicht »January Morning« von W. C. Williams stellt August Kleinzahler seinem Lyrikband mit dem Titel »The Strange Hours Travellers Keep« voran.

die bleiben. Das Gedicht stellt sich gegen ein auftrumpfendes Aufmerksamkeitsregime, das Sie mit spektakulären Trailern mal hier- mal dorthin steuern will. Tricksen Sie Erwartungen aus, lassen Sie sich nicht berechnen. Tun Sie idiotische Dinge, lesen Sie unverständliches Zeugs! Und: Ihnen wird Zeit geschenkt. Ihnen wird Zeit geschenkt, die Sie als einen Prozess des Verstehens zu sehen befähigt werden. Das Gedicht ermöglicht Ihnen, einem Gedanken Zeit zu geben. Es zeigt Ihnen, wie schön es ist, immer wieder aufs Neue damit zu beginnen zu denken.

Stellen Sie sich vor, Sie würden alles sofort verstehen. Es gäbe keinen Widerstand, weder innerlich noch äußerlich. Müssten Sie sich dann nicht darauf versteifen, dass die Welt exakt Ihrem Erkenntnisvermögen entspreche, dass sie quasi kopfförmig sei, und damit die Möglichkeit von Überraschung und Erstaunen verabschieden? Überraschung entspringt der Differenz zwischen einer früheren und einer späteren Überzeugung. »Wenn ich überrascht bin, gelange ich unter anderem zu der Überzeugung, dass etwas, was ich ursprünglich geglaubt habe, falsch ist. (...) Überraschung über manche Dinge ist eine notwendige und hinreichende Bedingung des Denkens überhaupt.«[140] So können Gedichte zur Werbung um andere Gedanken werden.

Im Vorgang der Erkenntnis liegt Freude. Die Schwierigkeiten ändern sich, manchmal hören sie auch auf. Es geht um Fülle, um eine Sprachpraxis, die zu erleben ist. Insofern ist das Gedicht eine philosophische Tat.[141] Es vereint die sinnlichen und intellektuellen Möglichkeiten des Menschen in einem Nacheinander und Zugleich. Und erinnert daran, dass man an das Ganze denken muss, denn eine Sphäre für sich allein stehen zu lassen, wäre Verrat. Das mag wie eine Überforderung, ja eine Zumutung klingen und es bisweilen sogar sein. Doch hier geht es nicht um Reduktion der Komplexität durch Zermürbung aller Beteiligten, wie Sie es von anderen Verfahren kennen. Vielleicht können

140 Donald Davidson: Vernünftige Tiere. Frankfurt am Main 2006. Seite 40.

141 Peter von Matt: Auge in Auge mit dem Gedicht, in: Wörterleuchten. München 2009. Seite 12.

Sie das Ganze gar nicht denken. Auch an diese Schwierigkeiten erinnert das Gedicht. Und es kann großspurig oder bescheiden, wild oder behutsam vorgehen, immer darauf aus, die Sache so vielschichtig zu denken, wie sie ist – und in Brüchen zu denken, weil die Realität brüchig ist. Ist Ihnen das nicht vertraut? Denken Sie beispielsweise an ein Gedicht, das wie das Gedächtnis funktioniert, hier steht eingebrannt ein Bild im gleißenden Licht, dort aber ist die Lücke, das diffundierte, angelöschte Geschehen. Wie war noch Ihr werter Name?

Der Dichter John Keats sprach von *Negative Capability* – und meinte damit das Vermögen, im Ungewissen, Unentschiedenen auszuharren.[142] Das ist nicht gleichbedeutend mit Zögerlichkeit oder einem Ausweichen vor Entscheidungen. Es geht um eine Toleranz gegenüber dem, was Ihnen vorerst unzugänglich erscheint, man könnte sagen: das Gegenteil von Fundamentalismus. Die Fähigkeiten, die Sie benötigen, um ein Gedicht zu genießen, sind gute Fähigkeiten: Erhöhte Geistesgegenwart. Unvoreingenommenheit. Das Gedicht bringt seinen Kontext mit, aber es stellt ihn nicht aus und kommentiert ihn nur in den seltensten Fällen. Es ist ein schnelles Wesen. Sie legen eine Seite um und sind mit einem Mal in einer anderen, einer unbekannten Umgebung. Oder Sie hören den Dichter einatmen und dann hören Sie das, was darauf folgt. »How truth falls true now at the turn of page, at time of telling. Truth one by one falls true.«[143]

Erinnern Sie sich an eine der Grundannahmen menschlicher Kommunikation: Sie wissen nicht, was im Kopf des anderen vor sich geht. Aber Sie sehen sein Gesicht. Sie sind angehalten zur Deutung. Und, was reimt sich auf Gesicht? Ganz richtig: Gedicht. Sie haben es hier wie dort mit einer begrenzten Fläche zu tun, bei unendlich sprechendem Inhalt.[144] Lesen ist so gesehen ein Talent, ein unendliches Talent. So wie Sie die unübersichtlichen Gegebenheiten

142 Letters of John Keats. Cambrigde 1958. Seite 125.

143 Laura Riding: Poet – A Lying Word, in: The Poems of Laura Riding. New York 2001. Seite 238.

144 Peter von Matt: Auge in Auge mit dem Gedicht, in: Wörterleuchten. München 2009. Seite 13.

Ihrer Gegenwart besser und besser zu lesen lernen müssen, um bessere Schlüsse ziehen zu können. Immer wieder stehen Sie vor der Frage, welches Merkmal Ihnen wegweisend wird, in diesem oder jenem Moment. Zum Glück steht Ihnen zur Beantwortung dieser Frage die Sprache zur Verfügung – und die anderen sind auch noch da.

Aristoteles bestimmte den Menschen als das *zoon legon echon*, als das Tier, das Worte hat. Und auf wie viele verschiedene Arten dieses Tier Worte hat, oder: die Worte dieses Tier haben, wird sich Ihnen nun zeigen. Sie können das Wort als Ding nehmen, es zum Spiel verwenden oder zur Beschwörung, als Zauberwort, sakral oder regressiv, seriell oder freigestellt, als sinnverlassenes Wort, als Klangereignis. Freilich: Sie können es auch zum Reden nehmen. Sie teilen sich mit, aber wie tun Sie das? Gute Gedichte erweitern und erneuern das Sprachbewusstsein. Sie wirken erfrischend, weil sie immer auch Sprachkritik sind, Kritik an einer stumpfen und gedankenlosen Sprache, an Simplifizierung, an der Trennung von Intellektualität und Wahrnehmung. Sie lehren uns, dass dort, wo ein Bild nicht stimmt, meistens mit dem Gedanken etwas im Argen liegt. Wenn Sprache ein Erkenntnisinstrument ist, dann muss es auch möglich sein, das Scheitern der Erkenntnis an der Sprache abzulesen. Das Gedicht hält Sie dazu an, Ihren Blick auf die Details zu lenken, auf die kleinsten Einheiten der Sprache, auf die Materialität der Worte und auf ihre Geschichte.

Erinnern Sie sich daran, dass in den Begriffen, mit denen Sie heute täglich umgehen, ein Erfahrungsrest ihres früheren Gebrauchs sedimentiert ist. Sie wissen bestimmt, dass mit *reason, raison*, Vernunft einst etwas anderes gemeint war, als Sie heute damit verbinden. Noch vor knapp 300 Jahren war es vernünftig, *reasonable, raisonable* nicht gegen die Hexenverbrennung zu sein. Sie sehen: Begriffsgeschichte ist Konfliktgeschichte. Wer Worte sorgsam setzt, hat damit zu tun. Das findet bereits auf der Benennungsebene statt.

»Zwischendurch hilft es, den Blick abwesend zu machen und bloß auf Klang und Rhythmus der Worte zu lauschen, sich voranzutasten und so lange auf diese Musik zu lauschen, bis man schließlich weiß, dass die Musik eine Bedeutung hat, sie muss nur hervorgelockt werden (...)«[145] Das Gedicht bittet Sie hinzu, Sie sollen mitmachen, *as you are, as we speak*. Wahrnehmung und Erfahrung werden eingeladen, dort für Kohärenz zu sorgen, wo Sie anfangs verblüfft und ratlos zum Stehen gekommen waren. Was könnte das sein? Eigene Spekulationen eilen herbei. Sie sehen, es geht um eine erlösende Vervielfältigung des Mimetischen, jenseits trister Oppositionen. So kann das Gedicht in einer forschen metaphorischen Verbindung neue Ähnlichkeiten schaffen, die anfangs womöglich verstören, Sie dann aber quasi schubsend ins Denken versetzen und Ihrem Wahrnehmungs- und Erfahrungsraum zu einer neuen Resonanz verhelfen.

Das Gedicht sagt vielleicht: Machen Sie es sich nicht zu leicht. Aber es macht auch ein Versprechen. Wie es einen freuen kann, wenn der Kopf sich aufmacht, um dieses oder jenes in das Arsenal der eigenen Bilder zu überführen. Große Heiterkeit. Dann ist das Gedicht mitbeteiligt an der Entstehung neuer Routinen, die Sie lange begleiten werden, weil Sie selbst, hinzueilend, an ihrer Entstehung beteiligt gewesen sind. Dann zeigt das Gedicht, dass der Geist, wie der Atem, mit dem der Geistbegriff etymologisch in Verbindung steht, innen *und* außen ist. Etwas anders sagen, im Sinne der Freiheit, die Ihnen gegeben ist: Dann ist es der Schauer der Neubeschreibung, der Sie Abstand nehmen lässt, von Vorurteilen und Zuschreibungen, vom einfachsten Weg – und Sie dazu führen kann, inmitten von Unsicherheiten, mit anderen besser zu denken.

Vielleicht müssen Sie sich dazu sogar ein wenig dem Formlosen, der Diffusion, ja Ihrer Dummheit annähern, wenn Sie das nicht Gekannte, das, was noch nicht Denken ist, erhellen wollen. Das hat mit Mut zu tun. Aber man ist schließlich nicht allein. So betrachtet liegt die Tradition der Dichtung nicht nur hinter uns, sondern auch vor uns: als Möglichkeit eines anderen Sprechens, für das die Geschichte der Dichtung einsteht. Sie können sich ihr

145 Inger Christensen: Der Geheimniszustand, in: Der Geheimniszustand und das Gedicht vom Tod. Übersetzt von Hanns Grössel. München 2000.

anvertrauen. Zuletzt: Warum sollte es ausgerechnet uns gelingen, das Gedicht abzuschaffen?[146] Das wäre doch eine so triste wie hochmütige Überschätzung unserer Fähigkeiten.

146 Fragte Orsolya Kalász in einem der vielen langen Gespräche über Gedichte, die wir führten, und die noch lange kein Ende gefunden haben.

Bitte notieren Sie hier ein Gedicht Ihrer Wahl:

Sehr komisch

SEHR KOMISCH

107——168

Die Kerze an beiden Enden

Sie hätten die ungeheuerlichen Jahreshauptversammlungen unserer Pfingstrosen sehen sollen, sagte Onkel Toby.
Paulus Böhmer

Schlagen Sie das Buch auf. Wer wird Ihnen hier begegnen? Welche Wege werden Sie gehen? Wessen Augen werden Sie am Wegesrand aus dem Dickicht streifen? Wer wird Sie im hohen Himmel überfliegen? Steigungen und Gefälle, Verstiegene und Verunfallte, Leidens- respektive Lebenswege, die an beiden Enden brennen, aufgeschichtet Hypothesen, Schotterstraßen. Schotterstraßen, an deren Rändern, das heißt Seitenstreifen, unbefestigt Ansichten zu liegen kommen, liegen bleiben, wo sie erneut, genauso wie der Weg, als Hypothese aufgenommen werden können. Und es gibt sehr viele Hypothesen. Weiß keiner, weiß keine, welche gefragt ist. Und »ist«, was ist das überhaupt: »ist«?[147] Egal. Es weiß keiner, wo wir gerade sind. Und niemand, wer die anderen und wo.

» –––– Ich für meinen Teil erkläre, dass ich seit sechs Wochen drübersitze und mich nach Kräften spute, – und noch nicht einmal geboren bin: –– ich habe es nur eben fertig gebracht, und kein Fitzelchen mehr, Euch zu erzählen, *wann* es geschah, aber

147 Dritte Person, Einzahl des Hilfsverbs sein. »Aber was IST das?« In diesem Spiel der Wege kommt wie von alleine eine Skepsis auf, gegen das definitorisch-konstatierende »ist« der Gegenwart, das auf der Oberfläche der Rechthaberei schwappt. Das ist gut. Diese Skepsis befragt ontologische Setzungen und kann manch ein karg argumentierendes Buch kaum ertragen zu lesen. Bei dem oben genannten Buch handelt es sich im Übrigen um Laurence Sternes »Leben und Ansichten von Tristram Shandy, Gentleman«, hier in der Übersetzung von Michael Walter. Frankfurt am Main 2006.

nicht *wie*; --- Ihr seht also, die Sache steht noch weit von der Vollendung.«[148] All das nicht zu wissen, soll Sie nicht schrecken und wird auch keine unserer Figuren daran hindern, auf vertrackte und ausgiebige Art ins Erzählen zu kommen. Schon arrangieren sich Stellungen rund um das fremde Bewusstsein und betreiben Einfluss. Wo anfangs ein Strang entstand, schlenkern jetzt viele, mittels Vermehrung: Fast sind es schon sieben seltsame Stränge. Etwas hat sich aufargumentiert und kommt in Schwingung. »Mit welchem Tempo bin ich da durch vier Bände, zwei auf, zwei nieder, munter kurbettiert und kapriolt, ohne auch nur ein einziges Mal nach hinten oder zur Seite zu schauen, um zu sehen, wem ich da auf die Füße getreten bin! – Ich will keinem auf die Füße treten, – sagte ich mir beim Aufsitzen – ich will einen flotten Galopp reiten; aber nicht dem ärmsten Esel am Wege will ich wehtun – Und ab ging die Post – den einen Weg hinauf – einen anderen hinab, durch diesen Schlagbaum – und über jenen hinüber, als ob der Erz-Jockey aller Jockeys mir auf den Fersen wäre.«[149] Es gilt hier also ein paar Konzessionen zu machen, denn es handelt sich um einen komischen Roman – und damit um eine Enzyklopädie aller komischen Phänomene.

»Der komische Erzähler erfüllt nicht die grundlegenden Erfordernisse einer guten realistischen Erzählung. Er führt uns nicht sicher vom Anfang zum Ende. Er führt nicht, und ganz gewiss nicht in die eine oder andere Richtung. Wenn wir irgendwo anfangen und an einer anderen Stelle ankommen wollen, dann müssen wir uns selbst führen. Diese Art der Führung orientiert uns weniger in der Handlung als in der Deutung. Statt uns durch die Handlung zu führen, hält uns der komische Erzähler dauerhaft in einem Zustand des Aufschubs. Er hindert uns daran anzukommen, nicht an einem Punkt, den es ja gar nicht gibt, sondern bei einer letzten Deutung. Durch seine Taktik des Zögerns,

148 Laurence Sterne: Leben und Ansichten von Tristram Shandy, Gentleman. Übersetzt von Michael Walter. Frankfurt am Main 2006. Seite 48.

149 Laurence Sterne: Leben und Ansichten von Tristram Shandy, Gentleman. Übersetzt von Michael Walter. Frankfurt am Main 2006. Seite 345f.

Wiederholens und Versteckspiels wird der komische Roman zu dem, was er ist: eine Enzyklopädie aller komischen Phänomene.«[150]

Diese unaufhaltsamen Stränge von Deutung und Text sind befreundet mit allen Spielarten von *strange*, nebenbei ertönen s'tränsche Gesänge. Sie stellen lesend immer wieder fest: Das fixierte Bild – es kippt. Als ginge es in erster Linie darum: um das Kippen des fixierten Bildes. Das entspricht etwa der Antwort des Rituals auf den Witz: Das Ritual kippt, der Witz indes persistiert (oder bohrt), der Mensch lacht.[151] Folgende Installation: Standesamtliche Trauung, / Glocken im Lichtschacht, / die verliebte Anstalt, / der Saftplan, / Planierraupe naht. / Russische Komponistin zürnt angesichts erneut ausgefallener Heizung. / Stille, Käfer, die schaben. Der Seinsmodus im Haupthaus? Knittelwirbel, / Vibrafone, / auf offenen Rohren verlegt. / Bildnis gemacht? / Am nächsten Morgen: Auftritt des Installateurs im Dunst erster Zweifel.

Der Idiot möchte Sie nun bitten, sich eine Abbildung vorzustellen, die unterinformierte rote Stränge zeigt. Sie können diese gerne aufmalen. Nehmen Sie dazu einen hellen Teint und ein wenig Karmesinrot vom Kosmetiker oder aus der Drogerie,[152] und verpflichten Sie eine ruhige Hand, die Farbe nach Belieben aufzutragen. Dann lassen Sie einfach nur geschehen, was geschieht, und schauen erst viel später wieder auf – wie aus einem tiefen Traum. Neben dem S'tränschem zeigt sich so das Amorphe, in welches all dies eingebettet ist, oder wo heraus es ragt. Man nennt dies auch: *non sequitur.* Wobei *non sequitur*, wie bereits erwähnt, inzwischen ja vor allem als Parfum bekannt ist, von dem Sie sich in der zwölften Kalenderwoche des kommenden Jahres an der Semsis-Präsenz im KDW in Berlin gegen Vorlage dieses Buches eine Gratisprobe aushändigen lassen können, so Mangel der Vorrat gleicht.

150 Agnes Heller: The Comic Novel, in: Immortal Comedy. The Comic Phenomenon in Art, Literature, And Life. (ÜS MR) Oxford 2005. Seite 76.

151 Simon Critchley: On Humour. New York 2002. Seite 5.

152 Erinnern Sie sich: Die meisten stehen nach wie vor leer. Es locken, drohen und pfiffeln die offengelegten Hängevorrichtungen der Regale in den sogenannten Schlecker-Filialen. Sie waren dabei!

Ist das richtig oder falsch? Darüber hat der Idiot ja bis eben gar nicht nachgedacht. Heben wir uns diese zuckersüße Frage für etwas später auf. Darf der Idiot einstweilen den Plan dieser Erzählung noch ein wenig ausleuchten? O! »Es gibt Dichter, in deren Arbeit jedes falsche Abbiegen eine kognitive Transformation ist, zurück auf den Weg unserer Verzweiflung«, heißt es am Ende von »Wrong Poetry«[153], und wir alle werden sogleich dorthin zurückgeschickt: »Back on to the way of despair.« Das ist der Hegel'sche Weg, im Übrigen.[154] Der geht so: Dem natürlichen Bewusstsein auf dem Weg zum Wissen droht Verlust, denn es verliert auf diesem Wege seine Wahrheit. Das ist klar. Dieser Weg kann daher als Weg des Zweifels oder Weg der Verzweiflung angesehen werden. Fühlen Sie sich nun verzweifelt, verlassen oder befreit? Fühlen Sie sich angesteckt? Ansteckung funktioniert etwa so: Die krasse Attacke reißt anderes mit hinab, und was aus des Idioten Perplexion hervorgeknallt war, staubt nun nachträglich den Rezipienten ein. Auflösung und Starre, eine aus Bewegungsarmut getriggerte Angst – ein Gefühl wie das, welches sich nach intensiver Gertrude Stein-Lektüre einstellt. Als wandelte man an den Grenzen der Ausdauer. Die Lehre heißt: erdulde – und sie wird durch eine drastische Verlangsamung der Sprache realisiert, durch Vermehrung präziser Ungenauigkeiten. Die Intervalle werden fortschreitend immer kleiner. »Annullierung vollzieht sich paradoxerweise durch einen Prozess der materiellen Aufstapelung, in dem Worte langsam hinzugefügt statt abgezogen zu werden.«[155] Je ausgiebiger die Wiederholung, desto stärker mag sich der Wunsch nach etwas Neuem melden – oder es stellt sich eine tranceartige, meditative Erfahrung ein, oder eine enorme Langeweile, wobei Langeweile dann auch der Name für die Frustration sein kann, die aufkommt, wenn alte Normen des Erzählens nicht mehr erfüllt werden. Es ist weniger eine Frage der Wahrnehmung als eine der inneren Haltung. Es gibt noch viel zu lernen.

153 Keston Sutherland: Wrong Poetry, in: Stupefaction. A Radical Anatomy of Phantoms. London 2011. Seite 148.

154 Hegel: Vorrede, in: Phänomenologie des Geistes. Frankfurt am Main 1970. Seite 72.

155 Sianna Ngai: Stuplimity, in: Ugly Feelings. (ÜS MR) Cambridge und London 2005. Seite 255f.

Wenn nutzlose Anstrengungen zu einem bestimmbaren Wissen führen, handelt es sich dann im strikten Sinn noch um eine Erfahrung der Nutzlosigkeit? Da ist diese immense Bereitschaft zur Kohärenz, die der Mensch, ohne es zu wollen, in jedem bewussten und unbewussten Moment betreibt – zu seinem Guten, zu seinem Schlechten, beides kommt vor. Ja, Sie können gerne in etwas Bequemeres schlüpfen, der Idiot wartet hier so lange auf Sie, versprochen.

Man lobt Laurence Sterne für seinen abwegigen Humor. Man lobt seine Abwege. Man überblättert sie allerdings auch – und ist dabei in guter Gesellschaft. »Wie komts daß ich, der ich *Sterne* mit allen Rücksichten auf jedes Wort – und noch dazu mit allen Wünschen, ein neues zu finden – [lese,] dieses überfliege und erst später finde, daß ichs überflogen? – Ists denn so schwer, auf den Schoos-Autor aufzumerken? – Freilich könt' ich das nicht nachher bemerken, wenn ich nicht früher bemerkt hätte, daß ich überflogen, so daß ich also das letztemal nicht überflogen. Aber die Sache ist, daß man eben nur bei Schoos-, Knie-, Herz-Autoren weis, daß man nicht alles recht gelesen.«[156] Akzentuiertes Vorausblättern – Sie kennen das sicherlich auch. Welcher Art ist die Abkürzung? Stellen Sie sich dies für einen Moment als 3D-Animation vor. Lässt Sie jemand die Sprossenleiter hinunter? Oder wirft sich einfach hinein in den mäandernden Fluss, um ihn zu queren, statt endlos an den einmäanderten Weideflächen entlangzutrotten? Oder Sie bohren ein Loch, graben einen Tunnel und kommen 300 Seiten später wieder heraus. Nichteingeführte Figuren zum Selbermachen! Montagetechnik, harte Brüche – das liegt alles in Ihrer Hand! Oder reißen Sie einfach mal ein paar Seiten heraus.

Wäre das eine Pointe – sich selbst den Weg der Verzweiflung mittels einer anderen Dimension des Bewusstseins respektive der umgeblätterten Textgestalt abzuschneiden? Eine neue Etage einziehen und dort andere Komplexe bearbeiten, beduften und ernähren? Was für eine schlampige Aneignung! Verzeihung, sagt der Idiot, er habe im Nebel gelernt. Und würde sich, angesichts

156 Jean Paul: Ideen-Gewimmel. Texte und Aufzeichnungen aus dem unveröffentlichten Nachlass. Berlin 2013. Seite 40.

dieser Ersparnis, Komik entäußern, sich eine oder einer vor Lachen schier ausschütten wollen? »Jokes tear holes«, das heißt, Witze reißen oder bohren? Löcher, »in our usual predictions about the empirical world«, in unsere üblichen Voraussagen bezüglich der empirischen Welt.[157] Dies hinzugedacht, wird sich der Weg der Verzweiflung um einige Abkürzungen, Trampelpfade und Untertunnelungen variieren lassen, ganz im Sinne einer Gleichzeitigkeit des Geschehens, die darzustellen der Literatur als temporalem, syntaktischem Medium gerne abgesprochen wird. Beantworten Sie hierzu bitte eine Frage: Hypotaxe oder Parataxe – welche von beiden ist flächiger? Merken Sie sich Ihre Antwort.

Also: Es gibt den Weg des natürlichen Bewusstseins, das, über welche Wege auch immer, zum Wissen dringt. Das tun desgleichen die beiden Hauptfiguren aus Sternes Roman »Tristram Shandy«, Tristram und Uncle Toby, und sie drängen zum Wissen niemals ohne Proviantierung durch vielerlei Hypothesen. Sie probieren alles aus, fahren sogar hin. Darin ähneln sie dem Flaubert'schen Duo Bouvard und Pécuchet. In beiden Fällen ist es so, als hielte der Spleen sie in Bewegung, ja am Leben.[158] »Tatsächlich gibt es nichts so *aufnahmebereites, flexibles und umsichtiges* wie die Dummheit. Bei Bouvard und Pécuchet, den beiden unbestreitbaren und unbestrittenen Helden der Dummheit, handelt es sich nicht um zwei verschlafene, sondern um zwei durchtriebene Charaktere: stets wissenshungrig, aufnahmebereit, auf der Lauer und alles bedenkend. Man könnte versucht sein, über die Dummheit das zu sagen, was Garcia Lorca über den Wind sagte: dass sie *niemals ruhe.*«[159] Sie scheinen den eigenen Obsessionen treu zu bleiben, ohne sie zu normalisieren – und sie sind darin nicht alleine. Das ist wichtig. »In der Komödie ist (...) klar, dass ›nicht von dem

157 Simon Critchley: On Humour. London 2002. Seite 1. Hihi, Seite 1. Das fängt ja gut an. In der Tat. Es geht sogar so weiter.

158 Der Spleen leitet sich etymologisch von der Milz ab, die bereits seit der Antike als Quellorgan der Melancholie gilt, doch offenbar tritt aus der Schrulle auch die Rettung hervor: Was man tun kann, dass es dennoch geht – die Kultivierung einer merkwürdigen Eigenart.

159 Clément Rosset: Das Reale. Traktat über die Idiotie. Übersetzt von Renate Hörisch-Helligrath. Frankfurt am Main 1988. Seite 183.

Begehren abzulassen‹ eher etwas Objektives als etwas Subjektives ist. Es involviert eine Unterbrechung des Subjekts, seine ›Abwesenheit‹, die genau von dem unerwarteten Erscheinen dieses ›ES‹ (als unmöglichem Objekt) ausgelöst wird. Zugleich und aufgrund genau dieser Unterbrechung, Diskontinuität des Subjekts kann es kein einsames Geschäft sein, etwas, das ein Subjekt ganz allein durchführen könnte. Wir könnten sagen: Vom Begehren nicht abzulassen, erfordert (mindestens) zwei.«[160]

Sodass sich das Eigene als befremdlich zeigt, doch ohne dass dazu aufgefordert wird, sich vom Verqueren loszumachen, im Gegenteil. Der Weg der Verzweiflung ist lang und voller Kehren, aber es sollte doch möglich sein, trotz der Anfeindung, die der neue Begriff für den alten ist, sich als *Weirdo* oder sagen wir als Käuzchen zu bejahen und den Raum, der zu beiden Seiten des Weges liegt, als Weite wahrzunehmen statt als Grenze. Der Weg soll ja schließlich nicht schnurstracks in die Tragödie führen, nicht wahr. »Während die Tragödie letztlich das Subjekt opfert, um sein wertvolles Objekt zu retten, dieses Ding im Subjekt, das mehr wert ist als das Subjekt selbst, dreht die Komödie die Wertordnung hier nicht einfach um (um anzudeuten, dass wir mehr wert sind als dieses Ding). Vielmehr weist sie darauf hin, dass dieses (unmenschliche) Ding genau das ist, weshalb sich unsere Rettung lohnt.«[161] Der Idiot möchte die Gelegenheit ergreifen, um das Freundliche und Fröhliche an dem, was nicht regelkonform ist, in den Blick zu rücken, ein Charakterzug, der heute etwas seltsam Nostalgisches bekommen hat, als sei er Trotteln vorbehalten, oder Idioten, sagt der Idiot. Ja, schauen Sie doch: das nachdenkliche Menuett seiner Brauen, die rhythmische Vergrößerung seiner sorgenvollen, liebestollen Augen.

160 Alenka Zupančič: Eichhörnchen für die Nüsse. Oder: Wie viele braucht es, um das Begehren nicht aufzugeben, in: Lubitsch. Neue Rundschau, Heft 4, 124. Jahrgang. Frankfurt am Main 2013. Seite 200f.

161 Alenka Zupančič: Eichhörnchen für die Nüsse. Oder: Wie viele braucht es, um das Begehren nicht aufzugeben, in: Lubitsch. Neue Rundschau, Heft 4, 124. Jahrgang. Frankfurt am Main 2013. Seite 201. Zupančič beschließt ihren Essay mit dem Satz: »Und genau hier trifft der Antihumanismus der Lubitsch'schen Komödie den Nerv dessen, was es bedeutet, menschlich oder ein Mensch zu sein.«

Allein als Gegenstand ihrer Hobby-Hypothesen sind Toby und Tristram in der Lage, die Welt wahrzunehmen. Also quasi dogmatisch, oder genauer gesagt: prismatisch dogmatisch, aufgesplittert in aberwitzig viele Facetten. Je mehr diese Betrachtungen sich aufeinanderschichten, desto mehr Aufmerksamkeit schenkt sich, wie von alleine, in einem unbeachteten Moment, den stummen Dingen dahinter, darunter, daneben. »Bis dahin bleiben mir just nur noch so viel Dinge zu tun, als ich Finger an den Händen trage – ich habe ein Ding zu benennen – ein Ding zu beklagen – ein Ding zu hoffen – ein Ding zu versprechen und mit einem Ding zu drohen – ich habe ein Ding zu vermuten – ein Ding zu verkünden – ein Ding zu verschweigen – ein Ding zu wählen – und um ein Ding zu bitten. – Dieses Kapitel *benenne* ich darum das Kapitel über DINGE.«[162]

»Aufgrund der endlosen Verschiebungen, die sich der Weltbetrachtung durch den Filter persönlicher Obsessionen verdanken, gerät der Leser schließlich näher an die Dinge selbst (oder: ›an sich‹, gar) heran; nähert sich dem letztlich lachhaften Rätsel des gewöhnlichen Lebens.«[163] Wie erklärt der Idiot sich die Dinge? Eine Methode, die Lage der Dinge extrem zu vereinfachen, ist die Zuweisung der Kategorie der Käuflichkeit. Diffusion wird Sortiment. Sehr viele Dinge sind dem Bemittelten gegenüber käuflich. Der Idiot kaufte heute ein Haus und ein Gewand. Er kaufte etwas, das auskühlte, nachdem er es neben mir vergessen hatte. Er kaufte, sehr preiswert, ein einziges Buch, um nicht als Dieb zu gelten. Er kaufte die scheußlichste Oper, um sich dem ihm entgegengebrachten Vertrauen eines Vaters erkrankter Kinder erkenntlich zu zeigen. Daraufhin schenkte ihm der Vater Beiträge zu seiner (nicht seiner, sondern Händels) Biografie. Zurückgekehrt schlief der Idiot über den Neuerwerbungen ein. Als er erwachte, grüßten sie ihn. Er kaufte außerdem Nummer 1. Ihr fehlte Salz.

Also lassen Sie uns gleich weitermachen. Schauen Sie auf. Stellen Sie sich das, was Sie in diesem Augenblick sehen, aufwendig und

162 Laurence Sterne: Leben und Ansichten von Tristram Shandy, Gentleman. Übersetzt von Michael Walter. Frankfurt am Main 2006. Seite 388.

163 Simon Critchley: On Humour. (ÜS MR) London 2002. Seite 22.

etwas altertümlich gerahmt vor. Barocke Schnitzereien, Metallplakette mit Ihrem Namen am unteren Rand, dicke Lackschichten über rissigem Blattgold, stellenweise etwas eingedunkelt. Wenn Sie sich jetzt sehr konzentrieren, entdecken Sie am oberen Bildrand eine Reihe von Löchern, insgesamt sieben, die der Witz in die übliche Erwartung hineingebohrt hat. Etwas entweicht. Das sind Repräsentationsschäden, die sich dort schon immer befunden haben, die Sie aber erst mit dem heutigen Tag entdecken. Repräsentationsschäden? Ja, im Sinne von Straßenschäden, zwischen Erwartung und Tatsachenerfahrung – und immer wieder durch Hypothesen erhellt oder getrübt. Diese Schäden werden holpernd deutlich; und wo auch nur eine einzige Repräsentation ausfällt oder beschädigt ist, ruckelt das gesamte Geschehen.

Die Modernität von Sterne steht in Verbindung mit einem »größeren kulturellen Versuch mit der Natur sozialer Widersprüche umzugehen und sie zu verstehen, zwischen diskursiven Wahrheitsbehauptungen, zwischen konkurrierenden Geschichtsberichten, zwischen Definitionen die Natur sozialer Identität betreffend. Das Politische am Shandyismus kann daher nicht ideologiekritisch im Sinne eines Offenlegens der Wahrheit, jedoch repräsentationskritisch im Sinne des Öffnens von Zwischenräumen verstanden werden, in denen die Widersprüchlichkeiten zwischen unterschiedlichen kategorialen Instanzen thematisiert werden und nicht vorgesehene Beziehungen sich ereignen können.«[164]

Mangelhafte Repräsentationen generieren ja doch irgendwas; vergegenwärtigt wird die sich aufhebende Beziehung zwischen Vertreter und Vertretenem als Utopie, wirklich? Ja? – Den Teufel würde der Idiot tun, das hier genauer festzulegen, bestenfalls bedient er sich eines Gleichnisses. Also, es war im Sinne des Witzes vom zombierten Hasen, dass halbrunde Säulen im Oval sich formierten, auf deren Sockel die Unsterblichkeit in Gestalt des Untoten realisiert wurde. Sagt ein Hase zum andern: »Der

164 Helmut Draxler (Hg.): Shandyismus. Autorschaft als Genre. Wien, Dresden, Stuttgart 2007. Seite 27f.

Mehrwert des Lebens ist das Untote.«[165] Wir werden ewig leben! Fragt der andere Hase: Ja, aber als was? Sagt der eine: Ganz egal, ich zumindest werde meine Eier nicht verstecken, sondern einfrieren! Zackbumm, Ende des Gleichnisses. Der Idiot wendet sich Ihnen nun direkt zu und zitiert sinngemäß aus Jennys mobiler Umkleidekabine, die wir die »Vorschule der Ästhetik« nennen: Was tut der Witz? Er entkörpert das Leben, wohingegen die Poesie das Tote beseelet. Wie habe ich mir ein entkörpertes Leben vorzustellen, fragt sich der Idiot, der die Nacht durchgeht, als das gackernde Lachen untoter Hühner aus dem Jenseits ihn trifft, schnöde, roh und unerlaubt!

Was Hühner und Menschen aus welchen Gründen komisch finden, beschäftigt sie (d.i. Hühner und Menschen) schon lange. Eine alte These (Plato, Aristoteles, Quintilian) setzt dem Lachen einen herablassenden Impuls voraus. Nur etwas später treten andere Deutungen hinzu: das Lachen aus Erleichterung, das Lachen über eine erkannte Inkongruenz, das Lachen als spielerisches Arrangement und Theorien, die von körperlichen Dispositionen ausgehen.[166] Der Idiot nennt aus dem Umkreis dieser Thesen folgende Begriffe: Ersparnis, Enttäuschung, Vernichtung und Überraschung.

Zur Erleichterungstheorie gehört das spannungsabbauende Lachen, eine These, die sich zur Ersparnistheorie erstreckt, die das Zentrum von Sigmund Freuds Buch »Der Witz und seine Beziehung zum Unbewussten«[167] bildet. Beginnen wir mit den berühmten drei Ersparnissen: erstens ersparter Hemmungsaufwand, zweitens ersparter Vorstellungsbesetzungsaufwand und drittens ersparter Gefühlsaufwand.[168]

165 Oliver Müller: Ontologische Verunsicherungen. Das Untote und die moderne Biomedizin, in: polar. Kunst der Drastik. Nr. 16, Frühjahr 2014. Seite 38.

166 Sehr gut dazu, knapp und sharp: Noël Carroll: Humour. A very short Introduction. Oxford 2014.

167 Sigmund Freud: Der Witz und seine Beziehung zum Unbewussten. Frankfurt am Main 1961.

168 Sigmund Freud: Der Witz und seine Beziehung zum Unbewussten. Frankfurt am Main 1961. Seite 97.

Bitte machen Sie sich dies am Beispiel des roten Fadians klar. »Herr N. wird eines Tages auf die Person eines Schriftstellers aufmerksam gemacht, der durch eine Reihe von wirklich langweiligen Aufsätzen bekannt geworden ist (...) Die Aufsätze behandeln durchweg kleine Episoden aus den Beziehungen des ersten Napoleon zu Österreich. Der Verfasser ist rothaarig. Herr N. fragt, sobald er den Namen gehört hat: ›Ist das nicht der rote Fadian, der sich durch die Geschichte der Napoleoniden zieht?‹ (...) Das Ergebnis der Verdichtung ist einerseits wiederum eine erhebliche Verkürzung, andererseits anstatt einer auffälligen Mischwortbildung vielmehr eine Durchdringung der Bestandteile beider Komponenten. ›Roter Fadian‹ wäre immerhin als bloßes Schimpfwort existenzfähig; es ist in unserem Falle sicherlich ein Verdichtungsprodukt. (...) Und nun hat dieser Witz des Herrn N. es auf die kunstvollste Weise ermöglicht, dass wir, erwachsene und feinfühlige Leute, über die roten Haare des Historikers x. lachen wie die Schulknaben.«[169]

Also erlaubt es eine etwas umständliche Verfeinerung dem Trieb, als Wortspiel maskiert, unter den Zeltplanen der Zensur hindurchzukriechen, um sich am Festbuffet des fiesen Kinderwitzes zu delektieren. Ein anderer Roter Fadian könnte *directement* dem »Tristram Shandy« entnommen sein. Der Leser wird anfangs so lange umgarnt, bis er sich schier zum Knäuel verballt. All dies ist aus sehr vielen Worten gemacht. Sie stehen als Leser zwischen fehlenden und vertauschten Kapiteln und schauen den Abweichungen bei ihrem zerstreuten Vormarsch zu: »progression through digression«. »Von der geraden Linie führen dementsprechend immer wieder arabeske Formen weg, die jeweils wenige Millimeter nach der Stelle, von der sie abgezweigt waren, in die gerade Linie zurückkehren. Buchstaben versuchen diese Abweichungen wie Versmaße zu kategorisieren, doch inzwischen ist längst klar, dass diese Diagramme keineswegs den tatsächlichen Erzählverlauf des Romans wiedergeben.«[170] Blättern Sie jetzt bitte

169 Sigmund Freud: Der Witz und seine Beziehung zum Unbewussten. Frankfurt am Main 1961. Seite 18.

170 Helmut Draxler (Hg.): Shandyismus. Autorschaft als Genre. Wien, Dresden, Stuttgart 2007. Seite 21. Schöner Katalog, große Freude.

voraus, zu den Seiten des Romans, auf denen er seine Willkür ausstellt. Die Verwicklung braucht beides: Enge und Weite. Hier sind die Wege der Handlung: den roten Faden herausziehen, dann auf eine Nadel fädeln und, ach die schöne Stickerei!

Sie glauben, Sie sind an ein Ende gekommen? Nein, es ist schon wieder ein Anfang! Alles erholt sich schnell und beginnt erneut. »Je mehr Anfänge eine solche Geschichte besitzt, desto deutlicher erweisen sich diese als retrospektive Besetzungen dessen, was man für den Anfang hält. Um das hervorzutreiben, muss die gleiche Geschichte verschiedene Anfänge haben, die sich gerade angesichts dieser Verschiedenheit als das immer Gleiche enthüllen: interessen- oder zweckgesteuerte Setzung zu sein. Geben sich die vermeintlichen Anfänge als solche zu erkennen, dann verwandeln sie sich in ein Zeichen dafür, dass Anfänge nicht besetzbar sind, weshalb solche Setzungen nur dazu dienen, die ständige Verschiebung des Anfangs zu markieren.«[171]

Auf dieser langen und gewundenen Strecke, die gleichsam als desorientierter, aber deswegen schließlich nicht blinder Erzählstrang die unterschiedlichsten Gegenden auslotet, liegt auch der selbstverfremdende Witz, der allen anderen vorzuziehen ist. Doch der Witz hat eine kurze Seele und wenn man es mit feinen Witzen zu tun hat, muss man die schon zusammentun und häufen, schichten, stapeln – damit sie so vermehrt an Stärke gewinnen. Eine eigenartige Form der Kalkulation ist das zu sagen: Vier feine Witze wiegen einen groben auf.[172] Ja, aber das ist eben Mathematik, verstehen Sie? Doch im Gegensatz zu einer algebraischen Aufgabe versteht der Idiot den Witz, obwohl – oder stärker noch gerade weil (!) – er sinnlos ist.[173]

---

171 Wolfgang Iser: Laurence Sternes »Tristram Shandy«. München 1987. Seite 21.

172 Sigmund Freud: Der Witz und seine Beziehung zum Unbewussten. Frankfurt am Main 1961. Seite 53.

173 Noël Carroll: Humour. A Very Short Introduction. Oxford 2014. Seite 72.

Vom Witz der Klang[174]

»(WER HORROR WILL MUSZ HORROR REIMEN):
der Kusz . . . . der Schusz
der Pfiff . . . . das Riff
das Krachen . . . . das Lachen
die Säge . . . . die Schläge
die Schritte . . . . der Dritte
das Klopfen . . . . der Tropfen
das Gift . . . . der Lift
das Beil . . . . der Keil
das Gespenst . . . . das Fenst-
die Wasserspülung . . . . die Unterkühlung
die Schere . . . . die Gewehre
das Blut . . . . die Wut
das Blutbad . . . . das Mühlrad.«[175]

Eine besondere Beachtung soll an dieser Stelle den Klangwitzen gelten, mit ihrer halb offenen Tapetentür zur Assonanz. »In einer Gruppe dieser Witze (den Wortspielen) bestand die Technik darin, unsere psychische Einstellung auf den Wortklang anstatt auf den Sinn des Wortes zu richten, die (akustische) Wortvorstellung selbst an Stelle ihrer durch Relationen zu den Dingvorstellungen gegebenen Bedeutung treten zu lassen. Wir dürfen wirklich vermuten, dass damit eine große Erleichterung der psychischen Arbeit gegeben ist, und dass wir uns bei der ernsthaften Verwendung der Worte durch eine gewisse Anstrengung von diesem

174 Fromage de Brie.

175 Friederike Mayröcker: Horror Fibel, in: Fantom Fan. Hamburg 1971. Seite 45.

bequemen Verfahren abhalten müssen.« Freud bekräftigt diese These durch das Referat einiger klinischer Zustände, in denen tatsächlich die Wortklangvorstellung die Wortbedeutung dominiert, sodass dieses Reden »nach den ›äußeren‹ anstatt nach den ›inneren‹ Assoziationen der Wortvorstellung (...) fortschreitet«[176].

Der Idiot schlüpft in etwas Bequemeres, wenn er die Assoziation dem Klang überlässt, der Fortlauf springt von Ähnlichkeit zu Ähnlichkeit, er wirft sich einen Katarakt aus Konsonanten hinab und geht seinem Nachbarn zur Rechten fürchterlich auf die Nerven. Seinen Nachbarn zur Linken erfreut er mittels einer originellen Verkettung des im Hangar seines Stimmumfangs herumliegenden Gerölles. Sich nicht so aufzuführen und den Quatsch zu lassen, diese Bitte ist eine erwartbare Reaktion – doch der Idiot verweist darauf, Botschafter eines spielerischen Zugriffs auf das Wortmaterial unter ausschließlicher Berücksichtigung seines Klanges zu sein. Schicken Sie ihm bitte die Skier! Unverzüglich. Und eine winzige Ameise bringt sich fortwährend in Gefahr, sie trägt einen Krümel vor sich her und kreuzt mit ihm die Tastatur. Weggefegt. Das hätte er nicht tun sollen.

Sie werden, wie jeder Mensch, eine Erinnerung daran haben, was Sprache für Sie einmal gewesen ist, als Sie sie noch nicht verstanden. Der Klang kann auf die materielle Herkunft eines lautmalerischen Wortes verweisen, er kann eine Ahnung von der affektuellen Einbettung der Rede geben. Unverständliche Worte beruhigten Sie, schläferten Sie ein und weckten Sie. Einen Abglanz davon erleben Sie vielleicht in einem fremden Land, dessen Sprache Sie nicht sprechen, aber das ist etwas anderes, denn hinter die Sprache können Sie, als sprechendes Wesen, nicht zurück. Dennoch: Das Gehör ist aufmerksam geblieben für die lautliche, die aufzuspürende Umgebung der Begriffe.

Hier treffen Sie auf die Welt als aufgespannten Klangraum, worin die Einzelteile über Klangähnlichkeit miteinander verbunden

---

176 Sigmund Freud: Der Witz und seine Beziehung zum Unbewussten. Frankfurt am Main 1961. Seite 97.

werden, trotz ihrer widerstrebenden Semantik. Inhaltlich sind sie weit voneinander entfernt, im Klang sind sie sich nahe – das ist das poetische Ordnungsprinzip des Reimes. Sie sind in der Lage, einen ästhetisch kohärenten und eigensinnigen Klangraum zu errichten. Woanders wird das anders sein. Was bedeutet es, wenn sich der Held in einer Sprache auf Geld, in einer anderen auf Null reimt. Das bedeutet gar nichts. Ah, gut.

»Bobrowski las aus dem Deutschen Reimlexikon vor, wir lachten Tränen, waren albern und glücklich, er bewirtete uns mit Essen, Schnaps, Bier, Wein, je nach Wunsch, er trank und aß mit uns bis zum frühen Morgen, hatte morgens dieselbe unerschöpfliche, augenzwinkernde Heiterkeit wie am Abend, sodass der neue Tag, ja selbst eine trübe Morgenstunde, durch ihn und seine Angehörigen, ich möchte sagen: etwas ganz und gar Freigiebiges bekam. Was Wunder, der zweite Tag schloss sich an, unbändiges Lachen erging sich im Garten hinter dem Haus, alles stimmte plötzlich, das Schweigen genauso wie die Lust am Unsinn, die er auf jeden übertrug, der in seiner Nähe war.«[177]

Stellen Sie sich vor, dass es allein der Reim wäre, der Ihnen ermöglichte, etwas zu sagen, was Sie auf andere Weise nicht äußern könnten, dass darin die Laute allein Sie leiteten. Dass sich Figuren, Worte, Sätze aus einem inneren Stammeln ablösen können und nicht in Angst und Verzweiflung zurücksinken, sondern einen Weg Ihnen weisen, Verbindungen schaffen, das Gegebene umarrangieren. In Reim und Rhythmus gebunden, wird das Gesagte dem Gedächtnis nahegelegt, und Ihr Gedächtnis greift zu und schultert, was Sie von da an begleiten wird.

Das musikalische Wort ist eingehüllt in ein Element unsprachlichen Ausdrucks. Jubel, Klage, Furcht, Beeilung, Ruhe. »So wird seine Bedeutung nicht nur unterstrichen und untermalt, sondern auch gewissermaßen zurückgewiesen.«[178] Sie können das Wort

177 Lebensbilder Johannes Bobrowski. Texte Fotos Erinnerungen. Gesammelt und herausgegeben von Helmut Baldauf. Berlin 2011. Seite 100.

178 Lorenz Wilkens: Orpheus und David, in: Zur Kritik der Vernunftreligion. Frankfurt am Main 2008. Seite 269.

einer neuen Aufmerksamkeit andienen, können es wiederholen, bis es undurchsichtig und befremdlich wird, können es mit Klage oder Jubel unterlegen, auf der Bahn der Assonanz in die Tiefe schicken, es aushöhlen, in Schieflage bringen durch einen Reim, der das Wort an seinen semantischen Widerpart fesselt.[179] »Träumt die taube Nüchternheit, sie lausche, / wie der Traube Schüchternheit berausche!«[180] Das sind Schüttelreime, die der Sprache die Verantwortung aufbürden für aberwitzige Bindungen, die plötzlich nicht mehr voneinander zu trennen sind. Spielfreude, Wiederholung, Gleichklang, Gesang – all das kann dazugehören.

Das ist ein poetisches Verfahren, dessen Vergnügen auf die Ersparnis von psychischem Aufwand zurückzuführen sei, so Freud. Als sei der Klang dem Wort äußerlich, und ohne sich groß um Bedeutung zu scheren, gleiten Sie, Klangähnlichkeiten suchend, lässig an seiner Oberfläche entlang – doch sind nicht die semantischen Ähnlichkeiten beinah noch tiefer verschraubt und daher eigentlich leichter zu bespielen? Als müsste man selbst gar nicht dabei sein. Herrscht denn am Ende sowie am Anfang ein seliges Brabbeln?

»Brabbeln (im Sinne von Lautproduktion) kann als Veranschaulichung des besonderen Vergnügens, Worte im Mund zu haben, begriffen werden, wie alle Erregungen von Selbst-Klang: den aufsteigenden Atem zu hören, der, durch den Kehlkopf konditioniert und konturiert, Kehle und Mund füllt, die muskulöse Kraft der Zunge, die sich vor und zurück bewegt, die letzte Senkung auf den Lippen, wie eine plötzliche Energie entfließt, um hinter den Ohren nachzuhallen, die Haut entlang, in der gesamten Umgebung.«[181] Hier zeigt sich die Stimme als eine Zusammenfügung von Signifikation und Körperlichkeit, die an die materielle Poetik der Sprache erinnert.

179 Goethes Kanon »Problem«: »So seht doch hin, wo die gute Welt zusammenhält, / Seht hin, wo sie auseinanderfällt.«

180 Aus Clemens Brentanos Gedicht: »Wenn der lahme Weber träumt«, in: Lyrik des Abendlands. München 1953. Seite 371.

181 Brandon LaBelle: Lexicon of the Mouth. Poetics and Politics of Voice and the Oral Imaginary. (ÜS MR) London 2014. Seite 65.

Stellen Sie sich eine Stimme vor – und dann, dass diese Stimme spricht. Wenn Sie allein auf den Sinn konzentriert sind, werden Sie die Nebengeräusche seiner lautlichen Produktion mühelos, ja unbewusst herausfiltern. Es sei denn, die Nebengeräusche nähmen überhand und rivalisierten mit der Aussage. Sicher, Sie können auch einen Tick entwickeln. Nach ihrer Ansage schluckte die französische Moderatorin laut in die ersten Klänge des Brahms-Trios hinein, und der Idiot, der schon lange alleine gewesen war, hörte deutlich, wie die Bewegungen ihres Kehlkopfs aus dem Internetradio direkt auf seinen Schreibtisch traten. Er zuckte kurz zusammen, dann lehnte er sich lange und gedehnt in stiller Erregung auf dem Stuhl zurück und es kamen ihm die Reisbällchen in den Sinn, die er damals in einem chinesischen Restaurant am Rosenthaler Platz bestellt hatte, das es inzwischen lange nicht mehr gibt. Sie waren wie ein Witz, der dem Mund selbst erzählt wird, dem Mundinnenraum. Voller Überraschungen, ein wenig hinterhältig und unglaublich komisch. Unfassbares passierte, und die eigensinnige Textur des Bällchens verhinderte minutenlang, dass man anderen sprachlich von dieser Sensation berichten konnte. Diese Verzögerung war Teil des Witzes. Im Hintergrund hören Sie weiterhin das Trio in A-Moll, Opus 114 von Johannes Brahms.

Hm. Vielleicht kommt in einer gelungenen Metapher beides zusammen: Klang, Reisbällchen, Körper, Brahms und Bedeutung. Schauen Sie, man hat sich selbst als Material ja stets dabei! Seien Sie versichert, Sie können jederzeit, auch jetzt, Ihren Sprachorganen einen nichtsprachlichen, undifferenzierten Laut entlocken und diesen mehrfach wiederholen – dabei feststellen, wo genau er entsteht, wie Sie ihn machen und wo sich Ihre Zunge dabei befindet. Vielleicht möchten Sie einige Brustklänge hinzufügen? Spüren Sie die Verbindung, die Atem, Hals und Brustraum miteinander eingehen? Auch können Sie sich jederzeit in Schwindel versetzen, indem Sie aufstehen und sich eine Weile um die eigene Achse drehen, wozu selbst in der kleinsten Hütte Platz sein sollte. Dann stoppen Sie ab und sehen, wie die Welt sich um Sie dreht. »Gleichsam ein Seelen-Schwindel, welcher *unsere* schnelle Bewegung plötzlich in die *fremde* der ganzen stehenden

Welt umwandelt.«[182] Diese Möglichkeit steht Ihnen Tag und Nacht zur Verfügung. Irre, nicht wahr?

Hören wir in poetischen Texten nicht auch etwas wie den Klang des Sinnes – oder Gedanken, die sich reimen? Ersparnis und Zugewinn kommen zusammen, fallen in eins? Und könnte es nicht auch eine Empathie der Klangähnlichkeit geben? Jenseits des Sinns, der schließlich in jeder Verkleidung auftritt? Auf welchen Anteil des Wortes richten sich meine Filter? Eine Art von Drag- oder Camp-Mitleid (*backstage of intimacy*) müsste das sein, dazu später mehr, ihr armen verwirrten Wesen ohne Fell. Und ohne Federn. Wir erlauschen ein huldvolles Zwitschern, ein Glucksen und die flüchtige Fläche leise und stetig aufkommender Tropfen.

Mimesis, sagt Magnus, in den Regen sehend, auf dem Bierboot: Das sei ursprünglich die fortwährend sich wiederholende Verwandlung des Gesangs durch die Nachtigall. Es gibt kein Vorbild, sondern nur noch Variation im Klangraum des Gesangs. Reglos darin stehen die empfindlichen Richtmikrofone der Ornithologen. Hier ist übrigens der *Dernier Cri* in Sachen Ornithologen-Mode: Anglerwesten, dunkle Fliegen, weiße Hemden, etwas in Organza? Rohseide mit Leinen fällt freilich sehr schön und alles in allem sei lautlose Kleidung anempfohlen.

So viele Ersparnisse, all die Erleichterung. Was jetzt? Jenny kommt auf das Oberdeck des Bierboots, schaut uns an, wie wir betreten sind, lacht und schlägt vor, dass wir eine kleine Weile über den Witz im 18. Jahrhundert sprechen könnten. Sprechen wir über das Erkenntnisvermögen, fällt ihr der Idiot ins Wort. Der Witz, gedacht als die Kraft zu wissen, sei die unvermittelte Erfindung, und Hand in Hand mit Schlegel nennt ihn Jenny: fragmentarische Genialität. Der Witz erfindet die Gleichheit, die er unvermittelt aufdeckt, doch unverwandt als Erfindung markiert, er verbindet Unähnlichkeiten, motorisiert durch eine gewisse Wahllosigkeit. Er synthetisiert, indem er die Brüche stehen lässt, ja herausstellt.

182 Jean Paul: Vorschule der Ästhetik. Nach der Ausgabe von Norbert Miller. Hamburg 1990. Seite 132.

Es kann durchaus sein, dass zuweilen das Verbindende eben gerade der Riss zwischen den beiden Dingen ist, die der Witz identifiziert.[183]

»Die Komödie lebt von allen Arten von Kurzschlüssen, die eine unmittelbare Verbindung zwischen heterogenen Ordnungen herstellen. Und dennoch, die Unmittelbarkeit, die die Komödie einbringt, ist nicht die eines flüssigen, nicht wahrnehmbaren Ineinanderübergehens, sondern die eines materialen Schnitts zwischen beiden. Wenn wir an die einfachsten Beispiele dieser Vorgehensweise denken (wie jene, die regelmäßig in den Komödien der Marx Brothers verwendet wird, wenn, zum Beispiel, A sagt: ›Give me a break!‹ [Hör auf!] und B eine Bremse [break] aus der Tasche zieht), ist es nicht so, dass ihre fundamentale Lehre immer die folgende ist: die einzige genuin unmittelbare Verbindung zwischen den zwei Dingen ist genau der Schnitt zwischen ihnen?«

Der Tiefsinn hingegen findet schlicht Gleichheit, er identifiziert. Und der Scharfsinn findet Unähnlichkeit, das heißt, Ungleichheit unter größerer Gleichheit verborgen, er differenziert. »Der Witz, aber nur im engen Sinn, findet das Verhältnis der Ähnlichkeit, d.h. teilweise Gleichheit, unter größerer Unähnlichkeit versteckt; der Scharfsinn findet das Verhältnis der Unähnlichkeit, d.h. teilweise Ungleichheit, unter größerer Gleichheit verborgen; der Tiefsinn findet trotz allem Scheine gänzliche Gleichheit. (Gänzliche Ungleichheit ist ein Widerspruch und daher undenkbar.)«[184]

Mit dieser Einordnung bin ich nicht allein, sagt Jenny kühl, als sie in der Dämmerung vom Oberdeck hinab in den Schiffsbauch steigt, es gibt dort einen Seerosenteich. Solche Arten der Ausdifferenzierung betrieben im späten 18. Jahrhundert viele Leute. Lassen Sie sich zur Einprägung den genannten Dreischritt durch den beflissenen Idioten ein drittes Mal wiederholen. Also, der

---

183 Alenka Zupančič: Der Geist der Komödie. Übersetzt von Jan Völker und Frank Ruda. Berlin 2014. Seite 15.

184 Jean Paul: Vorschule der Ästhetik. Nach der Ausgabe von Norbert Miller. Hamburg 1990. Seite 172.

Scharfsinn sagt: Aber das ist doch etwas ganz anderes, wohingegen der Tiefsinn behauptet, das sei doch alles eins. Da kommt der Witz heran und sagt: Moment, diese beiden sehr unterschiedlichen, durch nichts miteinander in Verbindung stehenden Dinge bringe ich doch noch zusammen. Und damit war das Brötchen mit Bravour belegt. Sprechen Sie ihm nach: Ich hab das Brötchen mit Bravour belegt. Und wenn Sie das immer wieder sagen, ich hab das Brötchen mit Bravour belegt, ich hab das Brötchen mit Bravour belegt, ich tapferer Husar, dann ist das der Aberwitz.

Doch zuweilen, an regnerischen Novembertagen, fühlt sich die sonst so heitere Jenny dazu aufgerufen, ihre Witzdichte zu verteidigen gegen die trübsinnige und unrichtige Annahme, dass »zwischen zwei müßigen Sonntagen des Witzes sechs Werktage liegen« müssten.[185] Dies kann am Beispiel eines Blumengartens ohne Weiteres widerlegt werden. »In einem Blumengarten ist der Überfluss an Blumen so wenig ein Tadel als der Mangel an Gras.« Allerdings ist ein vergessliches Publikum von Vorteil, und wenn man es ein wenig überfordern kann, umso besser. »Der Witz gewinnt wie 10.000 Dinge durch Vergessen, folglich durch Erinnerung; um ihn aber ein wenig zu vergessen, muss so viel da sein, dass man es muss. (...) In Gesellschaft ist das witzige Wetterleuchten darum beschwerlich, weil es finsterer darauf wird.«[186]

Und der Idiot erlaubt sich, Jenny an ihren alten Freund und Schnulzensänger Lenny zu erinnern, der sagte, das Wichtigste, um glücklich zu sein, sei die Vergesslichkeit, das gelte insbesondere in der Liebe. Von seiner eigenen Vergesslichkeit weiß der Idiot Folgendes zu berichten: Er vergisst, wen er duzt, vergisst Versprechen, vergisst Passwörter und Benutzerkürzel, vergisst Eintragungen in Notizheften, vergisst ganze Notizhefte, vergisst Dateien und externe Festplatten. Das scheint ihm bedenklich. In der Antike war Totalerinnerung eine Quelle des Wahnsinns, etwas

185 Jean Paul: Vorschule der Ästhetik. Nach der Ausgabe von Norbert Miller. Hamburg 1990. Seite 197.

186 Jean Paul: Vorschule der Ästhetik. Nach der Ausgabe von Norbert Miller. Hamburg 1990. Seite 199.

anderes ist die Demenz. Doch vielleicht sind sich die beiden näher, als man zunächst annehmen möchte: »Wie die Bedeutungslosigkeit nicht durch einen Mangel an Wegen, sondern vielmehr durch eine stete Vermehrung von Wegen definiert wird, ebenso wird das Vergessen nicht durch einen Verlust der Erinnerung, sondern ganz im Gegenteil durch eine Allgegenwart von Erinnerungen charakterisiert; das Vergessen wird charakterisiert durch die undurchschaubare Flut aller Erinnerungen, die beim Vergessen in so eng aufeinanderfolgenden Wellen zusammenströmen, dass es unmöglich wird, in ihrer Masse die gesuchte Erinnerung festzuhalten.«[187] Ja, beides ist unerquicklich, bleiben Sie also bitte noch einen Moment unter den guten Bedingungen einer wohltemperierten Fülle, die Formlosigkeit und Detail in sich vereinigt.

»Könnten wir nicht sagen, dass die Liebesbegegnung wie ein guter Witz strukturiert ist? Sie beinhaltet immer eine Dimension einer unerwarteten und überraschenden Befriedigung, einer Befriedigung eines anderen Verlangens als desjenigen, das zu formulieren wir bereits die Gelegenheit gehabt haben.«[188] Wenn Sie vergessen, was Sie bereits wussten, kann man Sie immer wieder überraschen. Eine andere Möglichkeit ist es, einen bereits bekannten Witz jemandem zu erzählen, der oder die ihn noch nicht kennt, um ihn erneut zu genießen – oder diesen Witz auszubauen und zu variieren, mit anderen störrischen Requisiten zu versehen, spiralige Übertreibungen hineinzutreiben, ihn mit neuem Personal auszustatten, wobei es schon hilfreich ist, dabei nicht allein zu sein. Es gibt Stimmungen, in denen dies sehr gut funktioniert, wo eine wilde Freude an der Rekombination ausbricht und im Sog der Steigerungslogik immer weiter entfernte Dinge zusammengezogen werden – das ist durchaus ein poetisches Verfahren.

187 Clément Rosset: Das Reale. Traktat über die Idiotie. Übersetzt von Renate Hörisch-Helligrath. Frankfurt am Main 1988. Seite 21.

188 Alenka Zupančič: Der Geist der Komödie. Übersetzt von Jan Völker und Frank Ruda. Berlin 2014. Seite 153.

Die Freude an der Rekombination schlägt dann auch etwas stärker auf der Seite des Albernen als auf der Seite des Komischen aus, womit wir den Hauch einer Unterscheidung erreicht hätten. »Die Albernheit zeichnet sich dadurch aus, (nahezu) grund- und ziellos zu sein, beiläufig, einfach, unverstellt, nicht negativ gestimmt, und dazu zu neigen, kein Ende finden zu wollen. Ob sie uns überfällt oder wir sie willentlich inszenieren – wir werden nicht fertig mit ihr, genau das macht diese wagemutigste Ausprägung der Komik so besonders. Die Albernheit verbindet darüber hinaus Körper und Geist auf eine uns abhanden gekommene direkte Art und Weise.«[189]

Und der Witz kommt als verkleideter Priester daher, der jedes Paar kopuliert.[190] Das behauptet zumindest Jenny. Mit der Tendenz, auch erzwungene Synthesen zu genießen. Oder: Synthesen, die man nicht verhindern kann, wenn man die Filter öffnet – ungesteuert, sagen wir, was es auf der Brache braucht, zuweilen. Was das Unbewusste zusammenfügt, das kann das Bewusstsein nur sehr schwer trennen. Der Idiot wiederholt: Was das Unbewusste zusammenfügt, das kann das Bewusstsein nur sehr schwer trennen. Was das Unbewusste zusammenfügt, das kann das Bewusstsein nur sehr schwer trennen.

Der Idiot fasst zusammen: Sie haben sich nun einigen Formen der Erleichterung gewidmet, sich in Sinnabstinenz und Sinnzuwachs vertieft, Sie hatten geregelten Umgang mit der Frage nach dem Miteinander von *Sound and Sense*, haben sich mit verständnislosem Auspendeln und wuchernden Vergrößerungen sowie schlüpfrigfaden Entspannungsphasen befasst – und kommen nun, mehr oder weniger direkt, endlich bei der Inkonkruenz an. Irres Gewitterlicht (die Landschaft rhythmisch flackernd), Blitz, Donner, tischtennisballgroße Hagelkörner. »Es muss in allem, was ein lebhaftes, erschütterndes Lachen erregen soll, etwas Widersinniges sein (woran also der Verstand an sich kein Wohlgefallen finden kann).

189 Michael Glasmeier und Lisa Steib: Albernheit. Hamburg 2011. Seite 109.

190 Jean Paul: Vorschule der Ästhetik. Nach der Ausgabe von Norbert Miller. Hamburg 1990. Seite 173.

Das Lachen ist ein Affekt aus der plötzlichen Verwandlung einer gespannten Erwartung in nichts.«[191]

Bildeten wir, filigran und stabil aus Bambus, Biberdessous, Kohlefaser und Kevlar ein Gerüst für die Sinfonikerinnen, reichten ihnen gläserne Nachbauten ihrer Instrumente, zur Verköstigung getrüffelte Nudelnester und sauer eingelegtes Gemüse auf Partyspießchen aus Walrosszahn und brächten die Gockel in den Kerker, was dann? Das ist ein Höhlengleichnis ohne Fenster, sagte die Sachvertraute und wischte über ihr iPad-Backblech (Backlash!), womit die Daten übertragen waren. Das Gelände kollabierte. *Forte Maltempo.* Zeigen Sie dem leeren Akku, wo es blitzt: Auftritt *il Maestro Lampo*!

Hm, dazu werden ein großer Witz und das Aufdrehen sowie in rasende Pirouetten Versetzen unserer tristen Erwartungen benötigt. Stürzen Sie einfach dem Gleichgewicht entgegen. Und – dies ist Schritt zwei für Fortgeschrittene – wenn Sie sich sehr lange, sehr schnell drehen, wird Ihnen ein umgekehrter Eindruck geschenkt. Es ist Ihnen dann, als stünden Sie mit einem Mal still und um sie herum kreiste rasend die Umgebung: Sie sehen die Drehung der Erde. Leider ist es in solchen Momenten der Klarheit nicht ganz einfach, den Ausgang zu finden, und häufig stürzen die so Erleuchteten kopfvoran und pfeilschnell in den Vorrat aufgestapelter Stühle, in der Ecke hinten links. Oder mit den ersten Tönen der Schöpfung von Haydn trillert der Schönste surrend wie eine glitzernde Spule von oben aus den Lüften herab in den Kreis seiner Mitmenschen hinein – und baut das auf, was so schnell ist, dass es nicht fällt. In sich von einem so trickreichen Witz getragen, dass dem Nichtfallen gar nichts Störrisches zukommt. Masterplan Levitation, das erste Level ist erreicht, doch alles bleibt in froher Lässigkeit. Nur weil für dieses eine Mal die Naturgesetze außer Kraft gesetzt waren, müssen Sie nicht gleich aus dem Häuschen Ihrer Überzeugungen geraten, es sei denn, Ihnen wäre danach.

191 Immanuel Kant: Kritik der Urteilskraft. Erster Teil, 1. Abschnitt, 2. Buch. Stuttgart 1963. Seite 276.

»Haydn, einer der größten Komponisten, hat durch die Gestaltung seiner Finali die Nichtigkeit der Dynamik, durch welche sie sich objektivieren, paradigmatisch dem Kunstwerk zugeeignet.«[192] Erlauben Sie dem Idioten noch einen Moment bei Haydn zu bleiben. Einen komischeren Komponisten gibt es nicht auf dieser Welt. Vergegenwärtigen Sie sich bitte den Anfang des 1. Satzes der Sinfonie 43 in Es-Dur. Es folgt ein bewegter Exkurs.

O, sogleich entsteht ein heller Vorausraum, ein zukünftiger Raum also, der, so man ihn betritt, frohgemut, weiter vorauseilt – in die Nichtigkeit? Weiß man nicht. So warte doch! Und wartet nicht. Denn Haydn will einen neuen Vorausraum errichten.

Ein Witz, kronleuchternd, es flackert die Wand. Haydn hat alles geschichtet, gestapelt. Dann die unteren Teile entnommen und das Ganze in die Luft gestellt. Es tut, als wollt es runterrappeln, es rappelt auch, aber ----- runterrappeln tut es nicht. Und warum? Weil es schneller steht als fällt. Weil es schneller steht als fällt. Das ist der Trick. Haydn hats erklärt, und etwas ist im Kopf, das hats verstanden. Und lacht. Lacht. Und lacht.

Haydn hat Ihnen da etwas zur Verbindung bereitgelegt. Zur Vervielfältigung des Mimetischen. Aber nicht doch. Aber ja doch. Nein. Doch. *Keep confirming and denying.* Haydn fängt jetzt an, nein, fängt er nicht. Haydn weicht. Zur Seite aus. Wo sich neue Zentren ergeben, augenblicklich, mitternächtlich. Herr Haydn? Kommt entgegen, von dort, wo ihn keiner und keine hat hingehen sehn. Aah. Er ist Ihnen schon wieder voraus. Hier! Haydn wechselt die Pferde. Haydn tränkt sie. Haydn ist stets ein Momentchen schneller als Sie. Haydn ist amüsiert. Immer wieder. Wie beim allerersten Mal ist Haydn amüsiert.

Sie müssen ja beinah lachen. Doch dürfen Sie das nicht zeigen. Das amüsiert nun wieder Haydn. Der alles merkt, aber – nicht sich!! Halten wir also fest: Haydn geht in jede Gasse, rennt die Treppe auf und ab. Errichtet Stiegen und besteigt sie. Er muss

192 Theodor W. Adorno: Ästhetische Theorie. Frankfurt am Main 1973. Seite 332.

überall hingehn, selbst wenn er traurig ist, muss er überall hingehn, aber er bleibt nicht lang, weil er lieber woanders traurig sein will, wo es womöglich besser ist. Wieder muss er die Pferde wechseln. Verzweiflung ist ein schnelles Pferd, wenn es erschöpft ist, dann wechselt Haydn es aus, in ein anderes Pferd. Dieses Pferd heißt Freudenpferd.

Himmel! Himmelshaydn! Ach, und jetzt geht er über die Brücke und ist Ihr Begleiter, aus dem die Brücke, über die er Sie leitet, alleine besteht. So ist es. Sonst ist die Brücke nicht. Als sei er Ihnen immer ein Stück schon voraus (wer versteht – der versteht), ein Momentchen schneller, sodass man in den Mundwinkeln schon lachen müsste, tonlos verhohlen, während man aufsteht, um aus der Nähe etwas noch näher heranzuholen. Und er ist lieblich und besorgt und vorwurfslos, Haydn würde stets nur ein Momentchen schneller sein, und dann könnten Sie gucken, worin (er das ist). So ein gelöster Vorausraum, in dem man sich vorbereitet, ganz gleich auf was. Das ist Beratung durch die minimal schnellere Präsenz. Etwa, wenn jemand einen kleinen Schritt macht und damit schon gleich an der Abfahrt steht, die für alle die Erlösung sein könnte und ist.

Es schließt sich das Presto aus Sinfonie 49 in F-Dur an. *La Passione.* Und Sie alle waren dabei. »Etwas der Keckheit des vernichtenden Humors Ähnliches, gleichsam einen Ausdruck der Welt-Verachtung kann man bei mancher Musik, z. B. der Haydnschen, vernehmen, welche ganze Tonreihen durch eine fremde vernichtet und zwischen Pianissismo und Fortissimo, Presto und Andante wechselnd stürmt.«[193]

Ja, bekräftigt Jenny, das Komische braucht die weltverachtende Idee. Der teils disproportionalen, teils gelingenden Verknüpfung des Gegebenen mit dem Ideal entspringe die Komik. Es brauche eine gewisse Lebensverachtung, auch sei die Melancholie ein guter Boden für den Humor. »Der Humor als das umgekehrt

193 Jean Paul: Vorschule der Ästhetik. Nach der Ausgabe von Norbert Miller. Hamburg 1990. Seite 132.

Erhabene vernichtet nicht das Einzelne, sondern das Endliche durch den Kontrast mit der Idee«, fügt Jenny leise hinzu und schaut daraufhin lange in die Ferne.[194] Vielleicht möchten Sie sich den so exaltiert hohen Meeresspiegel in Brighton dazu vorstellen, bitte. O, o wie hoch der Horizont dort ist, als hinderte ihn etwas daran, sich endlich herabzulassen. Und wie kurz ist der Weg ans Meer über rollende Kiesel, dann: das Geräusch von Motoren, ein unterkomplexer Himmel, mit hellgelben Zügen, und, wider Erwarten, wie warm das Meer und wie abschüssig es war![195] Und in der Nacht erfreuen sich die Menschen dort ihres Lebens. Dieses, eben dieses Meer schwappt seither warm in den Träumen des Idioten, er sehnt sich (nach ihm)?

194 Jean Paul: Vorschule der Ästhetik. Nach der Ausgabe von Norbert Miller. Hamburg 1990. Seite 125.

195 Falls Sie die Stadt besuchen wollen, empfiehlt der Dichter Ihnen die Pension »Strawberry Fields«. Diese Pension ist winzig. Ah. strawberry-fields-hotel.com. Adresse: 6–7 New Steine in Brighton. Wirklich, fahren Sie da mal hin. Es ist gut, lebendig, rege und hell.

Pathos und Bathos

Jenny bringt den Zusammenhang zwischen Nichtigkeit als einer Form der Ersparnis, mit welcher der Witz die Seinen ästhetisch begabe oder auch: betäube, folgendermaßen auf den Punkt: Wie Gott einen Endlichen mit Licht betäubt und niederschlägt, so tut es der Humor, indem er den Verstand verlässt, um vor der Idee fromm niederzufallen. Hier flattert sie auf, die Freude an Widersprüchen und Unmöglichkeiten. »Daher kennt der Humor jene Liebe zum leersten Ausgange«, (...) wenn »Sterne mehrmals lange und erwägend über gewisse Begebenheiten [spricht], bis er endlich entscheidet: es sei ohnehin kein Wort davon wahr.«[196] Nach jeder pathetischen Anspannung gelüste den Menschen ordentlich nach einer humoristischen Abspannung; aber da keine Empfindung ihr Widerspiel, sondern nur ihre Abstufung begehren kann, muss in dem Scherz, den das Pathos aufsucht, noch ein herabführender Ernst sein – und wohin führt dieser Ernst? Zum Bathos, das sich vom Pathos nur durch eine leichte, wie parodierende Abweichung des Anfangsbuchstaben unterscheidet.

Wir können vielleicht festhalten: Sucht, Witz und Gedicht teilen zuweilen eine gewisse Methodik – diese besteht grob gesagt im Vollzug einer Praxis, die Erwartungen enttäuscht. Diese

196 Jean Paul: Vorschule der Ästhetik. Nach der Ausgabe von Norbert Miller. Hamburg 1990. Seite 132.

Enttäuschung sei der eigentliche Ausgangspunkt von Philosophie,[197] und nicht das häufig an dieser Stelle genannte Staunen. Nun geht dies auf unterschiedliche Weise vonstatten. Ein vorbildlicher Ansatz trägt den Namen Bathos und bezeichnet damit einen Umschlagpunkt, das Kontrastmoment zwischen Höchstem und Niedrigstem – da, wo Pathos zu Bathos wird und alleine Bathos überdauert. »A performance absurdly below occasion«, definiert das *Concise Oxford Dictionary*[198] – und einen Sturz vom Erhabenen ins Lächerliche.

Als der Idiot im März 1727 Alexander Pope kennenlernte, hatte er soeben unter dem Titel »Peri Bathous, Or the Art of Sinking in Poetry«[199] eine Schrift veröffentlicht, die vordergründig Longinus epochale Abhandlung über das Erhabene parodierte – deren eigentliches Ziel jedoch eine Kritik an der Dichtung ihrer Zeitgenossen war. Pope bestimmte Bathos darin als gescheitertes Pathos. Dies kam der Neuerfindung des Begriffs als Kampfbegriff gleich – und bezweckte nicht zuletzt die Fundamentierung einer Polemik gegen die Dichtung der Zeitgenossen, gegen ihre ungelenken, neoklassizistischen, zeitarmen Verse. Bathos selbst war damit Bezeichnung und Symptom zugleich – ein aus der Antike in das Englisch des 18. Jahrhunderts herabgesunkenes Wort. »Bathos is what we ›arrive at‹: not a fall, but what is fallen to; not sinking, but what is sunk to. It is not a fluctuation in value, a relative ›growing mean‹ within the circulation of values, but the absolute value fixed at the bottom.«[200] Das heißt auf Deutsch: »Bathos ist da, ›wo wir ankommen‹: nicht ein Sturz, sondern das, wohin wir stürzen; kein Sinken, sondern die Senke. Es ist keine Wertschwankung, kein relatives ›gemein werden‹ innerhalb des Kreislaufs der Werte, sondern der absolute am Boden fixierte Wert.«[201]

---

197 Simon Critchley: Unendlich fordernd. Ethik der Verpflichtung, Politik des Widerstandes. Übersetzt von Andrea Stumpf und Gabriele Werbeck. Zürich, Berlin 2008.

198 The Concise Oxford Dictionary. Oxford 1949. Seite 92.

199 Alexander Pope: The Major Works. Oxford 2006. Seite 195–238.

200 Keston Sutherland: Wrong Poetry, in: Stupefaction. A Radical Anatomy of Phantoms. London 2011. Seite 176.

201 Keston Sutherland: Wrong Poetry, in: Stupefaction. A Radical Anatomy of Phantoms. (ÜS MR) London 2011. Seite 176.

Fensterläden schlagen im Wind. Der Korridor kühlt ab, im Windzug rappelt die Tür wie eine Attrappe, das Feuer verlischt. Ob es diesen absoluten Wert wirklich gibt, ob er also menschenmöglich ist, fragt sich indes der Idiot und möchte Sie erneut an die Begriffe erinnern, die Ihnen auf dem Feld der Humortheorie bereits begegnet sind: Ersparnis, Vernichtung, Inkongruenz, Enttäuschung und Überraschung – und er möchte Sie bitten, sich einen gut besuchten Jahrmarkt vorzustellen, genauer eines dieser hohen Fahrgeschäfte, den sogenannten Freifallturm. Eine Kabine wird einen hohen Turm heraufgezogen und dann zum schrillen Vergnügen aller Passagiere am höchsten Punkt fallen gelassen, bis sie am Fuß des Turmes mehr oder minder abrupt gebremst wird. Der Holiday Park in Haßloch zum Beispiel hat diese Attraktion unter dem Namen »Anubis Free Fall Tower« in seinem Programm. Dies sind Fahrgeschäfte, die den Weg von Pathos nach Bathos am eigenen Leib erfahrbar werden lassen.

Der Moment des plötzlichen Richtungswechsels wiederum ist Sache von ausgeklügeltem Timing. Im Miteinander von Dauer und Augenblick kommt es ja zuweilen zum Ausspiel des Umständlichen. Aber auch Abkürzungen und Kurzschlüsse kommen vor. Wenn Sie nun im »Tristram Shandy« erneut ganz schnell vorblättern, so fahren Sie den Turm hinauf, der das ganze Buch ist. Und stürzen gleich hinab. Sie erfahren nämlich zuletzt, dass es sich bei der ganzen Geschichte eigentlich um eine billige »Cock-and-Bull«-Story handele. Ob das nun bereits der tiefste Punkt gewesen sein wird?

Wohl kaum. Denn das Ende ist generell immer möglich. »Ist's nicht schändlich, zwei Kapitel aus dem Geschehen beim Hinabsteigen einer Treppe zu machen? Denn weiter als bis zum ersten Treppenabsatz sind wir bis jetzt nicht gekommen, und es sind noch weitere fünfzehn Stufen nach ganz unten, und wer weiß, da mein Vater und mein Onkel in Plauderlaune sind, kanns leicht ebensoviel Kapitel als Stufen geben; wie dem auch sei, Sir, ändern kann ich's so wenig wie mein Schicksal: – Da überkommt mich eine plötzliche Eingebung – lasst den Vorhang fallen, Shandy – ich lass ihn fallen – Mach hier einen Strich quer übers Papier,

Tristram – ich mache ihn – und hepp, auf geht's in ein neues Kapitel!«[202] So wechselt Sterne quick die Register, nimmt die Dinge in die Hand, die zuvor nur als Worte da waren, tauscht die Bilder aus, macht konkret, was neblig in der Sprache lag, baut an und fährt mit uns über die vielen tausend Nebentrassen seiner narrativen Achterbahn. Eia!

Aufgefordert, die Abschweifungen und Umständlichkeiten wegzulassen, könne man das Buch gleich mit weggeben, beschwert sich Sterne. Verteidigt er sich. Die Dauer wird in die Länge gezogen, sie wird wie ein Gummiband überdehnt, um dann, im Moment der Pointe, wenn es gutgeht – aber wohl genauso, wenn es schlecht geht – zurückzuschnerren. So lässt sich sagen: »Tristram Shandy« ist der längste kürzeste Witz der Welt. Und die Schnurre schnerrt zusammen. Es ist eine Geschichte, die von beiden Enden her erzählt wird – der Anfang ist nämlich nur vorgeblich der Beginn, wenn das Vorwort in der Mitte steht. Das ist klar.

Und wenn Sie eine Geschichte von beiden Enden her erzählen können, können Sie auch eine Kerze an beiden Enden anzünden. Der Idiot zitiert: »Es ist Jammer und Schade – aber, wie die tägliche Beobachtung lehrt, gewiss, dass der Mensch wie eine Kerze an beiden Enden angezündet werden kann – woferne nur ein hinlänglicher Docht hinaus steht; fehlt's daran – so ist's Essig damit, fehlt's nicht daran – und steckt man ihn unten an, so hat die Flamme gemeiniglich das Pech, sich selbst auszulöschen – und dann ist's abermal Essig damit.«[203]

Das pathetische Bild eines sich selbst verzehrenden leidenden oder leidenschaftlichen Lebens wird sofort konterkariert von den »bathetischen« Besorgnissen, die dem Bild selbst entspringen. Denn man müsse diese Lebenskerze schließlich auch auf die rechte Art halten, damit das funktioniere, was offenbar nur so tut, als sei

202 Laurence Sterne: Leben und Ansichten von Tristram Shandy, Gentleman. Übersetzt und herausgegeben von Michael Walther. Berlin 2006. Seite 327.

203 Laurence Sterne: Leben und Ansichten von Tristram Shandy, Gentleman. Übersetzt und herausgegeben von Michael Walther. Berlin 2006. Seite 635.

es Fatum. Und das ist Sterne noch nicht genug, er geht noch einen Schritt weiter, mitten in die körperliche Konkretion – er brennt sich vom Pathos ins Bathos herunter. Sehr zur hellen Freude der Vernunft.

»Wenn ich für meinen Teil verfügen könnte, auf welche Art ich verbrannt werden möchte – denn so bestialisch verbrennt zu werden, der Gedanke ist mir unerträglich – so würd' ich eine Hausfrau allemal in die Pflicht nehmen, mir die Spitze zu entflammen; denn alsdann könnt' ich hübsch ordentlich bis zur Tülle niederbrennen; nämlich, vom Kopfe zum Herzen, vom Herzen zur Leber, von der Leber zu den Eingeweiden und so fort durch die Gekrösnerven und -arterien, durch all die Windungen und Seitenschnitte der Gedärme und ihrer Häutchen bis zum Blinddarm« – hier folgt eine plötzliche Unterbrechung zur Erörterung der geschlechtsspezifischen Lage des Blinddarms – und sogleich das nächste Kapitel.[204]

Diese Herangehensweise des Bildes an sein leibliches Material führt uns geradewegs zu den grotesken Körpern, die die zentrifugalen Erzählbewegungen des »Tristram Shandy«, quasi dessen ausufernde Struktur reflektierend, bewohnen. Wie die menippische Satire die eigene Formlosigkeit begrüßt, begrüßt der groteske Körper feixend seine hyperbolische Deformierung. Huch, die Kerze brennt an einem Ende eigenartigerweise viel schneller. Ach. Und jetzt brennt auch noch die Nase. Schluss. Wir wollen endlich ins Theater gehen, schreit der Idiot und knallt die Türen.

204 Laurence Sterne: Leben und Ansichten von Tristram Shandy, Gentleman. Übersetzt und herausgegeben von Michael Walther. Berlin 2006. Seite 635f.

Die Verwechs- lungen hören nicht auf

Sie kennen Büchners berühmte Komödie »Woyzeck«? Dann kennen Sie sicherlich auch das Trauerspiel »Leonce und Lena«. Falls Ihnen diese Fragen nicht widersinnig erscheinen, kennen Sie vermutlich weder »Woyzeck« noch »Leonce und Lena«. Ah, das war ein Scherz. Dennoch: Bitte lassen Sie diese Brille noch einen Moment auf. Es scheint einfacher zu sein, das komödiantische Potenzial in »Woyzeck« freizulegen, als die tragische Grundtendenz in »Leonce und Lena« erkennen zu wollen. Oder ist es umgekehrt? Es ist ja häufig so, sagt Henri Bergson, dass »die Komik vor allem eine besondere Unfähigkeit des Menschen, sich der Gesellschaft anzupassen, widerspiegele«[205] und dass dort, wo sich ein Mensch gegen die Integration in die Gesellschaft sträube, eine Versteifung eintrete.[206] Diese Versteifung werde allerdings von der Gesellschaft nur sehr ungern gesehen; daher diene das Lachen – als demütigende Korrektur – zur Rekollektivierung des Versteiften. »Bergsons präfaschistische Lachtheorie (...) erweckt Grauen. (...) Lachen, nur unter Menschen möglich und nur verbunden mit einer gewissen – und wie wir gleich sehen werden, notwendigen – Empfindungslosigkeit, gilt dem Nicht-Lebendigen, Starren, Mechanischen, Dinghaften, Unangepassten. Die Gesellschaft ein Körper,

---

205 Henri Bergson: Die Charakterkomik, in: Das Lachen. Übersetzt von Roswitha Plancherel-Walter. Hamburg 2011. Seite 97.

206 Andere Übersetzungen haben auch Verkrustung oder Kruste. So geht eine übersetzerische Tendenz ins Phallisch-Rheumatische, die andere ins Verschorft-Linksalternative. Man weiß nicht, was einem lieber ist.

der wie ›Leben‹ überhaupt, der Gespanntheit und Elastizität bedarf. Was dieser Forderung nicht entspricht, ist – im Interesse des Lebens – auszumerzen. Stellvertretend hierfür steht die Strafe – eine ›soziale Geste‹ – des Lachens.«[207]

Ein eigenartig fühlloses Miteinander tut sich in dieser Theorie auf, was Ihnen ein weiteres Mal zeigt, dass das Komische nicht zu verharmlosen ist. Freilich bewegen Sie sich hier auf schlingerndem Terrain, denn der verrohte Mensch kann schließlich über alles lachen. Diese Möglichkeit sollte Ihnen kein Argument sein. Der Idiot nimmt einfach einmal an, dass Sie nicht zu diesen Menschen gehören. Doch selbst dann: Hilft es dem Unglücklichen zu wissen, dass Sie nicht wegen, sondern trotz seines Unheils lachen?

Komik und Schauer »haben bei aller Gegensätzlichkeit der Wirkung manches miteinander gemein, etwa die Entgrenzung des Verstandes zugunsten der Einbildungskraft. Komik und Schauer konvergieren in einer physiologischen Wahrnehmungsästhetik. (...) Im Schauer als präreflexiver, körperlich nervlicher Sensation der Empfindungen werden die ungelösten Fragen und abstrakten Antworten der Philosophie mit unmittelbarer, konkreter Daseinsangst beantwortet. Im Komischen hingegen, dessen Dimension vom Vorreflexiven zum Reflexiven reicht und aus der Plötzlichkeit und Unvermitteltheit ihres Zusammentreffens lebt, wird das Philosophieren zentral.«[208] Hm, aber stimmt das auch? Lassen Sie es einstweilen so stehen.

Hier kommt die schwer leserliche, aber schier evidente Urteilskraft des Körpers ins Spiel, außerdem: Angst als Gegenüber von Philosophie. Sowohl das Gelächter als auch der erschreckte Aufschrei gehören zu den Formen des reflexhaften Ausdrucks, die wir als Realsubstrat (einer kultischen Handlung) fassen wollen. »Lachen, so sehr Auszeichnung der empirischen Subjekte auf den ersten

207 Klaus Heinrich: »Theorie« des Lachens, in: dämonen beschwören katastrophen auslachen. Frankfurt am Main und Basel 2013. Seite 67f.

208 Ingrid und Günther Oesterle: Zwei schöpferische Momente, in: Georg Büchner Jahrbuch 3 (1983). Seite 166f. Zitiert nach: Georg Büchner Werke und Briefe. Münchner Ausgabe. München 2009. Seite 590f.

Blick, lässt auf den zweiten Blick die empirischen Subjekte verschwinden. Die konvulsivische Bewegung kennt nicht Subjekt noch Objekt.«[209] Es sind Körperregungen, die auf unabhängige Art für die psychosomatische Wirklichkeit einstehen, seien sie ausgelöst durch ein kultisches Ritual, eine innere Verwerfung oder eine ästhetische Erfahrung. Gottesschau und Theater kommen aus der gleichen sprachlichen Wurzel: *theoria*. Aber das wissen Sie ja.

Der Idiot lacht (Demütigung und Korrektur) – über ein Laster, das ihn nicht bewegt, und unterstreicht hiermit erneut, dass mangelnde Empathie eine Voraussetzung für Amüsement sein kann. Wünschte sich Büchner, dass im imaginären Publikum des erst 1895 in München erstaufgeführten Dramas »Leonce und Lena« eine Lachgemeinschaft entstünde, ein heiteres oder höhnisches Bündnis gegen die turtelnden adeligen Nichtstuer? Heutzutage erkennt man schon an, dass die Eliten fleißig arbeiten, aber oft in leerer Emsigkeit ausbrennen, hilflos angesichts unendlich komplexer globaler Vernetzungen des Marktes – zumindest stellt man es gerne so dar. Das Geschehen an den Börsen als Orakel von Delphi jeweils zur vollen Stunde versendet und im Glutkern der Symbolischen Ordnung ein komplett imaginäres Verdampfen – das ist nicht ohne Witz.

In der Komödie zeigt sich exemplarisch, dass die Symbolische Ordnung bekanntermaßen durch ihr Misslingen glückt. Die ganze Komödie spricht dafür – und lacht deswegen. Das Lachen ist damit sowohl die Anerkennung der Ordnung als auch ihr Unterlaufen, weswegen Baudelaire es zu den künstlerischen Phänomenen zählt, die dem Menschen seine Mehrdeutigkeit offenbarten, »das Vermögen zugleich man selber und ein anderer zu sein. (...) Das Ich, das unter dem Einbruch der Triebladung, die das Symbolische zerreißt, lacht, ist nicht das Ich, das beobachtet und erkennt.«[210] Aber es trägt zumindest noch die Kontur des beobachtenden Ichs,

209 Klaus Heinrich: »Theorie« des Lachens, in: dämonen beschwören katastrophen auslachen. Frankfurt am Main und Basel 2013. Seite 52.

210 Julia Kristeva: Die Revolution der poetischen Sprache. Übersetzt von Reinold Werner. Paris 1974. Seite 217f.

etwa nach der Art, wie Bergson das Lachen als Schaum auf den Wogen beschreibt, der auf der Oberfläche den Aufruhr in der Tiefe nachbildet.[211]

Gelächter muss allerdings rückübersetzt werden, wenn es seinen kritischen oder erkenntnisrelevanten Part einholen will. Vorerst flutet es die Urteilskraft, es flutet den ganzen Erkenntnisapparat und es kommt aus der Tiefe, von unten. »Dieses Lachen steigt auf aus der Körpermitte, scheinbar eine wilde, unüberlegte, reflexhafte Reaktion gegen alles Kultivierte und alle disziplinierenden Zumutungen. (...) Der alberne Strudel macht vor Nichts halt, d. h., er hält nicht eher ein, als bis das Nichts erfahren worden ist. In den Krämpfen der Albernheit wird das Bedeutende aus dem Körper geschwemmt bis zur körperlichen Erschöpfung; eine Vernichtung alles bürgerlich Repräsentativen nicht nur, sondern – weit radikaler – der Ordnung von Repräsentation. Es gibt nur noch Zeichen, kein Bezeichnetes, nur Worte oder Gesten, keinen Sinn.«[212]

So aus sich heraus gelacht lässt die Komödie den Zuschauer im besten Fall erschöpft und heiter, untätig zurück. Die Tragödie dagegen dürfe, so die antike Rhetorik, als Vorbereitung auf kommendes Unheil gelten – und sei schon allein deswegen der Komödie überlegen, die sich etymologisch etwas unsicher entweder von *komoi*: »ausgelassene Umzüge mit allerlei Schabernack« oder *komai* herleitet: Vororte, in denen die als ehrlos aus der Stadt vertriebenen Komödianten umherziehen.[213] Lesen Sie jetzt bitte sofort das Gedicht »Gott verlässt Antonius« von Konstantin Kavafis in deutscher oder als »The God Abandons Antony« in englischer Übersetzung. Das finden Sie schon. Abschied nehmend von der Stadt Alexandria hört Antonius das Jauchzen und Musizieren eines Bakchantenschwarms vorüberziehen, er möge sich nicht so

211 Henri Bergson: Das Lachen. Übersetzt von Roswitha Plancherel-Walter. Hamburg 2011. Seite 136.

212 Gert Mattenklott: Albernheit, in: Ästhetische Opposition. Essays zur Literatur, Kunst und Kultur. Hamburg 2010. Seite 174f.

213 Rudolf Helmstetter: Der Winter unseres Missvergnügens, in: Robert Pfaller (Hg.): Schluss mit der Komödie. Zur schleichenden Vorherrschaft des Tragischen in unserer Kultur. Wien 2005. Seite 75.

weit erniedrigen, dies --- ach, so geht das nicht, lesen Sie einfach das Gedicht, in dem Tragik und Komik auf dem Höhepunkt zusammenkommen.

La Commedia

La Tragedia

Davon abgesehen: Das Personal der Tragödie entstammt den höheren Klassen, Götter treffen dort auf Halbgötter, auf Könige und Königinnen, metaphysische Ordnungen kollidieren. Die Komödie rangiert unter den niedrigen Gattungen, und ihr Personal entstammt dem niedrigen Stand. Das ist in unserem Beispiel nun allerdings umgekehrt: »Woyzeck« spielt im einfachen bis verelendeten Milieu, das Lustspiel »Leonce und Lena« ist im Hochadel der Kleinstkönigtümer Pipi und Popo angesiedelt.

Freilich entsprechen der Komödie und der Tragödie unterschiedliche Menschenbilder, die sich seit der Antike immer wieder gewandelt haben. Es zeigt sich ihr je eigenes Verhältnis von Fiktion und Wahrheit, von Ich und Ich-Ideal, Subjektivierung und Objektivierung, Handlungsfähigkeit und fatalistischem Ablassen, von Freiheit und Vorsehung und was dergleichen Oppositionen mehr sind.

Hm, das Komische an einem Menschen sei also laut Henri Bergson das, was an ein Ding erinnere. Das, was an einen starren Mechanismus oder Automatismus, einen seelenlosen Rhythmus denken lasse.[214] Ist es vielleicht so: Da das Ding doch noch Seele hat, entwringt sich Komik, als würde man beides gegeneinander verdrehen? Hier geistert die Idee der körperlichen Unempfindlichkeit herum, die in vielen Slapstickfilmen anschaulich wird. Der Begriff des Slapsticks leitet sich übrigens ab von der Klatsche, die der Harlekin der *commedia dell'arte* zum Einsatz kommen lässt. Sie ist laut, aber wenig schmerzhaft, heißt es. Sie kennen den Einsatz der Klatsche, genauer des Stocks, im Zusammenhang mit philosophischer und religiöser Lehre, vielleicht auch aus eigener Erfahrung.[215] Büchner führt an einigen Stellen in beiden Dramen eine Art von philosophischem Slapstick vor – unter dem vor allem Woyzeck zu leiden hat. Büchners Hohn gilt denen, die Philosophie, Wissenschaft generell, nutzen, um Hierarchien zu befestigen, um Menschen mittels wissenschaftlichem Fortschritt zu demütigen. Und dieser Fortschritt nimmt zur Zeit Büchners enorm an Fahrt auf.

»Der Status des Menschen im Denken der Moderne ist von Grund auf uneindeutig. Einerseits ist der Mensch eine Tierart unter anderen, und das Tierreich umfasst auch den Menschen; andererseits ist das Menschsein ein moralischer Zustand, der Tiere ausschließt. Im problematischen, disjunktiven Begriff ›menschliche Natur‹ existieren diese beiden Zustände nebeneinander.«[216] Georg Büchner ist vielleicht einer der Ersten seiner Zeit, der die revoltierende Erkenntnis vom biologischen Menschen künstlerisch umsetzt: seine physische Kontinuität bei metaphysischer Diskontinuität. Er schreibt »das Drama des biologischen Menschen, die

214 Henri Bergson: Das Lachen. Übersetzt von Roswitha Plancherel-Walter. Hamburg 2011. Seite 67.

215 Für den Zenbuddhismus gibt die Inschrift der Smaragdenen Felswand, das Bi Yän Lu, viele Anwendungsbeispiele für jenes Schlaginstrument, das der Erkenntnis oder zumindest der Verstörung und dem Erstaunen dient. Bi Yän Lu: Niederschrift von der Smaragdenen Feldwand. Übersetzt und erläutert von Wilhelm Gundert. München, Wien 1960.

216 Eduardo Viveiros de Castro: Perspektiventausch: Die Verwandlung von Objekten zu Subjekten in indianischen Ontologien, in: Albers und Franke (Hg.): Animismus. Revisionen der Moderne. Zürich 2012. Seite 84.

Kritik der reinen Vernunft aus der Natur des Schmerzes«[217]. Zum Beispiel da, wo der Doktor seinen Probanden Woyzeck tadelt, weil der die Auswertung seines Experiments erschwert hat, indem er sich bereits erleichtert hat, und Woyzeck sich mit den Worten verteidigt: »Aber Herr Doktor, wenn einem die Natur kommt.« Doktor: »Die Natur kommt, die Natur kommt! Die Natur! Hab ich nicht nachgewiesen, dass der musculus constrictor vesicae dem freien Willen unterworfen ist? Die Natur! Woyzeck, der Mensch ist frei, in dem Menschen verklärt sich die Individualität zur Freiheit.«[218]

Nähern Sie sich nun bitte dem Menschlichen von seinen Rändern her und aus verschiedenen Richtungen. Betrachten Sie zum einen das astronomische Pferd auf dem Jahrmarkt aus dem »Woyzeck«, Bewusstsein als Sensation!, zum anderen den Auftritt der großartigen Automaten in »Leonce und Lena«. Da preist der Jahrmarktsausrufer seine Menagerie, die aus einem Kanaillenvogel und einem hochbegabten Pferd besteht: »Alles Erziehung, haben eine viehische Vernunft, oder vielmehr eine ganze vernünftige Viehischkeit, ist kei viehdummes Individuum wie viel Person, das verehrliche Publikum abgerechnet.«[219] An diese Art der marktschreierischen Vorführung wird der Leser oder Zuschauer sich später erinnern, wenn Woyzeck im Hof des Professors der Studentenschaft vorgeführt wird. Doch bleiben wir noch einen Moment auf dem Jahrmarkt: »Zeig dein Talent! Zeig dein viehische Vernünftigkeit! Beschäme die menschlich Sozietät! (...) Sehn Sie jetzt die doppelte Räson! Das ist Viehsionomik. Ja das ist kei viehdummes Individuum, das ist ein Person! Ei Mensch, ei tierische Mensch und doch ei Vieh, ei bête. (*Das Pferd führt sich ungebührlich auf.*) So bschäm die Societé. Sehn Sie, das Vieh ist noch Natur, unverdorbe Natur! Lern Sie bei ihm.«[220]

217 So fasste es Durs Grünbein bei einer Podiumsdiskussion im Literaturforum des Brecht-Hauses in Berlin, im Gespräch mit Michael Hagner und Holger Teschke anlässlich der Brecht-Tage 2013.

218 Georg Büchner: Woyzeck, in: Werke und Briefe. Münchner Ausgabe. München 2009. Seite 242.

219 Georg Büchner: Woyzeck, in: Werke und Briefe. Münchner Ausgabe. München 2009. Seite 237.

220 Georg Büchner: Woyzeck, in: Werke und Briefe. Münchner Ausgabe. München 2009. Seite 238.

Das Pferd, so komplettiert durch viehische Vernünftigkeit, hat dem Menschen nun sogar etwas voraus: nämlich, dass es seine Natur nicht verleugnen muss. Der Mensch hingegen wird in eine neue dilemmatische Klemme genommen. Ich erinnere kurz an einen Ausspruch Heinrich Heines, der irgendwo anmerkte, dass die Affen eigentlich auch Menschen seien und nur deswegen nicht sprächen, um nicht zum Arbeiten gezwungen werden zu können. Eine industrielle Utopie sah einmal vor, dass alle Arbeit von Automaten verrichtet werden sollte. Dieses Versprechen wurde allerdings insofern nur pervertiert eingelöst, als Menschen im Dienste des Arbeitsprozesses zu Automaten gemacht und die Arbeit, nachdem es nicht mehr genug von ihr gab, zum zentralen Sinngaranten aufgewertet wurde. Arbeitsagenturen verwalten etwas, das es nicht gibt, als seien sie Kirchenhäuser eines gläubigen Atheismus.

Auch die adligen Heiratsautomaten aus »Leonce und Lena« gehören gewissermaßen zur Gattung von Adornos Automatenmenschen, die starr sind, weil sie sich selber als die Automaten erfahren, als die sie in der Welt verwendet werden: »Nichts als Kunst und Mechanismus, nichts als Pappendeckel und Uhrfedern.«[221] Die Automaten sind auf den Glockenschlag geeicht und kulturell gebildet, in jeder Hinsicht perfektioniert.

Bei den jüngsten Versuchen, die westliche Moderne einer Revision zu unterziehen, wie im Zusammenhang mit der documenta 13 oder der Animismus-Ausstellung, die seit dem Jahr 2010 in Bern, Antwerpen, Berlin und Wien stattgefunden hat, finden sich diverse Ansätze einer emanzipativen Objektivierung oder Selbstverdinglichung – etwa die Sehnsucht der verdinglichten Seele, ganz Ding zu werden.[222] Auch andere nicht-westliche Konzepte von Subjektivität werden debattiert, die von den Beziehungen ausgehen, die

221 Georg Büchner: Leonce und Lena, in: Werke und Briefe. Münchner Ausgabe. München 2009. Seite 186.

222 Irene Albers und Anselm Franke (Hg.): Animismus. Revisionen der Moderne. Zürich 2012. Hier: Diedrich Diederichsen: Beseelung, Entdinglichung und die neue Attraktivität des Unbelebten. Seite 297.

zwischen Menschen, Tieren und beseelten Dingen bestehen. Das führt zu Konzepten von Kollektivität, in denen die Relationen zentral sind, sodass die Beziehungen einerseits in das Wesen Einzug halten und das Wesen andererseits gleichsam durch sie erweitert wird – eine Ausweitung der Sensibilität, der vielleicht ein gesteigertes ökologisches Bewusstsein entspricht.[223]

Woyzeck geht in die pharmazeutische Prostitution, er verpflichtet sich, nur noch Erbsen zu essen, und wird für die Darbietung der krankhaften Phänomene honoriert, die in ihm stattfinden. Dieses Experiment, so nimmt die Büchner-Forschung an, hatte wohl den Zweck, herauszufinden, ob man ein Heer auch mit Hülsenfrüchten allein ernähren könnte. Es geht also letztlich um Rationalisierung. Jüngst war zu lesen: »EU will Tests an Menschen erleichtern.«[224] Unabhängige Ethikkommissionen sollen bei klinischen Tests nicht mehr beteiligt werden müssen – was auf einen niedrigeren Schutzmechanismus hinausläuft, als er beim Tierversuch Usus ist. »Die Europäische Kommission behauptet, das bisher hohe Schutzniveau habe zur Behinderung der Forschung geführt, die Zahl der klinischen Prüfungen in der EU sei von 2007 bis 2011 um 25 Prozent zurückgegangen. Es handelt sich freilich um den Zeitraum, in dem wegen der Wirtschaftskrise Investitionen weltweit eingebrochen sind.«[225] Kurzum: Gewinnmaximierung.

Beweist das nun Büchners Hellsichtigkeit oder unsere Rückständigkeit? Niemals waren Arbeitssklaven so billig wie heute, niemals stellten die weltweiten Gesellschaftsverhältnisse so viele versklavbare Menschen zu einem so günstigen Preis zur Verfügung. 2009 ging die ILO (Internationale Arbeitsorganisation der UNO, die sich für menschenwürdige Arbeit einsetzt) von etwa 12,3 Millionen als Sklaven arbeitenden Menschen weltweit

---

223 Siehe hierzu auch: »Ecopoetics«, ein Lyrikdossier, das in der 60. Ausgabe der Edit erschienen ist, 11/2012, online nachzulesen unter: http://lyrikkritik.wordpress.com2012/11/06/ecopoetics/

224 Aufmacher der Süddeutschen Zeitung am 18. Februar 2013.

225 Aufmacher der Süddeutschen Zeitung am 18. Februar 2013.

aus. Andere Schätzungen setzen die Zahl viel höher an, bis zu 30 Millionen Menschen.[226]

Nein, das ist sicher nicht komisch. Eine erbarmungslose Formel sieht vor: Wer sich nicht hat, kann sich auch nicht verlieren. Der Genuss an der Verdinglichung entspringt einer ganz anderen Logik. Schauen wir uns »Leonce und Lena« an. Die erste Szene zeigt uns Leonce, der dem Hofmeister gegenüber behauptet, er habe alle Hände voll zu tun, da er noch keine 365 Male auf einen Stein gespuckt habe. Seinem Freund Valerio genügt es, den lieben langen Tag das Lied von Fleig an der Wand zu singen. Überhaupt weitet Leonce das Adelsprivileg Langeweile zur generellen Triebfeder des Lebens aus – ihm selbst jedoch reicht es, sie zu genießen, wenn sich zuweilen auch ein melancholisches Verlangen nach Tätigkeit regt.

Die an sich handlungsmächtigen Adligen lehnen jede Anwendung dieser Macht ab. Wenn Valerio nach Wissenschaft, Heldentum, künstlerischem Genie als zweitletzte Möglichkeit der Selbstverwirklichung gesellschaftliches Engagement vorschlägt: »So wollen wir nützliche Mitglieder der menschlichen Gesellschaft werden«, antwortet Leonce unmissverständlich: »Lieber möchte ich meine Demission als Mensch geben.«[227] Woyzeck hingegen wird jede Handlungsfähigkeit abgesprochen, obwohl er rennt, rennt, rennt, bis er im Affekt seine Freundin ersticht, eine Gewalttat, die seine Handlungsfähigkeit gerade nicht unter Beweis stellt.

Bertrand Russells aus der Analyse der reduzierten Kriegswirtschaft gewonnene Einsicht, dass niemand länger als vier Stunden täglich arbeiten sollte, mutet angesichts der weltweiten Realität

226 Ein 92-seitiges pdf-File der Internationalen Arbeitsorganisation aus dem Jahr 2009 mit dem Titel »Die Kosten des Zwangs« ist unter folgendem Link abzurufen: http://www.ilo.org/sapfl/Informationresources/ILOPublications/WCMS_106298/lang--en/index.htm
In verknappter Form: http://business.blogs.cnn.com/2011/03/07/cost-of-slaves-falls-to-historic-low
Zwischen 1980 und 2008 seien allein in Asien 30 Millionen Menschen Opfer von Menschenhandel und Zwangsarbeit geworden, so eine Dokumentation der Roland-Berger-Stiftung aus dem Jahr 2008.

227 Georg Büchner: Leonce und Lena, in: Werke und Briefe. Münchner Ausgabe. München 2009. Seite 172.

von Zwangsarbeit beinah frivol an: »Ich möchte in vollem Ernst erklären, dass in der heutigen Welt sehr viel Unheil entsteht aus dem Glauben an den überragenden Wert der Arbeit an sich, und dass der Wert zu Glück und Wohlfahrt in einer organisierten Arbeitseinschränkung zu sehen ist. (...) Die Moral der Arbeit ist eine Sklavenmoral, und in der neuzeitlichen Welt bedarf es keiner Sklaverei mehr. Niemand auf Erden sollte länger als vier Stunden arbeiten, um in der so gewonnenen Zeit wissenschaftlichen, freundschaftlichen und künstlerischen Neigungen nachzugehen.«[228] Nun ja, man muss mit Moral der Arbeit gar nichts im Sinn haben, um ausgebeutet zu werden. Das ist das Dilemma, das Büchners Lustspiel »Leonce und Lena« mit seinem »Woyzeck« verbindet. Die Komik nimmt kein Ende. Die Verwechslungen hören nicht auf.

228 Bertrand Russell: Lob des Müßiggangs. Übersetzt von Elisabeth Fischer-Wernecke. Wien 1957.

Das allgewusste Leid – die altbekannte Freud

»Dieses Buch dokumentiert die Chronologie der Christine Lavant, die bis zu ihrem Tod weder Ruhe noch Frieden gefunden hat und die in ihrer Existenz durch sich selbst gepeinigt und in ihrem christlich-katholischen Glauben zerstört und verraten war; es ist das elementare Zeugnis eines von allen *guten Geistern* missbrauchten Menschen als große Dichtung, die in der Welt noch nicht so, wie sie es verdient, bekannt ist. Diese Auswahl folgt nur *meinem* Verstand, keinem andern«, schreibt Thomas Bernhard in seinem sehr knappen Nachwort, das seine Auswahl von Lavant-Gedichten beschließt.[229] Er stellt das Leiden in den Mittelpunkt.

In diesen wenigen Sätzen wird das Schaffen der Dichterin straff mit ihrem Leiden verknüpft. Das Tragische soll Sinn, Intensität, Ernst und Größe verbürgen. Der Idiot möchte ja gar nicht leugnen, dass Lavant ein schweres Leben hatte, aber es stört ihn, dass hier die besondere Bedeutung vor allen anderen Qualitäten über das Leid versichert wird – ein gerne gemachter melodramatischer Zugriff, der dem Leid eine größere Tiefe unterstellt als der Freude. Dabei soll nicht geleugnet werden, dass Tragisches sich vollzieht und im Leben von Lavant vollzogen hat.

229 Notiz, in: Christine Lavant. Gedichte. Hg. von Thomas Bernhard. Frankfurt am Main 1988. Seite 91.

Auch will der Idiot nicht behaupten, dass Trauer keinen Ort in der Dichtung habe, nein, nein, nein. Vielmehr bedauert er, dass man sich weithin auf eine Lesart der Lavant geeinigt hat, die das Leid, nicht aber die Freude, durchaus auch die Freude am Grotesken und Fatalen, und Lavants enorme Stärke des Machens, Umwandelns und Übersetzens von Affekten in poetische Formen in den Blick nimmt.

Die schöpferische Kraft ist die Kraft des Machens. Diese sagt nicht nur Ja, die sagt auch Nein zum Bestehenden. Vielleicht am stärksten dort, wo es dieser Kraft gelingt, selbst aus dem Leiden, aus der Traurigkeit etwas zu machen, das als Gemachtes nicht mehr alleine Leiden ist, sondern auch etwas anderes. Sie bringt natürlich auch Schwierigkeiten mit sich, Krisen, Enttäuschungen, Scham. Was soll man dazu sagen. Selbst den Schöpfer reute, kurz vor der Sintflut, dass er die Menschen gemacht hatte. Eine Sintflut zu schicken, so weit würde die Dichterin keineswegs gehen. Aber sie schickt uns etwas anderes: Sie schickt uns einen Segler! Und eine Mannschaft.

> Trau der Mannschaft deines Seglers zu,
> dass sie tüchtig aus der Trunkenheit
> aufstehn könnte, jeder einzeln aufstehn,
> jeder noch bis übers Kinn besoffen,
> aber hingehn und das Seine tun!
> Zwischen Sternen, die zum Teufel gingen,
> ist es herrlich, selbst den Beelzebuben
> so im Leib zu haben wie die Kerle
> deines gottverdammten Leichenkastens.
> Glaubst du denn, der Wind trägt dich dorthin,
> wo du hinwillst? – jeder Wind ist herrlich
> und verwandt mit aller Teufelei!
> Ach, für ihn bist du ein Taschenmesser,
> das er einsteckt, ohne es zu merken,
> wenn du durch und durch voll Vorsicht bist.
> Deine Mannschaft, die du bündeln willst,
> und aus ihrem Rücken Riemen schneiden,
> schnitzt für dich aus einer Erdnussschale

noch ein viel zu großes Rettungsboot.
Hau jetzt ab samt deiner Nüchternheit!
Dieses Schiff wird nie verständig werden –
melde oben bei dem Bootsverleiher,
dass wir brüllend und das Maul voll Suff
seine Sterne aus der Hölle holen.[230]

Spüren Sie die ungeheure Kraft, die von diesem Gedicht ausgeht? Fast will man es packen und damit raufen. Der Idiot hat es vor einigen Wochen den versprengten übriggebliebenen Teilnehmern einer Romantikkonferenz in Frankfurt vorgelesen, das war in der U-Bahn, und was sich vorerst nur an die drei Bekannten richtete, wollte sogleich lauter werden und sich hinaus, an alle Passagiere wenden. Das Gedicht schien zudem, gerade im Rückblick auf die Frankfurter Konferenz zur deutschen Romantik, über eine allem anderen überlegene Direktheit zu verfügen, eine Nähe zu den eigenen Beweggründen, auch den eigenen Abgründen? Nun ja, nur dann, wenn das der Abgrund ist, wo der Motor steht.

Trau der Mannschaft deines Seglers zu,
dass sie tüchtig aus der Trunkenheit
aufstehn könnte, jeder einzeln aufstehn,
jeder noch bis übers Kinn besoffen,
aber hingehn und das Seine tun!

Aus einer Regression, der Vorherrschaft einer unkontrollierten Stimmung, einer Laune, einer Trübsal vielleicht auch, oder einfach des Rausches, wenn wir das Gedicht beim Wort nehmen wollen: *steht die Mannschaft auf.* Sie kann das – und zwar *weil* man es ihr zutraut. Die Mannschaft deines Seglers – das ist bereits eine Ermächtigung des Lesers: Sie haben eine Mannschaft, Sie

230 Trau der Mannschaft deines Seglers, in: Christine Lavant: Zu Lebzeiten veröffentlichte Gedichte. Hg. und mit einem Nachwort von Doris Moser und Fabjan Hafner, in: Christine Lavant: Werke in vier Bänden. Hg. von Klaus Amann und Doris Moser. Im Auftrag des Robert-Musil-Instituts der Universität Klagenfurt und der Hans Schmid Privatstiftung. Bd. 01. Wallstein Verlag, Göttingen 2014. Seite 136.

haben einen Segler, und offenbar ist es Ihrer. Sie müssen ihm nur trauen. Das vollbringt Lavant bereits in der ersten Zeile. (Eine andere Lesart könnte behaupten, das Gedicht adressiere in der ersten Zeile Gott, aber warum müsste es dann in der letzten Zeile zur dritten Person überwechseln ... Nein, der Idiot ist sich ziemlich sicher: Sie sind gemeint, er ist gemeint, wir sind gemeint.)

Welche Mannschaft steht hier auf? In den Seilen hingen die Matrosen. In Hängematten dämmerten sie schaukelnd im Dunklen. Nun erheben sie sich: Sind es die inneren Vermögen, die Geisteskräfte, die Intuition, der Wunsch zur Gedankenbildung, der Erfindungsreichtum, die List, die unbedingte Entschlossenheit, oder auch die Wut? Sie liegen in einer flüssigen Stimmung – sind fest und fluid.

Der Idiot denkt sich hier die Deutung als eine Art von Wasserwaage, die er dem Gedicht entgegenhält. Wie aber sähe das aus? Was würde geschehen, in dieser Schieflage – und wo ist oben? Wir wissen alle, wie eine Wasserwaage ausschaut, aber nun stellen Sie sich einmal vor: ein offenes Wasser, das sich selber wiegt, oder zwei ineinanderfließende Wassermassen, die sich im Gleichgewicht oder gar im Lot halten. Fluten, mit Hilfe derer Sie feststellen können, ob Sie im Begriff sind, das Bild gerade anzubringen. Ein gerade angebrachtes Bild – und dagegen die elementare Gewalt von Wassermassen als eine Art von Waage. Ein widersinniger Gedanke? Vielleicht. Aber das tüftelnde präzise Heranhalten und das Geflutetwerden sind beide gleichermaßen Teile des Gedichts.

Man nennt das Innenleben der Wasserwaage übrigens Libelle. Das erklärt sich so: Die Libelle ist der lateinische Begriff für kleine Waage. Die Libelle wurde also aufgrund ihres Waagrechtstehens mit einer technischen Vokabel der Messtechnik benannt, nicht umgekehrt. Und der Idiot vermutete eben noch ein mit blau schillerndem Leib so schrill wie still in der Luft stehendes Insekt in der Wasserwaage vorzufinden: Sag mir Libelle, ist alles gerade? Sag mir Libelle, steh ich im Lot? Sie sehen: Bereits auf der Ebene der Worte ist beides vereint. Der Idiot zitiert aus dem etymologischen Wörterbuch: »Das schön gefärbte, während des

Fluges blitzschnell Richtung und Flughöhe ändernde Raubinsekt nennt Linné (18. Jh.) zoologisch-lateinisch LIBELLULA. Dieser Name ist eine gelehrte diminuierende Bildung zu lat. libella, seinerseits Deminutivum von lat. LIBRA (Blei- oder Wasser-) Waage, weil die Flügel während des Fluges waagrecht angespannt sind. Daraus neuhochdeutsch: Libelle.«[231] Eine doppelte Verkleinerung musste vorausgehen, bis die Waage in der Lage war, die Libelle zu benennen. Lassen Sie diese ruhig über den Süßwasserseen stehen, über den stillen schattigen Teichen im Wald, und wenden Sie sich bitte erneut der Mannschaft Ihres Seglers zu.

Oder nein, gestatten Sie noch eine kleine Abschweifung, es war ja so: Der Idiot las Lavant auf dem Weg zurück von Frankfurt nach Berlin, und wie das regnete an diesem Wochenende! Der Regen stürzte und riss an den Fenstern entlang und der Idiot raste mit dem ICE-Sprinter, der zwischen Frankfurt und Berlin nur ein einziges Mal hält, mit 300 Stundenkilometern durch die Landschaft und las Lavant. Der Idiot las Lavant auf einem rasenden Schalensitz und sauste durch die grünsten, tiefsten, nassen, von oben und unten grün durchnässten allergrünsten Wiesen – die Wiesen tranken, die Flüsse tranken, die Büsche und Bäume tranken, und das Laub trank. Alle trunken. Auch die Fußballfans übrigens, zwei Wagen weiter, aber das machte nichts. Es schauerte den Idioten schier vor Fülle. Und die Gedichte Lavants schienen alles noch zu beschleunigen und zu verstärken, der Idiot spürte auch die Gewalt, die die Geschwindigkeit dieses Zugs war, er spürte die durchtränkte grüne, in allen Grüntönen sich hingebende Fülle der umnebelten Landschaft viel stärker, indem er die Gedichte las und spürte die Gedichte so viel stärker, indem er durch diese satte Frühlingslandschaft raste. Diese nassen Frühlingstage, in denen die Luft vor duftender Sattheit fast die Farbe verändert, manchmal harzig vor Duft ist, die satten Wiesen, wieder der Duft und das Losbrüllen der Vögel. Ein Lebensgefühl, könnte er als Idiot sagen, wenn das Wort vom Gebrauch nicht so verhunzt wäre. Sagen Sie ihm zuliebe dennoch: ein Lebensgefühl.

231 Etymologisches Wörterbuch des Deutschen. Erarbeitet unter der Leitung von Wolfgang Pfeifer. Berlin 1993. Seite 797.

Trau der Mannschaft deines Seglers zu,
dass sie tüchtig aus der Trunkenheit
aufstehn könnte, jeder einzeln aufstehn,
jeder noch bis übers Kinn besoffen,
aber hingehn und das Seine tun!
Zwischen Sternen, die zum Teufel gingen,
ist es herrlich, selbst den Beelzebuben
so im Leib zu haben wie die Kerle
deines gottverdammten Leichenkastens.

Die Sterne sind zum Teufel gegangen, freiwillig etwa? Können die dann oben noch leuchten? Vielleicht. Vielleicht blieb ihr Licht am Himmel stehen und es stürzten alleine die Sterne hinab, dies ist ein Sinnbild der Apokalypse. In der Offenbarung des Johannes heißt es: »Und die Sterne des Himmels fielen auf die Erde wie die Winterfrüchte vom Feigenbaum, wenn er vom Sturmwind geschüttelt wird.«

Sie kennen die stürzenden Sterne auch von der Dürer'schen Darstellung der Melancholie. Davor kauert brütend sie selbst und keine Hilfe sind ihr die allegorisch um sie her drapierten Wissenschaften, doch Flügel hat sie, das sollten Sie nicht vergessen. Einstweilen hat die Melancholie ihre Flügel nur, um nicht zu fliegen, doch irgendwann, irgendwann wird sie prüfend ihre Flügel entklappen und sich in die Lüfte erheben, um endlich durch den sternenlosen Himmel gleitend von oben zu sehen, wo sie sich einmal befand.

Doch wo befinden wir uns? Auf dem Meer? Rollen die Sterne nun in der Hölle herum, und der Idiot befände sich ebendort ... zwischen den Sternen? Oder geht es um die Distanz – dann meinte das Wort *zwischen* die Spanne zwischen Firmament und Hölle und umfasste demnach alles, was zwischen den Sternen und der Hölle liegt. Das hieße, es gäbe sie nun bereits zweimal?

Nun ja, Sie werden sehen. Interessant ist hier ein Vergleich mit Badious Gedanken zu einem langen Piratengedicht von Pessoa (Alvaro de Campos), der »Meeresode« – in einem Aufsatz, dem

Badiou den Titel »Grausamkeiten« gegeben hat, worin Selbstauflösung und Wildheit, melancholische Regression, die paradoxe Verbindung von leidendem und fühllosem Körper zur Sprache kommen. »Und da, (...) was zu verinnerlichen ist, das reine Mannigfaltige ist, jene ›Summe aus Greueln, Schrecknissen, Schiffen, Menschen, Meer, Himmel, Wolken, Brise, Breitengrad, Längengrad, Stimmengewühl‹. Am Ende erweist sich das Reale immer als Prüfung des Körpers.«[232] Dem aber schlössen sich Vorstellungen an, die den Körper als ein unsterbliches Wir-Subjekt dachten, das fühllos, weil ewig sei. In der Grausamkeit komme der leidende und der fühllose Körper quasi christushaft zusammen. Bei Lavant aber ist es nicht das Bild des leidenden inkarnierten Gottes, sondern vielmehr der einverleibte Beelzebub.

Dass es herrlich sei, den Beelzebuben im Leib zu haben: Sie können annehmen, dass der Pirat womöglich vom Teufel besessen ist, aber weil hier das Adjektiv »herrlich« bestimmt nicht unbedacht platziert worden ist, ist ebenso denkbar, dass Lavant auf gewisse theologische Konzepte anspielt, in denen der gewaltige, mächtige Gott auch noch den Teufel beinhaltet, ihn dominiert, indem er ihn in die eigene Omnipräsenz integriert. Aber es ist ja ein Vergleich: »herrlich, selbst den Beelzebuben / so im Leib zu haben *wie* die Kerle / deines gottverdammten Leichenkastens«. So wird nun wieder zu Ihnen gesprochen – es ist *Ihr* gottverdammter Leichenkasten. Ah. Weiter mit der Herrlichkeit, denn: Auch jeder Wind ist herrlich!

> Glaubst du denn, der Wind trägt dich dorthin,
> wo du hinwillst? – jeder Wind ist herrlich
> und verwandt mit aller Teufelei!
> Ach, für ihn bist du ein Taschenmesser,
> das er einsteckt, ohne es zu merken,
> wenn du durch und durch voll Vorsicht bist.

232 Alain Badiou: Grausamkeiten, in: Das Jahrhundert. Übersetzt von Heinz Jatho. Zürich, Berlin 2006. Seite 144.

Und ja, im Wind sind göttliche *und* dämonische Anteile – und der Geist ist ebenso darin. So sagt es Jesus in einer nächtlichen Szene im Johannesevangelium. Nikodemus hat ernsthafte und drängende theologische Fragen, die ihn nicht zur Ruhe kommen lassen und die er hofft, mit Jesus zu besprechen. Sie betreffen zum Beispiel die Wiedergeburt durch Taufe: Wie kann denn ein Mensch geboren werden, wenn er alt ist? Und Jesus antwortet, die mütterliche Position übergehend: Ihr müsst von oben geboren werden. Und schließt dann an: »Der Wind weht, wo er will, und du hörst sein Sausen wohl, aber du weißt nicht, woher er kommt und wohin er geht. So ist es mit jedem, der aus dem Geist geboren ist.« Eine dunkle und verrätselte Antwort, aber auch eine Antwort, die von der Willkür und Wendigkeit des Windes berichtet. Willkürlich wie der Wind, naturhaft und göttlich. In einigen Schichten setzt sich dies in der Bibel, stärker noch in den Ritualen des Volksglaubens fort. Denken Sie zum Beispiel an das Kirchlein zum Bösen Segen! In Südtirol, gleich nebenan in St. Hippolyte, an das Gewitterkirchlein. Die Willkür und Wendigkeit des Windes, ein Windstoß, der Gedanken bringt und nimmt, der zerstreut und inspiriert – man kennt das. Die gewohnte Konzentration wird schwer, aber es kommt eine andere Gewalt hinzu. Und die Haare flattern am Kopf, als seien sie selbst die Gedanken, die wegwollen.

> Glaubst du denn, der Wind trägt dich dorthin,
> wo du hinwillst? – jeder Wind ist herrlich
> und verwandt mit aller Teufelei!
> Ach, für ihn bist du ein Taschenmesser,
> das er einsteckt, ohne es zu merken,
> wenn du durch und durch voll Vorsicht bist.

Die Willkür des Windes muss bejaht werden. Und wenn wir hier lesen, er sei herrlich, dann spricht das auch für die Wahrscheinlichkeit der obenstehenden Deutung, dass das erste Auftreten des Adjektivs »herrlich« von Lavant bewusst im Sinne der Herrlichkeit des Herrn gesetzt worden ist. Für ihn sind Sie ein Taschenmesser, mobil, praktisch, klein, ohne Ort, zum Mitnehmen, etwas, das sich vergessen lässt, am Ort der Jause, wenn man weiterziehen muss, das aber bisweilen unersetzlich ist. Hier ist es der Wind, der es mitnimmt. Aber nur dann, wenn man selbst so gar nichts mit dem Wind gemein hat. Ist man aber wie der Wind, trägt man Anteile des Windigen in sich, wird der Wind einen nicht so ohne Weiteres in die Tasche stecken können. Freilich, den Elementen ebenbürtig sein zu wollen, ist die reine Hybris – aber vielleicht kann man sie schon beeindrucken, mit einer tollkühnen und wie sinnlosen Tapferkeit, die eigene Schwäche vergessend und fast ausgerenkt vor Energie ... Und ist das womöglich dort, wo auch die Tapferkeit und wilde Hybris der Dichterin hausen?

Rufen wir uns ins Gedächtnis, wie das Gedicht weitergeht:

> Ach, für ihn bist du ein Taschenmesser,
> das er einsteckt, ohne es zu merken,
> wenn du durch und durch voll Vorsicht bist.
> Deine Mannschaft, die du bündeln willst,
> und aus ihrem Rücken Riemen schneiden,
> schnitzt für dich aus einer Erdnussschale
> noch ein viel zu großes Rettungsboot.

Deine Mannschaft, besser gesagt: *Ihre* Mannschaft ist Ihnen offenbar in vieler Hinsicht überlegen. Auf jeden Fall in Sachen Größe! Das Rettungsboot, das sie mir aus einer *Erdnussschale* schnitzen, man stelle sich das vor, ist immer noch viel zu groß für Sie! Wie klein müssen Sie dann sein! Und wie groß ist die Mannschaft Ihres Seglers, der Sie trauen sollen:

> Trau der Mannschaft deines Seglers zu,
> dass sie tüchtig aus der Trunkenheit
> aufstehn könnte, jeder einzeln aufstehn,
> jeder noch bis übers Kinn besoffen,
> aber hingehn und das Seine tun!

Man kann es nicht oft genug wiederholen. Irre Größenverhältnisse – und ein Gedicht, in dem all dies Platz hat, muss noch größer sein als das! Es ist enorm, wie dieses Gedicht die Elemente bergen kann – vielleicht weil es selbst so wie die Elemente ist. Gewiss. Gewiss.

> Hau jetzt ab samt deiner Nüchternheit!
> Dieses Schiff wird nie verständig werden –
> melde oben bei dem Bootsverleiher,
> dass wir brüllend und das Maul voll Suff
> seine Sterne aus der Hölle holen.

Dieses Schiff wird nie verständig werden. Oh. Dieser Satz prägte sich dem Idioten beim ersten Lesen unwiderruflich ein – und er weiß immer noch nicht, ist der Satz unterlegt von wildem Trotz, ist er einfach Behauptung, ist er Versprechen oder Warnung? Bedauernd wird er gewiss nicht gesagt. Wehrt er sich? Verteidigt er sich? Ist es gar die Wut der Dichtung, die hier mitspricht? Gegen die allenthalben an sie herangetragenen Wünsche nach größerer Eingängigkeit? Ein Wunsch, dem bereits in der oben zitierten Passage aus dem Johannesevangelium der Garaus gemacht wird, wenn Nikodemus die Antwort erhält: Der Wind weht, wo er will … Heißt das nicht, Sie müssen die Willkür dessen, was größer und stärker ist als Sie, anerkennen, mehr noch, ihr vertrauen und mit ihr in See stechen: Trau der Mannschaft deines Seglers? Ganz gleich ob das Schiff verständig je werden wird.

Darauf folgt die schier atemnehmende Ankündigung:

> melde oben bei dem Bootsverleiher,
> dass wir brüllend und das Maul voll Suff
> seine Sterne aus der Hölle holen.

Das heißt: Wir, Ihre Mannschaft und Sie, Sie machen die Apokalypse rückgängig. Das kann nur jemand machen, der das Leid erfahren, aber auch herausgefordert hat. Es ist ja durchaus eine gewisse Abenteuerlust zu hören in der ersten Zeile eines anderen sehr berühmten Lavant-Gedichtes: »Ich will vom Leiden endlich alles wissen.« Das bedeutet ja nicht, ich will jetzt endlich alles erleiden, sondern ich will es vollständig, vollkommen wissen.

Hier zeigt sich der Stolz und Triumph des Dichtens, vielleicht sogar der Dichterin! Der Schweizer Literaturwissenschaftler Peter von Matt weist am Ende seines Buches »Wörterleuchten«

darauf hin, dass der Akt großartig selbstbewusster Prahlerei ein kostbares Element der abendländischen Lyrik sei. Stolz, angesichts überdauernder Wirkung, so die Überzeugung Horaz', ihrer lebendigen Weitergabe von Erlebnis und Affekt, angesichts der dichterischen Geste Shakespeares, mit der die Geliebte dem Gedächtnis der Menschheit ewiglich anvertraut wird, wo sie nie zuschanden gehen wird. Dies sei nicht dichterische Eitelkeit, schreibt von Matt, sondern Einsicht in die Tatsache, dass die Menschheit nie ohne Verse gelebt habe und ohne Verse nie leben werde.

Hm, so ungebrochen können Sie dies heute vielleicht nicht mehr sehen – und sagen mit einer bereits anresignierten Hoffnung leise, zudem redensartlich routiniert: Nun ja, dein Wort in Gottes Ohr. Doch halt – haben wir Gott nicht gerade eben in seiner Tätigkeit als Bootsverleiher kennengelernt?

> melde oben bei dem Bootsverleiher,
> dass wir brüllend und das Maul voll Suff
> seine Sterne aus der Hölle holen.

Das ist Lavants Wort in Gottes Ohr – und wir hören nach wie vor sein gewaltiges Echo. Und da die Sterne noch oder wieder am Himmel sind, wovon wir uns Nacht für Nacht bei klarem Himmel überzeugen können, bedeutet dies, dass es Lavant und der Mannschaft ihres Seglers, vielleicht sogar unterstützt von der Mannschaft meines Seglers, und auch der Mannschaft Ihres und eures Seglers, gelungen sein muss, die Sterne aus der Hölle zu holen! Und wie hat sie das, haben wir das gemacht: mithilfe eines Gedichts. Man muss sich um das Fortbestehen des Gedichtes keine Sorgen machen.

Soziale Poetik und asoziale Poetik

Die Blumen schlafen, aber nicht das Gras.
Jean Paul

»Humanity is no poet till it must be.«[233] Die Menschheit ist kein Dichter, bis sie dazu gezwungen wird. Dass die Menschheit zum Dichter wird, scheint nach (Riding) Jackson erst dann einzutreten, wenn es unumgänglich geworden ist. Das heißt aber auch, dass ein solcher Fall eintreten kann, in dem Dichterwerdung ein Muss ist. Poetik, so verstanden, könnte Antwort auf die Frage geben, was den Menschen zum Dichter macht – wie dies vor sich geht und ob es dafür Regeln gibt. Eine soziale Poetik wiederum darauf, was manche Menschen zum Dichter macht und andere nicht, und wie sie sich zueinander verhalten.[234]

Wenn es eine soziale Poetik gibt, muss es auch eine asoziale Poetik geben. Und womöglich handelt es sich bei der asozialen Variante sogar um die Standardposition der Poesie. Nicht nur wegen des aussondernden Abstands, den die Dichterin vom Sozialen nimmt, um es zu analysieren, zu beschreiben, hervorzubringen oder zu negieren. Auch sprachlich und semantisch nimmt der

233 Laura (Riding) Jackson: The Dilemmist, in: The Poems of Laura Riding. A newly revised edition of the 1938/1980 collection. New York 2001. Seite 220.

234 Die vorliegenden Überlegungen gehen auf eine Veranstaltung des Literaturclubs Düsseldorf zurück, die am 3. September 2013 zum Thema »Soziale Poetik« im Salon des Amateurs in Düsseldorf stattfand.

dichterische Text einen gewissen Abstand von der Sprache als einer sozial vermittelnden Instanz für sich in Anspruch, sagt man. Stolz und undurchschaubar, aber vielleicht schon in den Fängen der Selbstmarginalisierung, stünde der Dichter abseits und sagte kaum vernehmlich, nein, sagte laut und deutlich seinen Spruch: »Ich will gar nicht verstanden werden.« Aber waren wir eben nicht schon weiter?

POET ist nicht nur der Dichter auf Englisch, sondern auch die Abkürzung für *Programmable Objective Encryption Technologies*. Im Zweiten Weltkrieg war die sogenannte *Poem Encryption* eine – wenn auch nicht sehr sichere – Methode der Verschlüsselung, denn feindliche Dienste konnten zur Dekodierung meist auf einen veröffentlichten Quelltext zurückgreifen. Sie mussten nur herausfinden, welches Gedicht dem Code zugrunde lag. Um dieser Schwäche zu begegnen, begann der englische Geheimdienstler Leo Marks selbst Gedichte zu verfassen, so zum Beispiel das Gedicht »The Life I Had« – das er 1943 in Erinnerung an seine verunglückte Freundin Ruth verfasste und 1944 der Agentin Violette Szabo zur Verschlüsselung zuwies.[235]

Während Ann Cotten und Monika Rinck unlängst vor einer Diskussionsveranstaltung zur Sozialen Poetik an diesem seltsam statischen Kanal neben der Königsallee durch Düsseldorf gingen, sprachen sie über die dichterische Sprache als eine Form der offenen Verschlüsselung, die von denen, die gemeint sind oder die sich gemeint vorkommen, oder einfacher: von denen, die sie lesen können, auch gelesen werden kann. Für die anderen stellt es gar keinen Verlust dar, das nicht lesen zu wollen, was sie ohnehin nicht lesen können. Wer versteht, der versteht. Ein Vorgang wie eine improvisierte End-to-End-Verschlüsselung, oder einfach:

235 Nachzulesen in Leo Marks: Between Silk and Cyanid. New York 1999. Hier ist der Wortlaut des erwähnten Gedichts »The Life I Had«: The life that I have / Is all that I have / And the life that I have / Is yours. // The love that I have / Of the life that I have / Is yours and yours and yours. // A sleep I shall have / A rest I shall have / Yet death will be but a pause. // For the peace of my years / In the long green grass / Will be yours and yours and yours. //

Angewandte Hermeneutik?[236] So finden sich Leser als Agenten – oder auch spontane Einweihungen statt, und es ergibt sich daraus womöglich sogar neue Sympathie für das Unleserliche, verstanden als poetisch-sozialer Freiraum, der mit der allgegenwärtigen Überwachung durch Algorithmen und der Auswertung ihrer Ergebnisse immer anziehender werden könnte. Der Idiot denkt auch an eine ganz allgemeine, nicht auf die Dichtung beschränkte undurchsichtige Qualität von Verhalten, Erschöpfung, Unlust, Müdigkeit etc., über die Roland Barthes 1977 am Collège de France unter dem Titel »Das Neutrum« eine sehr anregende Vorlesung gehalten hat.[237]

Das Störrische, Sture, Neutrale, die Füllung, zum Beispiel Rilkes Wunsch, die volle Puppe aus der vierten Elegie der halbgefüllten Maske vorzuziehen, den Balg auszuhalten und den Draht und ihr Gesicht aus Aussehn, dann diffundierende Deckerinnerungen, Kautschuk, blinde Scheiben, die angelöste Gummierung, Kies, Gips, Glasmehl, Industrieabfälle, verunreinigte Erden, eine Mousse aus Sand und Silikon, in jedem Fall: Widerstand, der zustande kommt durch das Dazwischen einer unterbestimmten amorphen Materie. Ist das: der herausgezögerte Gedanke? Oder ist das das Eigene, bevor der Begriff in der Lage ist, sich dazu zu finden? Was will ich daraus machen?

Jenny stellte sich das »Hirtengedicht eines Hirtenhundes« vor.[238] Auch der Dichter stellt es sich vor. Und fantasiert sich die dazugehörige vermutlich materialistische Poetik. Und die Sprache, in

236 Eingeweihte und Ausgeweihte und ein seltsam unbestimmter Kult. Man sollte sich zu diesem Anlass zumindest etwas eigensinniger und feierlicher anziehen. Ja, das sollte geradezu ein Bedürfnis sein, ein gleichsam soziales wie asoziales Bedürfnis. Kaum ein anderer Anlass (gemessen am Vortrag von teils sogar noch unveröffentlichten! Gedichten) bietet diese Gelegenheit und legitimiert jede auf sie antwortende Ausführung. Nein, nicht Karneval, vielmehr Erstexpression und Übersetzung als Kostüm. Und das Kostüm des Übersetzers. Das Kostüm der Übersetzerin. Machen Sie auch durch Ihre Garderobe klar, wie unwahrscheinlich die Veranstaltung ist, der sie im Begriff sind beizuwohnen.

237 Roland Barthes: Das Neutrum. Übersetzt von Horst Brühmann. Frankfurt am Main 2005.

238 Jean Paul: Ideen-Gewimmel. Texte und Aufzeichnungen aus dem unveröffentlichten Nachlass. [Nr. 325] Berlin 2013. Seite 70.

der es geschrieben ist. Sodass diese Poetik sinnvollerweise einen grammatischen Lehrfaden und einen Grundwortschatz sowie die Arbeitsplatzbeschreibung eines Hirtenhundes beinhalten könnte. Vielleicht besteht dieses Gedicht auch im Zusammentreiben der Schafe zu besonders kunstvollen Formationen in ganz ausgefuchsten Choreografien, oder es ist ein Duftepos, das man wittern muss, um es zu begreifen.

Es ist ja ein Gemeinplatz, dass sich wie auch immer definierte Soziotope sprachlich von ihrer Umwelt unterscheiden. Der Dichter empfindet dennoch einen erhöhten Legitimationsdruck, zum Beispiel wenn er zu einer Podiumsdiskussion eingeladen wird, die sich selbst den Titel »Irgendwie Lyrik« gegeben hat. Da muss er ja von einer asozialen Position aus sprechen und erwägt kurz zu randalieren, zieht sich dann aber auf die Position der Vermittlung zurück und nimmt nur Gutes sich vor. Eigenartig, wie einen manches stört. »Während der Wahnsinn gleich neben uns sitzt, während wir der Wahnsinn sind, der gleich neben uns sitzt, etc. Aber die Poesie wird scharf vor Erkenntnissen und bitter von Sinnsucht sein müssen, um an den Schlaf der Menschen rühren zu können«, spricht Dieter Sperl in einem etwa achtminütigen Video, in dem er mit dem Auto durch Wien fährt, Ingeborg Bachmann und Kafka zitiert und in einer selbst gesteuerten, dem Verkehrsfluss und seinen Regeln angepassten automobilen Blase über Poetologie reflektiert.[239]

»Humanity is no poet till it must be.« Aber wann und wie muss die Menschheit? Ein Darstellungswunsch ist jederzeit vorhanden. Der zeigt sich auch in den nächtlichen Aktivitäten des schlafenden Gehirns. Da sind die Menschen doch Brüche, überraschende Bedeutungen, assoziative Dringlichkeiten, Doppelbelichtungen und dergleichen gewohnt. Komischerweise erhöht die Bekanntschaft mit dem Traum nicht (oder zumindest nicht automatisch)

239 Dieter Sperl: Driving Statement. Hier zu finden: http://www.youtube.com/watch?v=dorYI4Ob0Zg – zuletzt abgerufen am 6. Januar 2015. Den Hinweis auf das sehr gute Video verdanken wir Ann Cotten.

das Verständnis für dichterisches Sprechen. Aufgrund der immerzu wirksamen Funktion der Verdrängung?

Gleichsetzungen können Verbindungen sein, die auf terroristische Spuren weisen. Alles, was möglich oder fraglich ist. Betrieblichkeit ist schon auch Plastikschwelbrand. Harfe kann dann Mordbeil sein. Neon stehen Löwenmäulchen am Balkongeländer, grüßen, grüßen. Der royale Achslenker ist übergeschnappt, ihr Fahrzeug zieht nach rechts. Sternenmann stockt Eruption, huhu Brühgruppennebel. Sprich über den Inhalt des schwarzen Beutels besser förmlich. Dieser Weg ist rettungswirksam bei Dreifachsprung entlang der Bordsteinkante. Alle Anagramme sind in andere Anagramme aufzulösen. Zum universalen Sprachproblem gehört auch die euphemistische Verschlüsselung. Und die geheime Entschlüsselung im Wutausbruch, der dann nicht länger geheim bleibt. Euphemismen sind insofern asozial, als sie der Lage nicht gerecht werden – und das auch nicht wollen.[240] Die Markierungen auf zusätzlich belieferten Brocanterien wiesen mir den Steg. Der Vogel mit der Säge sagte: Du, ich hab den Dings gelettert. Du. Du Reifen. Du.

An dieser Stelle ist es ratsam, an den berühmten Dialog zwischen Alice (im Wonderland) und Humpty Dumpty zu erinnern, in dem Letzterer sich brüstet, dass, wenn er ein Wort verwende, es genau das bedeute, was er es bedeuten lasse, worauf Alice einwendet: »Die Frage ist, ob Sie Wörter so viele verschiedene Dinge bedeuten lassen können« – und ihrerseits als Antwort bekommt: »Die Frage ist, wer die Macht hat – das ist alles.« Auch das ist eine Frage der sozialen Poetik.

»Laut werden kann nur noch jene angelernte sekundäre, von Beamten und Journalisten universalisierte Sprache: die Prosa. Die Deutungswut der Interpreten rührt nicht zuletzt daher, dass uns die angelernte sekundäre Sprache inzwischen viel näher ist als die Muttersprache Poesie. Statt zu fragen, wie es eigentlich

240 Hierzu: Alexander García Düttmann: Der automatisierte Euphemismus, in: WestEnd. Neue Zeitschrift für Sozialforschung, 8, 2011/2. Seite 111 bis 116.

zum Siegeszug der Verwaltungssprache hat kommen können, ist es heute immer nur die Poesie, die sich rechtfertigen, die ihr Warum erklären soll.«[241] Und das ist mehr als dreißig Jahre her, gilt aber nach wie vor.

Dem Dichter verschaffte diese Passage eine große Erleichterung – als vergrößerte sich der Raum, in dem er sich bewegen kann. Dass ein Gedicht auch ohne die deutende Umwandlung in Informationssprache bestehen kann, dass nicht alles um jeden Preis durchdrungen werden muss, dass es nicht auf Durchschaubarkeit ankommt, um Freude an jemandem, mit jemandem zu haben. Der Dichter darf nicht an die Leser denken. Das ergibt unproduktive, revisionistische Projektionen. Wer Gedichte schreibend die Erwartungen der Leserschaft in Betracht zieht, wird diese notwendigerweise enttäuschen. Der Dichter denkt unablässig an sie. An die Leserinnen. An die Leser. Er wird bald schon untergehen. Jetzt macht er schon den elliptischen Trick mit der Zeichensetzung. Das ist hochgradig asozial. Er glaubt, es hackt. Es hackt ja auch.

Aber worum handelt es sich überhaupt, wenn vom Sozialen gesprochen wird? Die einfache Definition »das Zusammenleben der Menschen in der Gesellschaft betreffend« ist weit gefasst und für viele Formen ideologischer Einfärbung offen. Der Begriff des Sozialen begegnet Ihnen in unzähligen Zusammensetzungen, als Sozialfall, soziale Härte, soziales Gefälle, als Sozialarbeiter und Sozialtherapeut, als Sozialsiedlung, Sozialvertrag, auch als Sozialismus – die Aufzählung könnte endlos sein. »Sozial ist, was ins Bewusstsein fällt«, ist ein Grundsatz der frühen Soziologie. Und: »Eine Sache bewusst halten, heißt sie in sozialen Bahnen halten.«[242]

Man wirft der dichterischen Sprache ihre Eigenweltlichkeit vor, ihre Hermetik, ihre Asozialität. Andernorts stellt man gerade diese Qualitäten ins Zentrum der Wertschätzung. Der Idiot versucht sich an Erstlektüren zu erinnern und an Widerstände, die sich mit zunehmender Annäherung in Genuss verwandelten – und da

241 Elisabeth Lenk: Die unbewusste Gesellschaft. München 1983. Seite 26.

242 Elisabeth Lenk: Die unbewusste Gesellschaft. München 1983. Seite 19.

fallen ihm einige ein. Nachvollzug ist Erstbegehung. Doch Erstbegehung ist auch Nachvollzug. Da Poesie den direkten Weg nur dort geht, wo es keinen gibt, ist sie entweder dunkel oder eine Sprengung. »Poesie erleuchtet wie ein Feuerwerk, will aber die Nacht nicht vertreiben, sondern benutzen«, schreibt wiederum Jenny auf einer Postkarte aus Petersburg.[243] O, der Dichter, er liebt Jenny! Er liebt sie wirklich. Womöglich bringt die poetische Sprache zur Akzentuierung ihres Aufklärungs- oder Erneuerungspotenzials immer ein gewisses Maß an Verdunkelung mit sich, in Sinne einer Kontrastdimension des Undeutlichen. Müsste man für das Gelingen von sozialer Interaktion nicht eine klare und begreifliche, überzeugende und richtige Aussage vorziehen?

Doch ist es ausgerechnet dichter-richtig, die Benutzung der Nacht zu tadeln? Die Übergänge sind interessant – und die Einschätzung und Ausdeutung der im Traum erhaltenen Anschauungen für das poetische Bewusstsein. »Das poetische Bewusstsein ist ein Bewusstsein von dem, was aus dem homogenen Bewusstsein und aus der homogenen Gesellschaft ausgeschlossen ist, weil es in das Bild, das die Gesellschaft von sich selber hat, nicht hineinpasst.«[244] Stimmt das auch? Der Idiot wird darauf zurückkommen.

Also, wir haben diesen Flughafen nach den geltenden Maßstäben der Sozialen Poetik entworfen. 10.000 Quadratmeter Deckenverkleidung mussten, kurz nachdem sie installiert worden waren, wieder abgelöst werden. Wir nannten dies: Die Große Ablösung. Zudem wurden etwa 2.000 Bäume an falscher Stelle gepflanzt, wobei ein Untersuchungsausschuss noch dabei ist herauszufinden, ob von vorne herein die falschen Bäume oder ob die richtigen Bäume, aber am falschen Ort gepflanzt worden sind. Der Bauleiter unseres Bewegungsabschnittes zitierte Jenny, indem er freimütig angab: »Ich fange immer von vornen an, dum zu sein.«[245]

243 Jean Paul: Ideen-Gewimmel. Texte und Aufzeichnungen aus dem unveröffentlichten Nachlass. [Nr. 327] Berlin 2013. Seite 70.

244 Elisabeth Lenk: Die unbewusste Gesellschaft. München 1983. Seite 29.

245 Jean Paul: Ideen-Gewimmel. Texte und Aufzeichnungen aus dem unveröffentlichten Nachlass. [Nr. 404] Berlin 2013. Seite 80.

Unverständnis ernten

169——238

UNVERSTÄNDNIS ERNTEN

Das Prinzip DIVA

Die vollkommene Verkörperung einer Gattung sprengt diese von innen.
Rudi Thiessen

DIVA nennt der Idiot ein Prinzip, das der geistesgegenwärtigen Ablehnung von falschen Kooperationsangeboten zugrunde liegt. Es geht darum, dem Gegenteil von Verführung eine Form zu geben, das heißt, gegen die inhaltsleere Grundhysterie der Anfragen eine kluge und womöglich sogar lustvolle Form des Entzugs zu setzen. Darauf darf nicht unverzüglich Bestrafung folgen. Das Nicht-Eintreten von Strafe bei abgelehnter Kooperation ist dort, wo die Kooperation oft der Strafe selbst gleichkommt, neu zu erlernen. Gemeint sind zum Beispiel Kooperationen mit dummen Fragen, ungerechten Ausgangslagen, Provisorien, Zwängen, unmöglichen Fristen, fiesen Frivolitäten, falschen Selbstverständlichkeiten und nicht-deklarierten Vorannahmen.

Sicherlich befinden Sie sich mit dem Titel der DIVA in einem hoch angesiedelten Projektionsraum, aber wann hätten Sie den zuletzt verlassen? Die DIVA gewinnt mit der Verfeinerung ihrer Talente – klassischerweise Körpertechniken wie Tanz und Gesang – an Transzendenz und verliert in gleichem Maße an Menschlichkeit, um dann in der Haraway'schen Schnittmenge des Nichthumanen auf Primaten, Cyborgs, Geister und Götter zu treffen, bis am schwarzen Nachthimmel der Star auftauchen wird, der ihren Begriff verdrängt. In der Dehumanisierung via Virtuosität wird die Logik des Tausches aufgesprengt – ihre Reaktionen sind unangemessen, sie sind überspannt, sie lassen sich nicht mehr berechnen. Insofern kann die DIVA den Idioten lehren, Verweigerung als

Geschenk zu betrachten, als ein Versprechen auf eine künftige Perfektion, zu deren Erlangung sich ein nur momentan schwer begreifliches Verhalten später als unabdingbar erwiesen haben wird. Die DIVA verweigert die Zurückhaltung, Erfahrungen und Gefühle nur für sich selbst gelten zu lassen – in einer Dialektik von Unbeherrschtheit und Körperbeherrschung. Beides sind große Talente, so man über das richtige Timing verfügt.

Soll hier mit der Wiedererrichtung des Schreckensregiments der Launen den Anforderungen einer entfesselten High-Performance-Kultur der Riegel vorgeschoben werden? Ja und nein. Die Schein-emanzipierte habe lernen müssen, auf den »Luxus verspielten Reagierens, der großen Gefühle und Flausen« zu verzichten, da Launenhaftigkeit vormals das Argument für den Ausschluss von Herrschaft und Kontrolle geliefert habe. Damit seien auch die »Reservate der Menschlichkeit, die man als ungefährliche Spezialität genießen konnte«[246] der Rationalisierung übereignet worden – doch der gleichberechtigende Gegenwert scheint nach wie vor Verhandlungssache zu sein.

Es hat eine eigentümliche Umwertung von Affekten stattgefunden, wenn das ehemals gegenkulturelle Motto »It's better to burn out than to fade away« Ihnen nun kapitalistisch gewendet als Anspruch auf dem ersten Arbeitsmarkt wiederbegegnet[247] oder negative Gefühle wie Unsicherheit, Panik und Furcht, die einmal über eine Entfremdung vom System der Lohnarbeit Auskunft gaben, in ihrer Neuübersetzung als »Flexibilität, Anpassungsfähigkeit und Bereitschaft zum Selbstumbau« Anwendung finden.[248]

Die Lösung kann nun freilich nicht sein, nostalgisch emotionale Patterns wiederzubeleben, die schon bei ihrer Erstaufführung

246 Klaus Heinrich: Geschlechterspannung und Emanzipation, in: Floß der Medusa. Basel, Frankfurt am Main 1995. Seite 203f.

247 Jan Verwoert: Exhaustion and Exuberance. Ways to Defy the Pressure to Perform, in: Tell me what you want, what you really, really want. Berlin, New York 2010. Seite 56. Wobei hier gewissermaßen die Unterscheidung zwischen BURN OUT und FADE AWAY fällt, als sei eines das andere.

248 Zitiert nach: Sianne Ngai: Ugly Feelings. Cambridge, London 2005. Seite 4f.

artifizieller und projektiver Natur gewesen sind und nicht zuletzt der Entmachtung dienten. Es gilt vielmehr, sich in einer Form affektpolitischer Geistesgegenwart zu schulen. Und dies gerade angesichts der Tendenz, negativen Affekten dort ihre politische Wirksamkeit abzusprechen, wo das von ihnen befallene Subjekt weiblich ist.[249]

Der Idiot möchte gegen die allgemeine Anspannung, die sich als bloßes Funktionieren begreift und damit gleichsam verleugnet, Überspanntheit als Konstitution setzen. Da, wo mit fetischisierten Kreativitätswerten, auf die ein Verlass sein soll, eine marktkonforme Verwertungslogik ausstaffiert wird, bleibt der eigenen Anspannung weder Raum noch Würde. Schließlich macht man bei einer künstlerischen Tätigkeit idealerweise etwas, das man so zuvor noch nicht getan hat, sodass das Unerprobte das Misslingen immer mit sich führt. Erst das Ausblenden der Situation schafft eine seltsame Selbstsicherheit, der ich misstrauen möchte, ebenso wie ich deren Produkten oder Artefakten misstraue.

Man vergisst: »Zu jeder Lust gehört eine Spur der Angst, deren Überwindung zu ihr führte.«[250] Das ist ihre Verbindung zur Realität, die in sich einen Zeitkern trägt, sowie die Verbindlichkeit eines bestimmten Raumes. Die Idee der generellen und endlosen Verfügbarkeit, wie sie für Inhalte im Internet bedenkenlos gefordert wird, ist Anti-DIVA. Insofern sind auch die Einsparung des Lektorats, die Pornografie, das Vorlaufen in weibliche Selbstvertierung als ein Mittel des Spannungsabbaus, die Identifikation mit dem Aggressor in hohem Maße Anti-DIVA. Entmischung und Abspaltung sind Anti-DIVA. DIVA bedeutet, den Verlockungen der Spaltung nicht nachzugeben, sondern die Gegensätze in eine zu haltende Spannung zu bringen – weil das Leben in jedem Moment das Ganze ist. Die Idee der unaufhaltsamen Beschleunigung ist Anti-DIVA, weil darin das Nacheinander zugunsten einer panischen und marktmystischen

249 Sianne Ngai: Ugly Feelings. Cambridge, London 2005. Seite 130.

250 Lorenz Wilkens: Spaltung statt Spiel – über Ulrich Enderwitz: Reichtum und Religion, Einleitung, in: Zur Kritik der Vernunftreligion. Frankfurt am Main u. a. 2008. Seite 162.

Gleichzeitigkeit aufgegeben wird. Die DIVA erinnert an die Verbindlichkeiten des Raumes und seiner Gegenwart.

Kollision ist richtig. Nicht, dass es dem Idioten leichtfiele, sie auszuhalten, doch gerade deswegen hat er ein sehr gutes Sensorium für sie. Wo ihm ein Kundenprofil angepasst wird und das Angebot an Information, an Ware, letztlich an Welt auf Grundlage einer ihm zugewiesenen fiktionalen Identität personalisiert (das heißt: reduziert) wird, geht es gerade um die Vermeidung dieser Kollision. So wird er in eine konsumierbare Umgebung versetzt, in der sich nichts mehr befindet, das er nicht erwartet, etwa im Sinne der medialen Aussortierung von allem »Anderen« aus dem Programm eines Spartenradios. Freilich sind Spezialisierungen nicht rundweg abzulehnen, er spricht hier allerdings von einer vorgespiegelten Eingrenzung seiner möglichen Interessen zugunsten ihrer Konsumierbarkeit. In dieser Art der Personalisierung seiner Umgebung verdampft die Kontrastdimension des Anderen. Teilnahme findet nur noch an sich selbst statt.

»Nur der Andere, den wir bewegen, aber nicht zwingen können, kann uns einen Teil dessen abnehmen, was das Selbst alleine nicht ertragen kann. Es steht nicht in Frage, dass wir den Anderen brauchen – die Frage ist nur, ob wir ihn oder sie anerkennen können.«[251] Und Anerkennen meint hier auch, etwas oder jemanden in der gegebenen Unverständlichkeit anzuerkennen. Denn der Andere ist der Andere – man kann es nicht oft genug sagen. Der nach den eigenen Wünschen modellierte Andere ist das nicht mehr, sondern nur noch ein Monstrum meiner erweiterten Egozentrik, ein Symptom, ein Sklave. Das kann nicht glücken.

Vielerorts beobachtet der Idiot eine nicht ressentimentfreie Leidensmystik – oder wenn Sie so wollen: einen gewohnheitsmäßigen gesellschaftsfähigen Masochismus, der auf dem Anspruch beruht, dass einem für das ertragene Leiden auf der anderen Seite

251 Jessica Benjamin: Der Schatten des anderen Subjekts. Intersubjektivität und feministische Theorie, in: Der Schatten des Anderen. Intersubjektivität, Gender, Psychoanalyse. Frankfurt am Main, Basel 2002. Seite 117.

etwas gutgeschrieben werden müsse, wobei auf die Enttäuschung dieser Logik unweigerlich Verbitterung folgt. Und dies, anstatt sich von Anfang an gegen diese Art von Leiden und den blödsinnigen Versuch seiner gewinnlerischen Indienstnahme zu wehren.

Der Idiot möchte in diesem Zusammenhang von lebenserhaltenden Überspanntheiten sprechen. Das Gehirn reagiert dumpf auf Angebote, die es als zerstörend begreift und trotzdem aus finanziellen oder anderen Gründen nicht ablehnen kann. Unter der Bedingung der Empfindlichkeit ist das kaum zu ertragen, abzustumpfen wäre hier hilfreich. Der Idiot braucht aber die Empfindlichkeit noch, er lebt ja von ihr. Routinenbildung oder Unterwerfung? Der Idiot muss sich daran gewöhnen, um es zu ertragen. Doch wenn er sich daran gewöhnt habe, was dann? Ist nicht der innere Protest als ein Hinweis auf die Notwendigkeit eines baldigen Abbruchs zu lesen? Oder sind das nur die Beschwerden des Übergangs? Könnte der Idiot »Können« auch als eine Form der Verrohung betrachten? Das Ziel der inneren Überwindung wäre ein Nachlassen der Symptome. Aber die Symptome sind ja Antrag auf Beseitigung der Situation, die sie hervorbringt, und damit Beweis der gesunden Funktionsleistung eines Bewusstseins, das sich bedroht sieht. Sigmund Freud hat darauf hingewiesen, dass Unlust Realität verbürgt. Denn das Realitätsprinzip beginnt erst in dem Moment, wo die Reizflucht erstmals misslingt – und das fällt mit dem Anfang des Psychischen als Affektbereitschaft in eins. Insofern wäre Überspanntheit im Dienste der Realität ein durchaus denkbares Konzept. Weil Marylin Monroe stets nur aus frisch geöffneten Champagnerflaschen und nur das erste Glas trank, gab es Champagner für alle – immer. Den Rest eben. Und das war schon viel: Verweigerung und Fülle.

Böse Affekte streifen

Nun hat ja nicht jede Verweigerung so angenehme Folgekosten, gesteht der Dichter frei ein. Es kann glücken, wo etwas auf eine Weise nicht funktioniert, die das Konzept des Funktionierens erweitert, aber es kann gleichermaßen zu unangenehmen Maßnahmen aller Art, Dissonanzen und bösen Affekten führen. Was machen Sie dann? Viele herkömmliche Ratschläge zum Umgang mit Affekten tragen ideologische Züge, das gilt sowohl für die Aufforderung zum Ausleben wie die zur zurückhaltenden Contenance. Selbstbeherrschung könnte beides sein, je nachdem wozu der Herrschaft der Sinn steht. Etwas anderes ist die Analyse unverständlicher Affekte, die ja eigentlich nur als negative beunruhigen, sodass Sie vielleicht meinen, ihnen auf den Grund gehen zu müssen, oder aber: sich bereit machen zu warten, bis sie vorbeigegangen sein werden. In der Zwischenzeit könnten Sie Gedichte lesen und es genießen, sich in andernleuts Affekte hineinzuversetzen, die so freundlich waren, diese in gute Worte und einen ansprechenden Zeilenfall zu kleiden.

Wann immer die Wut kommt, setzt der mitreisende Akupunkteur dem ungehaltenen Dichter eine Nadel in die Stirn, genau in ihre Mitte. Das ist sehr gut. Die Nadel kommt von außen (ganz offenbar), wird aber von den inneren Bahnen gerne aufgenommen. Ungeheure Temperaturen entstehen. Affekte lassen sich, etymologisch zweideutig, als von innen bewegter Gemütszustand denken (*affectus*) oder als von außen bewirkte Reaktion (*afficere*) –

wo diese Unterscheidung nicht mehr möglich ist, mithin die Unterscheidung zwischen aktiv und passiv, nähern wir uns dem Gemütszustand der Wut. Wobei uns Wutgefühle auch als Symptome des Entzugs begegnen, sie begleiten die Aufkündigung einer lieb gewonnenen chemischen Routine. Oder kommen als Tumult auf, welcher der Quittung folgt, nicht mehr teilhaben zu können an den Genüssen der anderen – wie der Sexualneid der Gealterten auf die Jungen.

Mit folgender Übung hat der Idiot sehr gute Ergebnisse erzielt, es handelt sich um die sogenannte Bilderatmung, die er hiermit Ihrem Reaktionsrepertoire anempfiehlt: Atmen Sie vier Sekunden lang ein und sechs Sekunden lang aus, lassen Sie keine Atempause zwischen Ein- und Ausatmen und wiederholen Sie dies sechs Mal. So kommen Sie auf eine Minute, in welcher Sie Ihr inneres Gewicht verdoppeln werden. Lassen Sie dann in aller Ruhe die besseren Bilder kommen.[252]

Sehen Sie sich doch einmal gezwungen, ein Gefühl durch ein Nicht-Gefühl zu ersetzen, kann als Ergebnis dieses psychischen Austauschs eine negative Stelle entstehen, keine Lichtung, eine dunkle Nichtung vielmehr, deren fundamentale Funktion die Verneinung eines anderen Gefühls ist. Für die Experten unter Ihnen: Ein Gefühl aus der zweiten Spalte, *a Column-2-Emotion*.[253] Etwa, wie die Vergangenheit auch die Stelle bezeichnen könnte, an der die Gegenwart einmal gewesen ist – sodass Sie sich das, was nicht mehr da ist, als ein extrem bösartiges Objekt vorstellen könnten, welches gegenüber jeder Funktion und jedem Merkmal der Existenz einen mörderischen Neid hegt. »Nennen Sie uns das Objekt Ihres Hasses oder Ihrer Liebe, und wir können Ihnen wahrscheinlich helfen: das Objekt Ihrer Liebe um ein geringes verschieben oder das Motiv Ihres Hasses zum Erlöschen bringen. Wie aber soll man einem objektlosen Trieb begegnen? Ein objektloser Trieb ist ein allmächtiger; gegen ihn kann man nichts

252 Zur Vertiefung: Gary Bruno Schmid: Selbstheilung durch Vorstellungskraft. Heidelberg, Berlin 2010.

253 W. R. Bion: Attention and Interpretation. London und New York 2004. Seite 17.

unternehmen, wird man nichts tun können. Denn nochmals: nichts vermag nichts auszulöschen. Wenn die Wut ohne Gegenstand ist, kann man nichts gegen sie unternehmen (...)«[254]

In schlechten Stunden widmet sich der Dichter diesen leeren Stellen »gerne«? Nein, gerne nicht, er widmet sich schlicht und aus der Nichtigkeit erhebt sich ein ausgestanzter Schauer, der neidisch auf die Fülle schielt. Neid ist ein furchtbarer Dämon – und nebenbei ein Kampfbegriff. Als Bewusstsein für Ungleichheit, das ebenso gut einem ausgeprägten Gerechtigkeitssinn entspringen könnte, wird Neid eher ein Motor für Veränderungen zum Besseren sein. Allerdings figuriert Neid im allgemeinen Sprachgebrauch als die selbstsüchtige Seite der Gerechtigkeit – Gerechtigkeit für Sie, für die anderen den Rest. Damit gilt der Neid hierzulande vor allem als weibliche Eigenschaft, als rein subjektivistische Unzufriedenheit, obwohl ihm angesichts real existierender Ungleichheit durchaus eine politische Dimension zukommen könnte. Neid bei Männern nennt man: Ambition.

»Es war eine ereignisarme Nacht mit sanften Gesängen und Gesprächen über die Jagd in Putumayo, über das Leben Santiagos in den Wäldern als Kind an der Seite seines Vaters, wie er einen Ameisenbär mit einer Lanze tötete, aber niemals einen Tiger, ob es Neid gäbe in den Ländern, in denen ich gelebt hatte und so weiter. Er konnte nicht glauben, dass die Idee von Neid als einer bösartigen verletzenden Kraft, die sogar dazu fähig ist, Leute zu töten, in den Ländern, aus denen ich kam, nicht existierte. Jahre später stellte ich fest, wie sehr er Recht hatte, insbesondere im Blick auf das akademische Leben. (...) ›Ja, der *Yaco cuca waira* sieht aus wie *Duende*‹,[255] sagte Santiago auf sachliche Art. ›Wie ein *cristiano* (ein Christ, in der Bedeutung eines zivilisierten menschlichen Wesen), gekleidet in reines Eis, nichts als Eis und

254 Clément Rosset: Das Reale. Traktat über die Idiotie. Übersetzt von Renate Hörisch-Helligrath. Frankfurt am Main 1988. Seite 38.

255 Wer mehr erfahren möchte über *Duende*, das spanische und lateinamerikanische Geisterwesen, findet dies beispielsweise bei Federico García Lorca in einem Text, der in englischer Übersetzung als »The Theory and Play of Duende«, übersetzt von A. S. Kline, im Netz steht.

Wasser und Schaum, Schuhe aus Schaum und Haare vom Kopf herab überall. Sie sind klein, etwa einen Meter groß. Sie stellen großes Unheil an, wenn man nicht aufpasst.‹

›*Greifen sie auch Leute an?‹, fragte ich.*

›*Sicher.*‹

›*Warum?*‹

›*Aus Neid.*‹«[256]

Mimesis kann als die Fähigkeit bestimmt werden, ein Anderer zu sein, als »the capacity to Other«[257]. Am Anfang steht vielleicht das Mitgefühl, die Bereitschaft, sich in einen anderen Menschen hineinzuversetzen – um ihn zu verstehen, nicht um ihn zu ersetzen. Der missgünstige Vergleich ist die dämonische Seite der Mimesis. Hier entspringt unendliches Elend, hier gibt es verzehrende Formen der Identifikation, der Imitation und Vergleiche, deren Sinn es ist, den Anderen zu vernichten, die Grenzen so eng zu denken, dass Auslöschung unvermeidlich scheint. Die andere Seite der Mimesis, die Variation, zieht es vor, die Umgebung der Grenzen zu kultivieren, zu einem Zustand hin, der zerstörungsfrei zu verändern wäre. Die Imitation mit dem Ziel der Abschaffung ihres Vorbilds ist das fürchterliche Zerrbild der sympathischen Idee, dass die Kopie das Original heilen könnte.

»Hinsichtlich seiner Ausdehnung in der Zeit hingegen ist jeder eine labile, sich dehnende und wieder schrumpfende Substanz, die überall in allen Lebewesen gleich ist. Diese nur in der Subjektivität erfahrbare traumhafte Substanz ermöglicht das mimetische Denken. Von der Zeitdimension her gesehen, ist ein Wesen viele, und seine äußere Form ist nicht konstant, denn diese Substanz ermöglicht es ihm, sich in alle lebenden Wesen hineinzuversetzen und sogar das Unbelebte zu beleben.«[258] Bitte, stellen Sie sich

256 Michael Taussig: Toughness and Tenderness in the Wild Man's Lair. The Everyday as Impenetrable, the Impenetrable as Everyday, in: Shamanism. A Reader. (ÜS MR) London 2003. Seite 267f.

257 Michael Taussig: Mimesis and Alterity. A particular History of the Senses. London 1993. Seite 19.

258 Elisabeth Lenk: Die unbewusste Gesellschaft. Über die mimetische Grundstruktur in der Literatur und im Traum. München 1983. Seite 33.

diese regsame Distanz in vielen verschiedenen lebenden Gestalten vor. Dann vereinigen Sie die Gestalten. Betrachten Sie nun das vereinigte Wesen entlang des Zeitverlaufs. Was wird geschehen? Wie bewegt es sich in der Zeit? Doch auch der Leere wohnt eine zeitliche Struktur inne. »Die Leere existiert in den zeitlichen Intervallen zwischen dem Aufbruch von Körpern, die sie besetzt hatten, und der neuen Woge von ankommenden Körpern. Keine Leere ohne diese Rhythmisierung der Zeiten.«[259]

Sie leben schließlich nicht in einem Vakuum, es sei denn, Sie stellten es als innere Haltung selbst her. Das hieße, dass Sie die Zeit aus der Leere verbannten. Fürchterlich, oder? Das vollkommene Vakuum ist wohl das, was übrig bleibt, wenn Sie alles daraus entfernen. Alles, was ist das?, fragt der Thesaurus der exakten Wissenschaften. »Fällt zum Beispiel auch der Raum darunter, sodass ein absolutes Vakuum gleichsam der leere Raum abzüglich des Raumes wäre?«[260] Wie trennt der Idiot den Raum von dem, was er nicht mehr länger enthält? Und ist das überhaupt möglich? Entfernte der Idiot auch noch die Leere, bliebe das Nichts. »Die Leere wäre es nur, wenn in ihr nichts fehlte – außer eben das Fehlen.«[261]

Aber das stabile Nichts, das man nicht mehr als vergängliche Leere betrachtet, ist ein enorm bedrohliches und feindliches Objekt (es bedroht ja selbst das Vakuum!), welches in der Lage ist, den psychischen Raum in einer Weise zu vergrößern, dass jede Regung und selbst die Fähigkeit dazu in ihm verloren geht. Am Rande möchte der Idiot noch festhalten, dass ein Unterschied besteht zwischen einem unstillbaren Begehren und einem Begehren, das einfach niemals gestillt wird. Aber passt das wirklich hierher? Entscheiden Sie selbst!

259 Anne Cauquelin: Verkehr mit Unkörperlichen. Übersetzt von Ronald Voullié. Berlin 2007. Seite 175.

260 Vakuum, Eintrag im Thesaurus der exakten Wissenschaften. Hg. von Michel Serres und Nayla Farouki. Aus dem Französischen von Michael Bischoff und Ulrike Bischoff. Frankfurt am Main 2001.

261 Hans-Jost Frey und Franz Josef Czernin, Sätze. Hg. von Urs Engeler. Zürich, Rettenegg und Solothurn 2014. Seite 24.

Wird nun etwas Schlimmes passieren? Einstweilen nicht. Denken Sie sich den psychischen Raum zu Ihrer Erquickung und Entspannung als immer schon prädemoliert, wie ein Hotelzimmer, in dem eine leicht gelangweilte Rockband es sich soeben bequem gemacht hat. Noch hängen die industriellen Impressionisten gelassen an ihren Wänden. In Senecas Abhandlung über die Wut rettet ein Gast, allerdings kein gewöhnlicher Gast, sondern der vergöttlichte Augustus, einen Sklaven, der ein Kristallgefäß zerbrochen hat, vor der tödlichen Strafe, in das Muränen-Becken geworfen zu werden. »Der Bursche konnte entkommen und warf sich schutzsuchend Augustus zu Füßen, mit der Absicht, allein darum zu bitten, dass er auf andere Weise sterben und dass man aus ihm kein Fischfutter machen möge. Erschüttert von dieser unerhörten Form der Grausamkeit, befahl Augustus, den Sklaven gehen zu lassen, sämtliche Kristallgefäße vor seinen Augen zu zerbrechen und das Fischbecken zuzuschütten.«[262] Eine Geschichte, die von der Rockband mit stummem Amüsement quittiert wird. »Die Seele muss streng behandelt werden, damit sie Stöße nur dann spürt, wenn sie wirklich hart sind.«[263]

Seneca wartet ab, versucht ein Fenster zu öffnen, was jedoch nicht vorgesehen ist, dann fragt er die Rockband, ob die Wut aufgrund eines Urteils einsetze oder aufgrund eines Dranges? Die Band schweigt, daher bietet Seneca ihr folgende Deutung an: Die Wut sei ein Drang, den es allerdings nie ohne Zustimmung des Geistes gebe, was dann auch der Seele nicht verborgen bleiben könne. Da verständigt die Rockband sich mit niederschwelligen Blicken. Jedoch seien Affekte ebenso schlecht für das Dienen, wie sie für das Führen seien, und wo immer Wut herrsche, befinde sich die Seele im freien Fall. »Wie Körper im freien Fall nicht mehr über sich bestimmen können, weder Widerstand leisten noch innehalten, nachdem sie hinabgeworfen wurden, wie der unwiderrufliche Sprung in die Tiefe jegliche Möglichkeit zum Nachdenken und Bereuen abschneidet und man jetzt notwendig dahin gelangen

262 Seneca: De Ira / Über die Wut. Übersetzt von Jula Wildberger. Stuttgart 2007. Seite 267.

263 Seneca: De Ira / Über die Wut. Übersetzt von Jula Wildberger. Stuttgart 2007. Seite 129.

muss, wohin zu gelangen man hätte vermeiden können, so ist es auch der Seele nicht erlaubt, ihren Drang zu unterdrücken, wenn sie sich in Wut gestürzt hat. Notwendig wird die Seele von dem Drang mitgerissen. Ihr Eigengewicht zieht sie in die Tiefe ebenso wie die bei solchen Störungen natürliche Tendenz zum Abgrund.«[264] Als könne es nicht anders sein. Um das zu vermeiden, empfiehlt Seneca: Ruhe und Entspanntheit, kühle, rechtschaffene, ruhige Freunde, Aufschub, das Abbrechen erhitzter Debatten, beruhigende Musik, eher Gesänge als Posaunen oder Trompeten, den Vergleich von Anlass und Resultat, Sterblichkeit, Ignoranz gegen Geld und andere Güter, Selbstkontrolle, vor allem: das Vermeiden von Hunger und Durst, denn die rauen die Seele auf.

Nun ja, solange der Mensch am Leben ist, wendet der Frontmann der Rockband ein, entstehen Hunger und Durst von alleine und sind daher nur schwer zu vermeiden. Vielleicht malen Sie sich den Fortgang der so konturierten Szene einfach selber aus. Sie können zwischen folgenden Hintergründen wählen: ibis, Best Western, Vier Jahreszeiten und Bayerischer Hof.

Selbst wenn Sie der Frömmste wären und gar nichts tun würden, könnte es immer noch die Wut der anderen sein, die Sie affiziert und an den Rand des Abgrunds bringt. Scham, Elend und Angst sind in erster Linie eigene Probleme, sie können, müssen aber nicht zu den Problemen von anderen werden. Ganz anders die Wut.[265] Wut ist bedrohlich nach außen gerichtet und hat, verglichen mit der Summe aller anderen negativen Affekte, den geringsten Wunsch, dort zu verharren, wo sie gefühlt wird. Wut, das ist die Bereitschaft, etwas zu verschlimmern, so formuliert

264 Seneca: De Ira / Über die Wut. Übersetzt von Jula Wildberger. Stuttgart 2007. Seite 27. Hierzu auch: »Erst wo eine abgegrenzte Gestalt *sich selbst* bewegt, kann von Trieb die Rede sein. Zwar bewegt sich auch ein Stein, solange er fällt, und sogar aus eigener Kraft, nämlich der der Schwere, die ihn nach unten fallen lässt. Aber von Trieb spricht man erst, wenn etwas anderes als die eigene Schwere einen Gegenstand bewegt, eine Kraft, die die Schwerkraft korrigiert.« Christoph Türcke: Philosophie des Traumes. München 2009. Seite 101.

265 Silvan S. Tomkins: Shame and its Sisters. A Silvan S. Tomkins Reader. Hg. von Eve Kosofsky Sedgwick und Adam Frank. (ÜS MR) London 1995. Seite 198.

es Ihr allerliebster Affekttheoretiker Silvan S. Tomkins. Wie jeder Affekt steigere sie die Dringlichkeit noch jeder Möglichkeit. Ja ja! Darin aber sei sie vollkommen abstrakt, sie müsse sich nicht einmal über ihren Auslöser im Klaren sein. »Wütend ist es nicht nötig, den exakten Auslöser der Wut zu kennen, um zu wissen, dass wir auf toxische Weise stimuliert werden, ohne Rücksicht auf das Geschehen.«[266]

Als Abstraktion trägt die Wut ungegenständliche Züge, worin sie dem Nebel ähnelt. In nächster Nähe scheint alles überdeutlich konturiert, ausgeeinzelt, herausgestellt, dahinter geht die Welt in wolkiger Formlosigkeit auf oder unter. Sie schafft sich ein Vakuum, in dem alle Gegenstände nicht einmal mehr auf ihre Zerstörungswürdigkeit geprüft werden müssen. Ach, wenn es doch endlich regnete. Jetzt stürzt der Nebel uneinig und garstig als Regenbatzen auf den Idioten herab. Ach, wenn der Regen doch endlich aufhörte. Und käme auch der Nebel zurück. »der feuchte, nasse, kalte, frostige, der leichte, dichte, der weisze, graue, trübe, schwarze nebel und dergleichen.« Lesen Sie jetzt, wozu er in der Lage ist: »der nebel steigt auf, erhebt sich, steht, hängt, schwebt, wallt, wogt, zieht, zerreiszt, flieht, senkt sich, fällt und dergleichen, oder auch im plural. die nebel steigen auf und so weiter.«[267]

Hinzukommt, dass sich Wut in der Einsamkeit nur schwer ausleben lässt. Auch Inkohärenz macht mehr Freude, wenn man dabei nicht allein ist. Wie oft kann der Idiot im Nebel immer wieder gegen das gleiche Blockhaus laufen? Sehr oft. Er tut es für Sie. Doch alles auf sich selbst nehmen zu wollen, ist auch eine Form der Egozentrik. (Denken Sie beispielsweise an Fürst Myschkin.) Der belgische Konzeptkünstler Kris Martin hat zwischen 2004 und 2005 den gesamten Text des Romans »Idiot« von Fjodor Dostojewski mit der Hand abgeschrieben. »Dergestalt versetzt er sich selbst an die Stelle des unzurechnungsfähigen und innerlich zerrissenen Helden, der in seiner Unkonventionalität,

266 Silvan S. Tomkins: Shame and its Sisters. A Silvan S. Tomkins Reader. Hg. von Eve Kosofsky Sedgwick und Adam Frank. (ÜS MR) London 1995. Seite 199.

267 Grimm'sches Wörterbuch. http://woerterbuchnetz.de/DWB. Eintrag Nebel.

Reinheit und Güte unzählige komische Momente, aber auch Konflikte provoziert.«[268] Danach ging die Abschrift in Druck und wurde neben der gewöhnlichen Distribution auch auf 800 Hotelzimmer in Aspen verteilt. Komischerweise, sagt der Dichter, wird eines dabei komplett ignoriert: dass Kris Martin nicht den »Idioten« abgeschrieben hat, sondern eine englische Übersetzung davon.

»Und, was stellen Sie so her?« – »Ich stelle Unverständnis her.« Früher hatte die Blockade noch eine Würde! Hat sie noch immer. Hat sie nicht. Hat sie doch. Der Idiot möchte gerne: Kapern. Er meint doch schon wieder: Entern. Hat seinen Mut verloren. Und ungemein gerührt ist er, fast pastös fühlt er sich an. Leichter Gram kommt in ihm auf, angesichts einer laxen Praxis. Die Verwertung wurde zum Problem, der Idiot gehörte zu den letzten von Hundertzehn und sah den Proviant zur Neige gehn. Jetzt aß er sogar die Federn und rauchte das Seegras aus den Schuhen der Verstorbenen. Unermüdlich heulte der Sturm. Freddie fragte zum wiederholten Male: Sie zitieren häufig Hugo. Sie lieben ihn wohl? Diese Frage stellt sich dem Idioten nicht. Diese Frage stellt sich mir nicht, antwortete der Idiot ein jedes Mal.

Dennoch bricht es immer häufiger aus ihm heraus: Er kann diese dumpfen Debatten um Verständnis und Vergütung nicht mehr ertragen! Aber das ist gut – das ist doch immerhin schon etwas, denn er sollte es auch »nicht ertragen«. Er ist nachgerade dazu verpflichtet, es nicht zu ertragen, denn für den Fall, dass er es ertragen würde, gilt, dass ihm die Quelle des Unerträglichen verstellt wäre. Es reicht ja nicht, hinzuschreiben wie es ist, er muss dort ganze Tage verweilen, er muss die Stoffe voneinander trennen, muss die Temperaturen ändern, die Vorzeichen verkehren, die Körnigkeit leimen oder zermahlen, muss hinzutun, wegnehmen, muss es zwingen, lehren, es zwängen und einen Auslauf ihm gewähren. Diese Allegorie heißt »Hundert Jahre Hundetraining« und zeigt eine junge Dame mit einem gewaltigen

268 Annette Gilbert (Hg.): »Idiot«, in: Reprint, Appropriation (&) Literature. Wiesbaden 2014. Seite 438f.

Schlüsselbund. Und wer war es noch, der gesagt hat: Verdrahten Sie Ihr Gewäsch, damit es stehen bleibt, in der Vitrine? Das war doch nicht der Idiot, oder?

Freilich sind Sie inzwischen unverständliche Reaktionen gewohnt, ebenso wie höchst verständliche Reaktionen auf Unverständliches. Auch liegen einige diesbezügliche Schulungen hinter Ihnen, in denen Sie Gelegenheit hatten, sich mit der Unverhältnismäßigkeit des Grundes, respektive der Gründe, auseinanderzusetzen. Es handelt sich um ein ausgedehntes Feld, das auf ein Geschirrhandtuch neuralgischer Nähe zuschrumpft, einen Parcours, auf dem die Bläschen flimmernd sich regen. Innere Ventile knallen auf, die Pumpen versagen ihren Dienst. Unlängst in Alaska schrieb der Dichter die ARS POETICA der Überempfindlichkeit – und es ist kalt in Alaska.

Darin war zu lesen: »Nicht eile mit Feile – stähle mit Häme. Und schütze die Pfütze, bürste die Wüste mit am Ressentiment geschulten Hieben, schiebe auf Dielen das englische Buffet auf und ab mit Aplomb, sei eigens mit Gehässigkeit furniert, betreibe indes alle Formen von Polemik. Nimm nicht das Naheliegendste, nie nimm das Naheliegendste.« So weit ein Auszug aus des Idioten duzenden Notizen von erheblicher Kälte. Bitte lesen Sie sie ein weiteres Mal. Es handelt sich, Sie werden es längst bemerkt haben, um eine Finte. Wenn Sie klug sind, tun Sie genau das Gegenteil. Es ist nämlich wie im russischen Volksmärchen, wo sich die gute Maid daran erweist, dass sie das Gegenteil dessen ausführt, was die Alte von ihr fordert: Ich lasse dich ziehen, wenn du mir mein Geschirr zerschlägst, die Truhe zersägst, die Bettdecke zerschneidest und die Wolle herauszerrst. – Wie du meinst, Großmutter, gab das Mädchen zur Antwort und wusch also gleich das Geschirr, säuberte die Truhe und schüttelte alle Decken und Kissen der alten Frau auf.[269]

269 Eine amerikanische Spielart hiervon ist in gewissen Grenzen die Praxis des Turnarounds, die in »The Work« von Katie Byron Anwendung findet: Oder auch mal umgekehrt. Das finden Sie jetzt sicherlich banal, oder? Gut, dann hat der Idiot etwas anderes für Sie: »Pick mich auf, mein Flügel … Anleitungen zu poetischem Verhalten« von Friederike Mayröcker, erschienen 1971 in dem herrlich albernen und hoch poetischen Band »Fantom Fan«.

Es könnte freilich auch umgekehrt sein – dass der Idiot zu sinnvollem Verhalten aufgefordert wird, es aber in Wahrheit darauf ankommt, sinnlose, ja zerstörerische Handlungen zu vollziehen, um den Grund der Unterscheidung selbst hervorzureizen. Das ist ein bizarres Verhältnis zur Verwertung – Sie werden also von Ihren Untauglichkeiten leben müssen. Doch Sie müssen auch weitergehen. Große Schritte machen und sich drehen. Oder einfach gar nichts tun, entweder weil Sie es nicht wollen oder: weil Sie es nicht können. Ist das jetzt ANTI-DIVA? Ja, wenn die Unfähigkeit an Glamour gewinnen soll, darf sie auf keinen Fall etwas tun. Sie muss sich verweigern. Dann könnte es gehen. Hierin können Sie sich jederzeit durch ausgefallene Kleidung selbst unterstützen! Probieren Sie es aus: Textile Exaltation wird viele Situationen sehr verändern. Erfinden Sie neue Anlässe festlichen Charakters und kleiden Sie sich entsprechend. Im besten Fall werden Sie Verweigerung und Vollzug auf kongeniale Weise gleichzeitig absolvieren können.

»Ich weiß sehr wohl, dass wir alle gemeinsam ein Monster formen. Aber ich weigere mich zu kichern und ich weigere mich Angst zu haben und ich weigere mich kämpferisch zu sein. Auch will ich niemanden füttern und von niemandem gefüttert werden. Ich will einfach an andere Dinge denken. Ich werde jetzt gehen. Sollen sie mir ruhig hinterherschauen. Ich bin gut, wenn auch exzentrisch gekleidet.«[270]

Taugt dies jetzt alles für (oder gegen) Veränderung? Darüber hat der Dichter mit Ihnen ja noch gar nicht gesprochen. Das müssten Sie dann wohl im Einzelfall entscheiden. Oder es könnte auch der tiefen Deutung überlassen bleiben. Ihr Bus fährt, nicht wahr? Daher Ihre Argumentation, ja. Eine große Aufgabe ist die Umdeutung, doch wie hoch ist ihre Strahlkraft auf Realien? Dass sich Friederike Mayröcker die Gummibündchen der Socken abgeschnitten hat, weil sie Spuren rund um die Knöchel hinterlassen haben – tut das hier etwas zur Sache? Der Dichter glaubt: ja.

270 Laura (Riding) Jackson: PARA-Riding. Übersetzt und herausgegeben von Christian Filips und Monika Rinck. Berlin und Solothurn 2011. Seite 175.

EINE LANDSCHAFT AUS HOCHGEZOGENEN BRAUEN. AM HORIZONT: ZWEI MILLIONEN HOCHGEZOGENE BRAUEN.

Das ist völlig unverständlich.

Das wird diese Gesellschaft nicht überstehen!

Etwas machen, das man herzeigen kann[271]

Der Idiot befindet sich auf der *Exposition Internationale du Surréalisme*, die 1938 in der Pariser Galerie Beaux-Arts eröffnet wurde. Durch die abgedunkelten Ausstellungsräume bewegen sich die Besucher tastend, ihre Taschenlampen weniger auf die Exponate als auf die anderen Anwesenden gerichtet. Der Idiot, der im Flur, wo er an der Wand lehnt, immer wieder von aufgeregten Passanten gestreift wird, fühlt eine leichte Ungehaltenheit in sich aufsteigen. Eine Röstmaschine fabriziert indes Kaffeeduft, im Eingangskorridor stehen aufgereiht 16 Schaufensterpuppen in unterschiedlicher Montur, deren Präsenz die Unterscheidung zwischen Subjekt, Objekt und Ding verunsichern soll. Die Atmosphäre ist höhlenartig, beklemmend und staubig. Duchamp hat 1.200 staubende Kohlensäcke an der Decke befestigt, Wolfgang Paalen in einer Ecke einen Tümpel angelegt, der von Laub und Unrat umgeben ist. »Für die Eröffnung wurde nicht nur die Tänzerin Hélène Vanel engagiert, die im zentralen Raum Hysterie simulierte, sondern in der gesamten Ausstellung erklang eine unentwegte Kakophonie deutscher Marschmusik

271 Ernst Jandl: Die ersten Schritte, in: erst jandl für alle. Darmstadt und Neuwied 1974. Darin mehrfach zitiert. Am Ende des kurzen Aufsatzes heißt es: »denn was mich wirklich interessiert ist weniger das woraus es gemacht wird als dass es eine sache ist die gemacht wird, damit man sie herzeigen kann, und die die leute anschauen und über die sich die einen freuen und die andern ärgern, und die zu nichts sonst da ist.« (august 1970). Seite 217.

und aufgezeichnetes Kreischen von Geisteskranken.«[272] Zur Eröffnung erschienen mehr als 3.000 Leute, sodass die Polizei einschreiten musste, danach kamen täglich etwa 500. Die Surrealisten hatten etwas gemacht, das man herzeigen konnte.

Vieles machte sich bemerkbar, im Dunkel des überforderten Rezipienten: die Produktions- und Rezeptionsbedingungen, die Umwertung der *objéts trouvés*, der Zusammenhalt von Regel und Zufall, ein befreites Geschehen jenseits von Gattungsgrenzen sowie die Einforderung einer Verbindung von Kunst und Lebenspraxis. Auch wollte sich die generelle Zeitlosigkeit des Unbewussten zur Schau stellen. Aber als der Idiot im Frühjahr 2011 die Ausstellung »Surreale Dinge« in der Frankfurter Schirn besuchte, traf er auf die ganze Fülle obsoleter Obsessionen und betrat Arrangements, deren Flair so antiquarisch und überholt war, dass sie ihm beinah als putzig erschienen. Wie fingen seine eigenen Phobien da zu spotten an.

Im Zweifelsfall siegt das shandyistische Verfahren. »Über bloße Ähnlichkeitsbeziehungen hinaus ist hierbei aber entscheidend, dass das shandyistische Verfahren der ›Digression‹, des Abweichens von einer kohärenten Erzählung innerhalb der Gattung des Romans bis hin zu dem Punkt, an dem sich Genregrenzen aufzulösen beginnen, dem dadaistischen Verfahren, den Zufall buchstäblich zum Maßstab künstlerischen Handelns zu erheben, dahingehend verwandt ist, dass eine Dialektik von Intentionalität und Kontrollverlust unabhängig von kompositorischer Regelhaftigkeit zum Arbeitsprinzip erhoben wird.«[273]

Im Winter 2011 ging es dann um Gedicht, Experiment, Politik. Während der sogenannten Timber-Tagung fragten sich die Beteiligten, inwiefern eine grob gesagt experimentelle Schreibweise weniger gewappnet sei vor ungewollter politischer Einverleibung

272 Dorothea Böhm: Höllenfahrt Christi – Topo-Analysen des modernen Subjektgehäuses, in: Markwart Herzog (Hg): Höllen-Fahrten. Geschichte und Aktualität eines Mythos. Stuttgart 2006. Seite 142f.

273 André Rottmann: Marcel Duchamps »Shandyismus«, in: Shandyismus: Autorschaft als Genre. Hg. von Helmut Draxler. Wien, Dresden, Stuttgart 2007. Seite 189.

als andere, sagen wir, mimetisch-realistische Schreibweisen.[274] Wobei Schreibweisen nicht ohne Weiteres abzulegen sind und man sich selten irrt in Menschen, die man gelesen hat, bevor man sie traf, allen polysemischen Täuschungsmanövern zum Trotz. Sie sind illusorisch, die Schreibweise trägt. Sie ist kaum vom Verfasser zu trennen, oder sollte dies noch auf ungewissen Dielen wanken? Barfuß auf schroffen Kieseln gehen? Nicht rechtzeitig einen Unterschlupf gefunden haben? Nach mehreren Stunden immer noch an der Bushaltestelle stehn? Weithin sichtbar doppeldeutig ausharren und dem Anschein nach in großen Abständen etwas rufen, das man nicht verstehen kann? Betreiben auch Sie eine Schreibweise? Dann bleiben Sie noch für ein Momentchen dabei. Vielleicht kommen wir später dazu, uns gegenseitig etwas zu zeigen.

Um einen Schritt weiter zu gehen, nehmen Sie bitte zunächst den Bruch mit der Logik des Repräsentativen in den Blick, der einigen künstlerischen Bewegungen des frühen 20. Jahrhunderts, die man gewöhnlich mit dem neurotischen Kampfbegriff »Avantgarde« fasst, zugeschrieben wird. Doch halt, noch mitten in der Satzklammer gefangen, fällt dem Idioten mit einem Mal wie aus dem Nichts der Titel einer alten Starship-Ausgabe ein: Das Jahr, in dem wir nirgendwo waren, *The year we have been nowhere*, Nummer 8, 2005 – und eine Sehnsucht haut ihn um, wie eine allergische Attacke, halb narrisch und sehr schwer.[275] Vielleicht, weil es damals eine Pause war, ein Zwischenbericht – und so viel hinter ihm, aber auch vor ihm lag, sobald er wieder Fahrt aufgenommen hätte. Es läuft ihm jetzt sehr langsam am Brustkorb herunter, und aus den Augen heraus. Der Idiot glaubt, das ist das Herz. Vielleicht liegt es auch mit daran, dass er nun fast zwei Monate in diesem Bergort ist, meistens alleine, die Essays aus den letzten sieben Jahren überarbeitet und sich dabei zunehmend sonderbar vorkommt. Er erinnert sich, als ob er

274 Das sogenannten TIMBER-Symposium, mit Urs Allemann, Franz-Josef Czernin, Michael Donhauser, Oswald Egger, Barbara Köhler, Benedikt Ledebur, Steffen Popp, Monika Rinck, Ferdinand Schmatz, Ulf Stolterfoht, Peter Waterhouse und Uljana Wolf, das initiiert von Ulf Stolterfoht im Winter 2011 im Berliner Literaturhaus stattfand. Alles Weitere ist hier zu finden: http://timberpoetologie.wordpress.com/

275 Das Starship-Magazin gibt es nach wie vor. http://www.starship-magazine.org/index.php

durchsichtig würde, sich auflöste dabei. Als das Denken noch eine gute gesprächige Umgebung hatte. An die nicht zuletzt durch ihren Erfolg heute überallhin verstreuten Menschen muss er denken, an die gemeinsame Zeitgenossenschaft, und er, was macht er jetzt? Er fädelt das jetzt alles durch eine so strenge Nadel, ach. Er weiß es auch nicht. Wenn er in Berlin wäre, könnte er sich zumindest das Heft greifen. Alle Ausgaben der Starship, die er noch hat, und feststellen, was passiert ist. Dass man im Denken lose einen guten Zusammenhang adressiert, ohne einzelne Personen zu meinen, dass diese innere Adresse getragen ist von Wünschen, in denen nicht der Mangel vorherrscht, sondern eine innere Spannung, die eine Gabe ist. Hinzutrat elegisch eine Qualität. Aber wo sind wir jetzt? Nicht einmal mehr nirgends. Ach, das stimmt doch nicht.

Posthuman und nomadisch, bietet Rosi Braidotti an und ruft durch den maritimen Streifenvorhang: *desire* als *plenitude*. Wir sind im Süden. »Die Idee von Begehren als Fülle und nicht als Mangel schafft einen transformativeren und weniger negativen Zugang zum nomadischen Beziehungssubjekt als zuvor erlaubt war, zum Beispiel durch das gespaltene Subjekt der Psychoanalyse. Das nomadische Subjekt ist ein Zweig der Komplexitätstheorie und es bewirbt die fortwährende Betonung der radikalen Ethik der Transformation.«[276] Das war im Jahr 2013. Bereits 1977 behaupteten Deleuze und Guattari, der Lacan'sche Begriff des Symbolischen sei überholt wie das Polaroid einer Welt, die sich seither weiter bewegt habe, referiert sie weiter. Und fügt hinzu: Wir müssen uns der Gegenwart würdig erweisen, »we need to be worthy of the present«, und daher teilhaben an der Gegenwartskultur, indem wir das Subjekt eben dieser Welt verkörpern und einbetten.[277] Vielleicht warten wir erstmal ab, sagt der Idiot. Er schaut noch ein wenig zurück.

Ein Ziel der künstlerischen Bewegungen am Anfang des 20. Jahrhunderts war es, »die konventionellen Regeln der Repräsentation zu zerstören und stattdessen neue Formen der (Nicht-) Signifikation zu entwickeln. Doch war der avantgardistische Wille zum

276 Rosi Braidotti: The Posthuman. (ÜS MR) Cambridge 2013. Seite 189.

277 Rosi Braidotti: The Posthuman. (ÜS MR) Cambridge 2013. Seite 189.

Experiment und zur Schaffung einer neuen Welt nicht nur mit anarchischer oder nihilistischer Freiheit verbunden, er war auch häufig, vor allem in seinen radikalsten Ausprägungen, ein Kampf, mit dem technischer Minimalismus und Purismus sowie strikt formale Regeln und Ordnungen durchgesetzt werden sollten.«[278]

Müssen wir uns wirklich fragen, was ein politisches Gedicht unter diesen Voraussetzungen repräsentieren muss oder kann? Das ist wohl die falsche Frage, eine fade zudem. Fragen wir lieber, wo Repräsentation insgesamt scheitert und was es dazu braucht. Ob das wirklich sinnvoller ist? Der Idiot kann den Kampf um Relevanz auf ganz verschiedenen Ebenen führen. Normative Sprache trifft auf Dichterwort. Dichterwort sagt: Ich bin Gesetz. Keiner glaubt ihm auch nur für zwei Cent! Oswald Wiener sagt an irgendeiner Stelle, jeder grammatisch richtige deutsche Satz sei ein Todesurteil. Der Idiot sagt: Dramatisierung der Grammatik. Oder Romantisierung der Devianz? Es könnte schließlich auch ein grammatisch falsches Todesurteil ausgesprochen und vollzogen werden.

Wer schreibt denn hier die Gedichte? Wenn es der junge Mann mit der Psychose ist. Die junge Frau, aus der nichts mehr wird. Eine andere, die ihre Miete nicht mehr zahlen kann. Einer, der das neben seiner Professur betreibt, und ein anderer, der durchdreht, weil die Gelegenheitsjobs ihn mürbe machen. Einer, der immerzu das Gleiche macht. Und wieder einer, der sich vom Neid kaum noch befreien kann und immer schwerer wird. Und eine, die nur schreiben kann, wo Liebesunheil wirkt. Ein anderer, der so viel trinkt, dass man ihn wirklich nicht mehr verstehen kann. Und die, die sich so furchtbar unterschätzt. Und einer, der jetzt etwas ganz anderes macht. Und sie, die verschwunden ist. Und die, der man alles abkauft, egal was es ist. Und dieser, der schlägt seine Frau. Und der, der nichts mehr merkt. Und einer, der nur spielt und alles kriegt. Und die, die inzwischen nichts anderes als Gremienarbeit macht. Und der, in dem allenfalls die Komplexe schreiben. Und sie,

278 Boyan Manchev: Tyrannische Poesie oder Poesie von Tyrannen, in: Despoten Dichten. Hg. von Albrecht Koschorke, Konstantin Kaminskij. Konstanz 2011. Seite 352.

die wieder mit den Drogen angefangen hat. Und er, der vor Kurzem damit aufgehört hat. Und die, die sich über alle stellt. Und der, der irgendwo verloren ging. Sie wissen das alles. Nein, Sie wissen es nicht. Alles Weitere darf sich nur dem Helfer und der Helferin erschließen. Aber das stimmt nicht. Nicht einmal das.

Dennoch können Sie sich noch eine ganze Weile mit dem Nebeneinander von Experiment, regelgeleiteter Poetik, politischer Wirksamkeit und semantischer Tiefe beschäftigen, auch wenn das fast unumgänglich zur Frage nach der Verständlichkeit poetischer Sprachgebungen führt. Jesses. Wir haben ja sonst nichts zu tun. Stünde dem hässlichen Wort »Klartext« mit seiner programmatischen Direktheit das zärtliche Nesteln einer hermetischen Wendung gegenüber? Oder nehmen wir trockene Gedankenlyrik als Gegenpart zu einer sich aussetzenden konfessionellen Redeweise? All diese Beschreibungen sind ideologisch lackiert und der Idiot möchte sich jetzt schon für sie entschuldigen. Ja, darüber hat er vor drei Jahren nachgedacht, und so oder so ähnlich wird er gesprochen haben.

Noch ist dabei nichts über die Qualität des jeweiligen Textes gesagt, nichts über die Bedingungen seiner Entstehung und natürlich nichts über die Haltung seines Verfassers, seiner Verfasserin. Was ist hier Theorie, was Praxis? Ist die Haltung die Theorie, das Schreiben aber die Praxis? Oder ist die Haltung Praxis, das Schreiben aber Theorie? Oder findet die Praxis ganz woanders statt? Diese Differenzen können an jeder Stelle der poetischen Produktion neu überdacht werden. Oder einfach hinfahren? »Hinfahren«, das wusste schon Friederike Kempner, »ist keine Kunst.«[279] Und verweigerten nicht schon die Avantgarden vor mehr als hundert Jahren diese Unterscheidung? Aber es gibt Unterschiede, der Idiot sieht die Verwirklichung einer Praxis stärker auf Öffentlichkeit angewiesen als die Theorie, und beginnt sofort damit, sich zu widersprechen. Dennoch denkt er Praxis nun probehalber als Veröffentlichung und Verkörperung. Es geht nicht nur darum, »sich in einer öffentlichen Art des Erscheinens auszuliefern«, sondern

279 Friederike Kempner: Das Leben ist ein Gedichte. Hg. von Horst Drescher. Leipzig 1971.

auch darum, »ob wir eine Beziehung aufzeigen können, zwischen dem rationalen Diskurs, dem *logos*, den wir verwenden können, und der Art, wie wir leben«[280].

1973 erschien das Buch »Über die Schwierigkeit Kunst zu machen«, Untertitel: »Antriebe ihrer Vergesellschaftung. Eine theoretische und empirische Untersuchung mit jungen Künstlern über ihr Selbstverständnis und über die Bedingungen ihrer Tätigkeit in der kapitalistischen Gesellschaft.« Die Autoren kamen allesamt aus dem Umfeld des Religionswissenschaftlichen Instituts der Freien Universität Berlin. Der Titel spielt an auf die Habilitationsschrift von Klaus Heinrich »Versuch über die Schwierigkeit Nein zu sagen« – und neben der Theorie setzte man auf Empirie. Man ging zu den Leuten, oft Kunststudenten und Kunststudentinnen, hin und beschuldigte oder ermutigte sie, je nach Haltung, die sie zu ihrer Produktivität einnahmen, und tat das mithilfe der kritischen Theorie, Psychoanalyse und marxistischer Philosophie.[281] Dem schließt sich ein theoretischer Anhang an. Diese Herangehensweise an ästhetische Phänomene ist dem Leser heute

280 Judith Butler: Kritik der ethischen Gewalt. Frankfurt am Main 2002. E-Book Position 2296.

281 Die Schwierigkeit, Kunst zu machen. Antriebe ihrer Vergesellschaftung. Hg. von Hermann Pfütze, Olav Münzberg, Una Pfau, Heinrich Kutzner und Lorenz Wilkens. Frankfurt am Main 1973. Seite 13. Eine Relektüre lohnt auch das Kapitel: »Zum emanzipatorischen Anspruch der Kunst – Triebspannung und Sinnesenergien. Die Ästhetik der Gewalt und die Gewalt des Ästhetischen. Seite 400–413. Eine kurze Anmerkung zu dem Unbekannten der gemachten Dinge und zum Experiment. Der Idiot zitiert Reinhard Lettau: Frühstücksgespräche in Miami. München 1977. Seite 22.
»*General* Wessiny Wessin: Als ich sagte, ich hätte die Idee, dachte ich noch, ich könnte sie auch mitteilen, d. h., erst während der Meldung, dass ich die Idee hätte, begann ich zu spüren, dass die Idee so leicht mir von den Lippen nicht kommen möchte.
Oberst Jesus Schneider: Sie brauchen also das Erlebnis, etwas sagen zu wollen, um zu erfahren, dass sie es nicht können?
General Wessin y Wessin: Diese Darstellung ist etwas vereinfacht. Gewissermaßen hatte ich, als ich sagte, ich hätte eine Idee, diese Idee erst, nachdem ich gesagt hatte, ich hätte sie.
Präsident Arnulio Manuel Rosa: Unverschämtheit. (Hält inne) Haben Sie nicht auch mal ein Gebäude errichten lassen und als es dastand, vergessen, für was?
General Wessin y Wessin: Die Erinnerung an die Absicht des Gebäudes verloren wir schon nach dem ersten Spatenstich. Von da an war es reines Experiment.« Andererseits gehört zum Experiment, dass es wiederholbar ist. Und: Experimente sind Praktiken der Evidenzproduktion. Doch kann man lernen, was man nur einmal können muss?, fragt Ilse Aichinger.

etwas fremd, weswegen er das Buch immer wieder zur Hand nimmt und darin liest: Die Kontraste sind interessant.

Im Vorwort heißt es: »Adornos ästhetisches Programm, auf das die revolutionäre Perspektive sich für ihn reduziert zu haben scheint, drückt sich vielleicht am prägnantesten aus in der Formel, man müsse ›Dinge machen, von denen wir nicht wissen, was sie sind‹.[282] Die Preisgabe der zweckrationalen Verfügung über die sinnlich-spontanen Impulse gilt ihm als die Garantie des Widerstands. Deswegen postuliert er auch das Verbot jeder Verwendung künstlerischer Mittel für die politische Agitation, weil dieser Zweck kein Zweck der Kunst sein könne, sondern immer ein äußerlich diktierter. Adorno beschränkt dieses Verbot jedoch auf die Kunst, überträgt es nicht auf die Theorie im Gegensatz zu Habermas, der aus der Kritik der Praxis der Studentenbewegung ihre Agitation als ›faschistisch‹ diffamiert, weil sie offenbar seine, als ästhetisches Ganzes konzipierte Theorie einem von ihm als Zwang empfundenen Zweck und Gebrauch zuführen könnte. Adorno dagegen betont ausdrücklich die ›Überschätzung des einzelnen‹ und den ›Zusatz des Wahnhaften‹, also den agitatorischen Verschleiß von Theorie, ohne den die ›kritische Theorie nichtig wäre‹. Gerade ›der Zusatz des Wahnhaften dabei (bei den konkreten Ausführungen und Zuspitzungen der Theorie) warnt indessen vor Überschreitungen, in denen es sich unaufhaltsam vergrößert‹.«

Auch der Zusatz des Wahnhaften ist interessant. Nun kann theoretische Reflexion und Metatext wie in der Konzeptkunst durchaus identisch sein mit einer künstlerischen Praxis – inzwischen geht es allerdings um etwas anderes. Vielerorts ist zu sehen, dass die Theorie, auch politische Theorie, im Sinne der Wertsteigerung von recht beliebiger Kunst oder der Aufwertung von leeren Werk-Arrangements benutzt oder missbraucht wird. »Vielleicht hatte der Vorwurf des Inauthentischen nie größere Berechtigung als heute, wo sich die Kunstinstitutionen und Biennalen wechselseitig in ihrem politischen Anspruch überbieten, ohne dass die

282 Daniel Falb merkte irgendwo an: Um nicht zu wissen, was man tut, müsse man zunächst etwas tun. Das leuchtet unmittelbar ein.

drastischsten Versuche, die Differenz von Kunst und Leben aufzuheben, bislang je in etwas anderem geendet wären als in dem schalen Eindruck, dass, wie es die ältere kritische Theorie formuliert hätte, Politik *veranstaltet* wird und also gerade nicht stattfindet. (...) Über Politik in Marathon-Diskussionsrunden zu reden, wie sie von Protagonisten der Kunstwelt derzeit gerne ausgerichtet werden, heißt – trotz aller Erschöpfung, die solche Veranstaltungen generieren, um sich ihrer eigenen Bedeutsamkeit zu versichern – nicht schon, Politik zu machen.«[283]

Das sind Kunstprojekte, die sich parasitär an ihrem politischen Material aufladen, was heißt, der Künstler nutzt die neue Position der Relevanz, die er einem politischen Anspruch entlehnt, um die eigene Position im Kunstmarkt zu stärken und sich dann, nachdem das Interesse nachgelassen hat, anderem zuzuwenden. Sodass am Ende weder gute Kunst noch gelungene politische Intervention herausgekommen sein werden. »Nun ist freilich gegen Prozesse der politischen Selbstverständigung auch in der Kunstwelt nichts einzuwenden. Aber angesichts des Umstands, dass der Ausdruck politischer Ambition heute das erfolgreichste Schmiermittel zur Aufrechterhaltung des Betriebs selbst zu sein scheint, drängt sich der Verdacht auf, dass das Vermächtnis eines ästhetisch stumpfen Avantgarde-Verständnisses, demzufolge die avancierte Kunst die Aufgabe hat, sich selbst im Leben aufzuheben, eine ungute Allianz mit der neoliberalen *Impact*-Forderung eingegangen ist, die von den Geisteswissenschaften und den Künsten verlangt, einen unmittelbaren Nachweis ihrer gesellschaftlichen Wirksamkeit zu erbringen.«[284]

Der Dichter denkt darüber nach, was das dort zu bedeuten hat, wo man nur Text hat, zumal poetischen – als eine Kunst der Konkretion oder der Diffusion. Bildet er ihn auf sich selbst ab oder umgibt er ihn – in einem Moment der Überreizung – mit noch mehr Text? Wo ansetzen. Ja, wo ansetzen? Wie will er denn Sprachkunst sprachlich noch aufwerten? Für das Gedicht zu

283 Juliane Rebentisch: Theorien der Gegenwartskunst. Hamburg 2013. Seite 169.

284 Juliane Rebentisch: Theorien der Gegenwartskunst. Hamburg 2013. Seite 170.

werben, ist in etwa so, wie mit Brillanten für Diamanten zu werben. Kann man aber freilich machen. In anderen Disziplinen steht dem Artefakt die Möglichkeit einer Aufwertung durch Sprache zu, selten geht dies einher mit der Aufwertung der Sprache selbst. Ein Gedicht aber, das diese Begleitung benötigte, müsste ehrlicherweise einwilligen in seine eigene Ersetzung – durch den ihm überlegenen Kommentar. Gut, das ist umstrittenes Terrain. Der Dichter ist unaufgefordert zur Selbstanalyse bereit – und das ohne zuvor eine Lehranalyse vollzogen zu haben. Der Idiot sieht Schwierigkeiten und sagt das auch gerade heraus: Ich sehe Schwierigkeiten. Wild aufbrandender Applaus.

Theorie und Praxis [der Chemie]

Wenn die Analyse nicht mehr taugt, ist der Dichter versucht, etwas anzustrengen, das Züge einer wirren, wahllosen Analyse trägt, die dann allerdings Gefahr läuft, gar keine mehr zu sein. Was soll das heißen? Erst einmal haben wir es angesichts der Analyse mit einer Metapher zu tun, die in der Chemie groß geworden ist und später auch in der Psychoanalyse beschäftigt wurde. »Die Chemie geht immer so vor, dass sie Stoffe oder begriffliche Einheiten trennt, um sie zu isolieren und zu reinigen, bevor sie diese Stoffe wieder in neuen Konfigurationen oder Mengenverhältnissen zusammensetzt, um sie zu rekombinieren und neue Formen mit neuen Eigenschaften hervorzubringen.«[285] Am Anfang steht die Auflösung. Die Rekonstruktion ist nachträglich und nicht zwingend.

Wenn Sie heute geistesgegenwärtige Metaphern erstellen möchten, müssten Sie eigentlich viel mehr über das Programmieren wissen, über die Funktionsweisen von Algorithmen und die Hintergrundprozesse digitaler Anwendungen, um zu lernen, wie Sie frei mit dem Vokabular dieser neuen Disziplin umgehen können.

Vielleicht möchten Sie vorerst die Vergangenheit in den Blick nehmen, als die Überzeugung oder zumindest der Wunsch

285 Eintrag: Chemie, Abschnitt Methoden der Chemie, in: Thesaurus der exakten Wissenschaften. Hg. von Michel Serres und Nayla Farouki. Frankfurt am Main 2001. Seite 119f.

herrschte, die Analyse könne etwas so umwandeln, dass es ein Wunder sei. Woher sie das hat? Aus der Alchemie. Interessanterweise steht hier, bei der atavistischen Vorform der Chemie, auch die Wiege der Hermetik. Die mythische Figur Hermes Trismegistos – eine Verschmelzung des ägyptischen Gottes Thot mit dem griechischen Götterboten Hermes – ist eine Erfindung der Spätantike, die sehr um die Verwandlung von Blei in Gold bemüht war. »Diesen Prozess versuchten sie im Labor extrem zu verkürzen, indem sie mit Erhitzung durch Feuer und chemischen Prozeduren im geschlossenen (hermetischen) Gefäß operierten. (...) Die Verwandlung der Metalle, die Erlösung von der Materie und der seelisch-geistige Wandlungsprozess des Adepten gehen Hand in Hand. Chemischer Prozess und spirituelles Anliegen sind nicht getrennt.«[286] Nicht um Auflösung war es der Alchemie zu tun, sondern um Verwandlung der Materie, und Spuren dieser Verwandlungshoffnung findet der Idiot auch heute noch in so mancher Textanalyse, von der Psychoanalyse ganz zu schweigen. Allerdings hat er es da wie dort nicht mit reinen isolierbaren Elementen zu tun, sondern mit Mischungen, ja, eigentlich fast ausschließlich. Kommt jetzt endlich der Götterbote Herpes? Gleich, gleich kommt er.

Beim Vorherrschen eines einzigen Affekts kann sich etwas den Elementen Vergleichbares einstellen: das kurzfristige Verstummen des ständigen inneren Parlaments, diesem Hin und Her zwischen Reflexion und Produktion. Was den Idioten nachts schindet, verbündet sich tagsüber mit dem Überich und tadelt ihn, um ihn nachts weiter zu schinden. Was tun? Viele Formen der Entmischung bringen letztlich ein Elend über die Menschen. Doch manches hat sich auf unrichtige Weise verknüpft: Das Blauäugige und das Paranoide gingen kürzlich eine fatale Verbindung ein. Man muss unterscheiden, auch hier, lernt der Idiot. Die Freuden der Mischung – das war doch stets die Flagge, unter der wir segelten, sagt er. Zudem hat er in letzter Zeit einige sehr gute Cuvées

286 Rosmarie Daniel: Nachtmeerfahrt. Tiefenpsychologische Reflexionen über Höllenfahrten, in: Höllen-Fahrten. Geschichte und Aktualität eines Mythos. Hg. von Markwart Herzog. Stuttgart 2006. Seite 253f.

getrunken. Das könnte der Idiot auch argumentativ vertreten, falls gewünscht. Aber, aber, aber: Die Bedingungen haben sich doch verändert. Wobei die Mischung ja meistens bereits im Einzelnen ist, und verfolgt man sie zurück, kommt nicht größere Reinheit, sondern noch mehr Mischung zum Vorschein, stellt man den Fokus allerdings ganz grob ein, wird alles eins.

Es mischt sich ja schon in der Aufmerksamkeit, wendet der Dichter ein und wird Ihnen jetzt den Begriff der Intensität etwas heller ausleuchten. Denn Intensität ist zuallererst eine Form der Aufmerksamkeit und nicht in erster Linie Qualität des auslösenden Artefakts. Einen ersten Hinweis gibt die Wortgeschichte des Begriffs Intensität, von *intendere*: Aufmerksamkeit auf etwas richten. Das bedeutet ja, dass nicht unbedingt das Phänomen an Stärke gewinnen muss, sondern dass es sich einer gesteigerten Aufmerksamkeit deutlicher zeigt. Dass womöglich die Aufmerksamkeit selbst das Phänomen in seiner Intensität erst hervorgebracht hat. Womit sich das Phänomen in die Aufmerksamkeit hineinmischt und diese auf unvordenkliche Weise nun Teil hat an dem, was sie wahrnimmt. Schon hier zeigt sich, dass Erkenntnis eine Beziehung ist, die sowohl das Erkannte als auch den Erkennenden formt.[287]

Etwas machen, das man herzeigen kann! Darin ist ein wenig heimtückisch auch die Frage verborgen: Kann man es denn herzeigen? Ist es überhaupt präsentabel? Ist es gelungen? Der Dichter kann leider nicht mehr länger sagen: So zu sprechen, dass das Verständnis dramatisiert, herausgefordert, denaturalisiert, gedehnt, selbst ins Zentrum gerückt wird – sei bereits ein politischer Akt. Oder doch? Kommt gleich ein sehnsüchtiges Gefühl wie Überzeugungsneid auf die Franzosen auf, denen es zuweilen gelingt, Poesie und Politik im Brustton der

287 Siehe hierzu: Alf Hornborg: Animismus, Fetischismus und Objektivismus als Strategien der Welt(v)erkenntnis, in: Animismus. Hg. von Irene Albers und Anselm Franke. Zürich 2012. Seite 61.

Überzeugung synonym zu verwenden.[288] Aber wenn man davon wirklich überzeugt wäre, würde man sich vielleicht so verhalten, dass es in der Tat so wäre, oder sogar ist. Ja, hier fallen wir jetzt in den Indikativ. So. Inzwischen findet der Idiot neue Bücher vor, die sich der Materialität zuwenden und mit Vorschautexten von ungehaltener Entschiedenheit beworben werden: »Scheiße oder Abendland«.[289]

In einem sehr aufschlussreichen Interview antwortet der Komponist und Theoretiker Manos Tsangaris auf die Frage nach den Möglichkeiten der Kunst, den »politischen Raum mit ästhetischen Mitteln herauszufordern«: »Sehr oft ist gerade die Kunst, die sich politisch gebärdet, als Kunst und als vermeintlich politische Intervention gefährdet. Denn politisch wirksame Kunst setzt einen emphatischen Kunstbegriff voraus. Gerade wo sie sich gezielt in den Elfenbeinturm zurückzieht, kann sie politisch werden. (...) Ich glaube nämlich, dass Avantgarde grundsätzlich nur gesellschaftliche Avantgarde sein kann. Davon auszugehen, dass irgendeine künstlerische Ausrichtung vorne liegt, fortschrittlich ist, erscheint mir sehr problematisch. (...) Danach [nach den 1960er Jahren] ist meines Erachtens die einzige Chance, einen Zugriff auf das Politische zu finden, die konkrete Auseinandersetzung mit den unterschiedlichen Grammatiken der Sprachmittel, die im Spiel sind. Es geht darum, deren Zusammenspiel zu beobachten und zu untersuchen, welche Formen von Subversion und Unterwanderung der

288 Interessanter ist da vielleicht eine Verbindung, auf die ich bereits anfangs hingewiesen habe, wie von Sianne Ngai im Vorwort zu ihrem Buch »Ugly Feelings« gedacht: »Yet one could argue that bourgeois art's reflexive preoccupation with its own ›powerlessness and superfluity in the empirical world‹ is precisely what makes it capable of theorizing social powerlessness in a manner unrivaled by other forms of cultural praxis.« Sianne Ngai: Ugly Feelings. Cambridge 2005. Seite 2.

289 »Endlich: Marcel Beyer legt einen neuen Gedichtband vor. Mit dem Titel ist der Hinweis auf die motivische Klammer gegeben: Materialität. Dinge, ob Blume, ob Feder, ob Scheiße oder Abendland, die sich bei den Kollegen aus allen Zeiten finden und neu integrieren lassen; die Körnung der unterschiedlichsten alltäglichen wie politischen Stimmen.« So zu finden auf suhrkamp.de, im Dezember 2014.

Sprachmittel, die von gezielten Machtinteressen geleitet werden, überhaupt noch möglich sind.«[290]

Doch es gibt ja auch auf der anderen Seite Praktiker, es gibt Spezialisten. Zum Beispiel Germanisten. Besteht nicht die Gefahr, als Dichter (hier im Sinne von Praktiker) mitzumachen bei der unguten und immerzu fortschreitenden Aufhebung arbeitsweltlicher Trennungen, indem man sich bereit erklärt, alles selber zu machen? In der Personalunion von Theorie und Praxis fallen nun ausgerechnet die Grenzen, die der Idiot ohnehin ohne Unterlass überrennt. Oder: Der Idiot darf sich endlich abkehren von den überfordernden Ansprüchen des Ganzen, von denen er einmal ausgegangen war. Trotz des adornitischen Verdikts fand er nicht die Grenze, an der sein Denken hätte haltmachen sollen, es ging schlaflos in immer größeren Kreisen. Ja, es war das Unwahre, aber vieles andere war das eben auch. Daraus folgt: Theoretisch ist der Idiot auf jeden Fall gegen die Wiedereinführung jener Trennung zwischen Theorie und Praxis. Obwohl ihm zuweilen unklar ist, wie sich das eine vom anderen unterscheidet. Ob er im Begriff ist, Theorie oder Praxis zu betreiben. Nun ja, werden Sie sagen, wenn er im Begriff ist, dann wird es Theorie sein. Nein! Doch! Hm.

Es werden auch die Fragen der Methodik deutlicher in den Vordergrund treten müssen: Wenn während der Timber-Tagung im Jahr 2011, in dem Beitrag von Peter Waterhouse[291], ein ohne Frage politischer und zudem erzwungener Text, nämlich das Protokoll eines Verhörs in einem Asylverfahren, einer immens kleinteiligen, tastenden Analyse unterzogen wird, so treffen zwei Haltungen aufeinander. Das poetologische *Close Reading* eines (durch die angespannte Aufmerksamkeit beinah geheiligten) Textes – und die schnelle Kenntnisnahme eines Protokolls, um sich zu informieren, was passiert ist. Inwiefern spielt es da eine Rolle, über

290 To Rearrange the Scene. Manos Tsangaris im Gespräch mit Johannes Odenthal, in: Schwindel der Wirklichkeit, Ausstellungszeitung. Berlin 2014. Seite 3.

291 Auch diesen Text können Sie online nachlesen: http://timberpoetologie.wordpress.com/2012/01/25/beitrag-11-peter-waterhouse/

die Beweggründe der Übersetzerin (hier: warum es zu ihrem Versprecher kommt) zu spekulieren.

Der Idiot reagierte innerlich gereizt (jetzt ruft sie halt an, die Übersetzerin!) – dachte dann aber, dass sich an genau dieser Stelle etwas zeige. Die Durchsichtigkeit oder Obskurität des Materials und das Verhältnis zwischen diesen beiden Qualitäten, das sich während der Deutung vielleicht umkehren kann. Ebenso die Tatsache, dass hier verschiedene Formen von Genauigkeit und Zeitnahme gegeneinander arbeiten, wobei die Analyse mit all ihren Wiederholungen das Bewusstsein verstimmt, reizt, nervt – also mit unfreiwilliger Empathie für die Situation des Flüchtlings begabt.

Das bedeutet: Der Unterschied zwischen politischem und poetischem Text ist nicht zuletzt Sache der Methode, die auf ihn angewandt wird. Das geht bis hin zu der Frage, ob im Zweifelsfall eine Methode eine Aussage rechtfertigen könnte. Denken Sie nur an Zufallsmethodiken und deren prinzipiell unterkontrollierte Ergebnisse. Geht es um Wahrheitsfindung? Und, wenn es nicht darum geht, worum geht es dann?

Vielleicht ist hier ja die richtige Stelle, um an ein Ideal zu erinnern, das Ideal der Einrichtung von lernenden Gemeinschaften, nicht nur an Schulen und Universitäten, sondern auch an Theatern, in den Medien, auf dem Buchmarkt: »Es geht um den Traum, sozial relevantes Wissen zu produzieren, das mit grundlegenden Prinzipien sozialer Gerechtigkeit in Übereinstimmung ist, den Respekt vor menschlichem Anstand und menschlicher Vielfalt, die Abwehr falscher Universalismen, die Positivität der Differenz zu affirmieren, und die Prinzipien von akademischer Freiheit, Antirassismus, Offenheit gegenüber anderen und Geselligkeit.«[292]

Der Idiot hat gesehen, dass ein hohes Maß an Selbstreflexion der Praxis hinderlich werden kann, obwohl er unreflektierte Praktiken in den meisten Fällen ablehnt. Doch das Umkreisen des Eigenen, das noch nicht getan ist, immerzu vom Zweifel motorisiert, kann

292 Rosi Braidotti: The Posthuman. (ÜS MR) Cambridge 2013. Seite 11.

sich zu einer quälerischen Form der unproduktiven Egozentrik umbauen. Daher will der Idiot nun das Machen in die Mitte stellen, respektive das unreflektierte (!) Nichtmachen. Lassen Sie es einfach sein! Wirklich, lassen Sie es sein. Den Rechtfertigungsdiskurs mögen dieses eine Mal andere führen. Aber hat der Idiot früher nicht selbst immer gesagt, man müsse sich (theoretisch!) an jeder poetischen Entscheidung legitimierend entlangschreiben können, als sein eigener Begleiter, wie ein retrospektiver Navigator? Als entstünde eine Karte im Unbewussten, wo das Unbewusste keine Gültigkeit mehr hat. Rationale Enklaven der Nachträglichkeit, überdrehte Rationalisierungen.

Vielleicht sollte man sich ehrlicherweise doch abkoppeln – und die Dichtung hier entlassen. Der Idiot hat die schweren Bücher zur politischen Lyrik drei ganze Tage lang durch Rom getragen und die Freundin nahm sie ihm manchmal ab und trug dann seine dumme Tasche. Wo sind sie hingegangen? Wo ist das hingegangen, ach.

Etwas machen, das etwas besser ist als das, was es eh gibt. Sich bemühen. Hilfreich ist dann auch, dass man die Zeit mit etwas füllt, das nicht ganz sinnlos scheint. Also: etwas machen. Wenn man es gemacht hat, kann man es herzeigen. Dann wird es real. Wir befinden uns im Geltungsbereich von Verkörperung. Etwas machen, das man herzeigen kann. Das will auch eine Haltung sein. Damit sich daran etwas zeigt, den anderen. Und was? Das wird man dann sehen, wenn die anderen es sehen. Denn man kommt an die natürlichen Grenzen dessen, was man alleine machen kann.

Nach der Poesie: Warten auf die Ablösung

Die Zukunft der poetischen Sprache liegt im Dunkeln, wie alle möglichen anderen Zukünfte auch. Das Einzige, was der Idiot von ihr weiß, ist, dass sie später eintreffen wird als die, die er kennt (und sicherlich nicht zur Gänze überblickt), dass sie also hinsichtlich der Gegenwartspoesie postpoetisch ist. Das Präfix »post« meint ja nicht, dass ein Phänomen insgesamt zu seinem Ende gekommen ist und nun endlich abgelöst werden kann. Sowohl die Errungenschaften wie die Krisen der Moderne wirken schließlich in der Post-Moderne fort. Das Ende der Geschichte ist nicht eingetreten. Aber der Fortgang der Geschichte als beendete, vom Ende bedrohte, durch ihr vorstellbar gewordenes Ende befreite oder belastete Geschichte ist eingetreten. Versuche der Entledigung durch das Voransetzen der Vorsilbe »post« führen zu Vermehrungen, Aufsplitterungen, Abspaltungen, Variationen, Versionierungen – oder zu gar nichts. Sie vermögen allerdings das Bewusstsein für ein kritisch umgebautes Fortwirken zu präparieren oder, optisch gesagt, die Perspektive auf einen möglichen Paradigmenwechsel hin auszuleuchten (hinauszuleuchten in Cinemascope).

»Die sich ändernden Bedingungen unserer Geschichtlichkeit sind verantwortlich für den Niedergang des humanistischen ›Menschen‹. Dem Post-Strukturalismus, der die Nachricht nur überbringt, die Schuld zu geben, ist, als würde man den Boten mit der Botschaft verwechseln. In Foucaults ironischen Worten (von 1970) ist dieser

Tod keine Form der Auslöschung, sondern eher ein historisch spezifischer Modus des Überdauerns aufseiten des ›Ex-Menschen‹, nach seinem anthropologischen Exodus.«[293]

Wo sind Sie? Immer deutlicher wird heutzutage die Anrufung (einer marktförmigen Identität) durch alle Formen der Bewusstseinsindustrie, aber auch durch die Allgegenwart von Werbung und Wettbewerb.[294] Die ideologische Anrufung, wie sie Althusser in seinem kanonischen Text über die ideologischen Staatsapparate beschrieben hat, erneuert ihre Macht und dehnt sie aus. Sie lässt kaum noch eine depersonalisierte Lücke.[295] Das begann irgendwann in den 2000er Jahren. Der steten Personalisierung mitverdankt, ist auch der Eintritt in das Zeitalter des negativen Narzissmus, der konsumistische Ego-Essenzialismen vervielfältigt, da Verkäufer Ihnen erzählen, Sie könnten alles sein – wobei sie ihrerseits das genau darauf zugeschnittene Requisit im Sortiment führten. Fürchterlich. Ob potenziell alles zu sein überhaupt wünschenswert ist oder ob dieser Anspruch einfach nur die Lautstärke der ideologischen Kakofonie des Allmöglichen hochregelt, bleibt unentschieden. Hier geht es weniger um wilde Veränderung als vielmehr um Optimierung gemäß einem vorgegebenen Ideal. Der Anspruch tut avanciert, bedient sich bei den Künsten, den Fiktionen, Filmen, Moden, Theoretikern – und reißt all dies hinüber in den panischen Egoraum einer generellen Machbarkeit, die bereits Züge eines totalitären Machbarkeitszwanges annimmt. Die vorgebliche Realisierbarkeit ist das Problem.[296]

293 Rosi Braidotti: The Posthuman. (ÜS MR) Cambridge 2013. Seite 151.

294 Man denke nur an die Fernsehformate, die uns unablässig das Ausscheiden und Weiterkommen in allen möglichen Bereichen vorexerzieren. Aber auch an die Unart der öffentlichen Jurys, auch der literarischen, die dem Idioten zunehmend unangenehm geworden ist. Vorgeführte Aussonderung. Man täusche sich nicht: Ein Wettbewerb ist etwas anderes als ein Spiel. Man könnte sagen: Ein Wettbewerb ist ein Spiel, dem das Spielerische abgeht.

295 http://www.b-books.de/texteprojekte/althusser/ – zuletzt abgerufen im Januar 2015.

296 Hierzu auch Alain Ehrenbergs Buch: Das erschöpfte Selbst. Übersetzt von Manuela Lenzen und Martin Klaus. Frankfurt am Main und New York 2004.

Anders sieht es im Vorstellungsraum aus. Als Charakteristik des Imaginären betrachtet, handelt es sich dort um ein auch ästhetisches Vergnügen der fantasmatischen Multiplikation. Aber das bedeutet eben auch, dass Sie gewillt sind, das Imaginäre als realistischen Bezirk des Austauschs ernst zu nehmen und wertzuschätzen. Unveräußerlichkeit ist hier ein Argument dafür – im Sinne einer inneren, identitätsarmen spielfreudigen Beweglichkeit. Dort können Sie sich glücklich machen.

Doch häufig wird eine andere Nutzung (und gleichermaßen Tilgung) des Imaginären beworben: als Hervorbringer oder Heimatatmosphäre der sprachlich legitimierten Stillstellung von richtig fiesen fiktionalen Identitäten, für die man sich aber trotzdem entscheiden muss. Die Zuspitzung besteht darin: Zwar leugnet niemand den fiktionalen Status dieser Identitäten, dennoch hat sich subkutan eine neue Zwangslage synthetisiert. Gerade weil sie fiktional sind, werden sie zu unlebensweltlichen Idealen, die auf Ausfüllung dringen. Alenka Zupančič stellt diese vertrackte Struktur schlüssig dar: »Die Frage nach der Wahrheit ist nie einfach die Frage, ob etwas wirklich geschehen ist oder nur vorgetäuscht, ›vorgespielt‹ wurde – die Frage nach der Wahrheit beinhaltet die Verbindung zwischen dem, was wir sehen (sei es die Realität oder ein Schauspiel), und dem Realen, das es strukturiert.«[297]

Wenn sich der Idiot dieser Art des performativen Entscheidungsterrors aussetzt, ist er es scheinbar selbst, der einen sehr anstrengenden Naturalismus zweiter Ordnung erzeugt. Die Frage lautet: Wohin kann er noch fliehen? Darauf muss die Sprache nicht nur ästhetisch, sondern auch sozialwissenschaftlich reagieren. Oder, Ästhetik ist in dieser Hinsicht als Sozialwissenschaft zu verstehen. Will sagen: Die Aufgaben und Möglichkeiten der Sprache sind gewachsen – und zwar an jeder Front, auch an der Gegenfront. Daher müssen die Möglichkeiten der poetischen Sprache und die Möglichkeiten der wilden Deutung ausgebaut und ihrerseits in jeder Hinsicht beworben werden.

297 Alenka Zupančič: Warum Psychoanalyse? Übersetzt von Luisa Banki und Felix Ensslin. Zürich 2009. Seite 61.

Das gute Gedicht als ein Phänomen poetischer Sprachverwendung befindet sich sowohl jenseits der Außengrenzen des Identitätsgeschehens als auch zuinnerst darin. Es muss all das besonders gut machen, oder alternativ: besonders schlecht. Beides wäre Protest und Korrektur. Wenn dies nicht Züge von Entmischung trüge, könnte man im Sinne der Überbietungslogik fordern: Eigentlich darf man ab jetzt nur noch poetisch sprechen. Poetisch sprechen mit metaphorischen Kollisionen ungleicher Teile, analytisch, musikalisch, singend, interventionistisch, mit unklarer Schärfe, scharfer Klarheit, sanfter Klinge, klingelnder Sanftmut, nicht zu erwartenden Sprüngen, hier zu knapp, dort wiederum viel zu ausführlich, mit Auslassungen und irreführenden Details, in frivolen Reimen, mit viel zu langen Pausen, in steilen Bildern, dichten Begriffen, in Katarakten, mit hastig wie klappernden Schlüssen, im diffusen Singsang, besiedelt mit willkürlichen, arbiträren Objekten, undurchdringlich wie Kautschuk, zäh wie Knirschschienen, mit Tieren, mit Noten, mit *Noise*, apodiktisch, apophatisch, begrifflich und schaumig, aufgeschäumt, verklausuliert, dann wieder von einschneidender Offensichtlichkeit. Und so weiter und so fort. Es wird hier kein einfaches Wort mehr gesprochen. Es wird ab heute nur noch sehr ernst gespielt. Da dies alte Vorurteile bedient, die gegenüber der poetischen Sprache ohnehin bestehen, muss der Idiot sich den Bedingungen des Begrifflichen (und in gleichem Maße auch: des formlosen) Denkens stellen.

Poesie und Begriff – poetische und begriffliche Sprache: Unlängst kam der Dichter auf die strukturschaffende Figur der Verzögerung durch eine einstweilen gültige begriffliche Fügung zu sprechen.[298] Was wäre demnach ein Begriff? Eine Rast, für einen Moment das Ende der Eile – bevor das unablässig aus- und umdeutende Geschehen der skeptischen Vorstellungskraft, Widerstand von unbewussten Szenerien, die verstandesgemäße Korrektur, affektuelle Interventionen aufgrund von Erfüllung oder Enttäuschung, das Eindringen des noch Formlosen, die Ablenkung von außen, die Erfahrung, das Radio, die Rede der

298 Im Gespräch mit Anke Hennig am 19. Mai 2012 in den Räumen des Merve-Verlags in der Reihe »Poesie und Begriff« zur spekulativen Poetik.

anderen Menschen und so weiter und so fort – all das, erneut verändernd eingreifen und diese Fügung durch andere sprachliche Beispiele (der Gegenwartslage) ablösen.

Doch auf der anderen Seite wird es sich als günstig erweisen, das Eintreten einer begrifflichen Rast so lange wie möglich herauszögern – im Sinne einer Verdichtung der Phänomene und Erhöhung des Anteils der Einzelheiten innerhalb der sprachlichen Versammlung, die der Begriff (das heißt, die seine Setzung) ist. Lassen Sie uns das Sammeln noch fortsetzen, bevor wir allen sagen, worum es sich handelt – im Gedicht ist jede begriffliche Setzung eine These, die verteidigt und bisweilen auch vorbereitet werden muss. Kein Kontext, keine Narration und kein Charakter ist da, um sie zu stützen.

Die Poesie müsste, so wollten dies die Romantiker, in der Lage sein, den Begriff und den Un-Begriff aufs Beste miteinander zu verbinden: Zu einer Wortkunst mit universalisierbarem Erkenntnisanspruch, als apotheotische Aufhebung der Spaltung im poetischen Denken. Doch woraus setzt sich das Denken zusammen? Müssen wir mehr über das Gehirn erfahren, um diese Frage zu beantworten, wie es zum Beispiel im Rahmen des Exzellenzclusters »Languages of Emotion« mithilfe von Medizintechnik in Angriff genommen wurde? Oder wäre es, wie Oskar Pastior auf dem Podium zu »Poesie und Wissen: Literarische Neugier und die Wissenschaften« ausführte, das im Mai 2004 im Literaturhaus Berlin stattfand, mit der Erforschung des Gedichts als einem besonderen Produkt des menschlichen Gehirns getan? Die Sestina, sagte Oskar Pastior damals, könne den Hirnforscher der Zukunft quasi archäologisch das Denken des Menschen lehren, die Kombinatorik und Akrobatik einer eingefleischten Logik. Der Idiot glaubt im Übrigen nicht, dass sich die Zukunft der Literatur mithilfe von neurologischen Evidenzen voraussagen lassen wird. Letztlich bleibt man auch hier auf die Deutung verwiesen. Also gilt es die Deutung zu verfeinern – ebenso wie die davorgelagerte künstlerische Zeitdeutung, die die Literatur ist. Und auch die Umbenennung von Begriffen wie »Erfahrung«, die es, wie die Hirnforschung gerne behauptet, gar nicht gibt, ändert nichts daran, dass Menschen weiterhin etwas machen, das nicht mehr Erfahrung heißt, aber doch große Ähnlichkeit mit dem hat, was man einmal so nannte. Es ist ein blödsinniges Manöver der Umbenennung, mit großem ideologischem Bohei. Darauf einen Snapsi mit dem Seelenmaschinisten und dann den letzten Bus in die Berge bitte nicht verpassen. So weit die Planung des Idioten.

Zurück zu Poesie und Begriff: Der »Begriff« genießt nach wie vor ein hohes Ansehen. Wahrscheinlich ist der Begriff des Begriffs einer der letzten Begriffe, der mit solcher Emphase in den verschiedensten Kontexten gebraucht werden kann. Ah, ein Begriff vom Begreifen. Hier gibt es einen zupackenden Reflex (wie am Abgrund), der das Verstehenspathos längst hinter sich gelassen hat. Verstehenspathos ist kaputtbesänftigt worden, ja, eigenartigerweise.[299] Verstehen gibt es als dramatisches Geschehen eigentlich nicht mehr, obwohl das Nicht-Verstehen nach wie vor in jeder Hinsicht ein furchtbares Drama zu sein scheint.

Es stellen viele auch kluge Leute angesichts von Gedichten das Denken ein, was eine unnötige und für beide Seiten bedauerliche Situation ist. Sodass man sich ohne jede Polemik fragen muss: Wer hat ihn, wer hat sie denn so zugerichtet? Das Gedicht selbst kann es nicht gewesen sein. Niemand kann auf Deutung verzichten und eine gute Deutung ist mehr als das Tilgen der Irritation aus einem Verhältnis, das sich nicht unmittelbar enthüllt oder mit hoher Verträglichkeit zum sofortigen Genuss anbietet. Dass auch Zögern ein Vergnügen sein kann, müsste uns aus dem Liebesleben doch eigentlich bekannt sein.

»Damit etwas, das sein muss, auch sein kann, muss ihm etwas vorausgehen, das nicht sein muss. Diese Gedichte mussten sein. Oder anders: Wenn sie nicht wären, dann müsste es sie geben. Oder noch anders: Ich musste nicht mich *fühlen* und denken

299 Siehe hierzu auch Bertram Reineckes Überlegungen, was denn eigentlich kritisiert werde in dem Satz: »Verstehen ist immer auch Missverstehen.« Das Missverstehen oder das Verstehen? http://lyrikzeitung.com/2012/05/18/50-verstehen-eine-schlechte-praxis/ – zuletzt aufgerufen im Januar 2015.

Gericht, sondern ich *dachte* mich und fühlte Gerichtetheit. Das heißt, wenn etwas sein muss, dann muss ihm auch etwas vorausgegangen sein.«[300] Import-Export ohne Ende. Nehmen Sie bitte einmal an, eine gute begriffliche Fügung sei nichts anderes als ein privilegiertes, sehr deutliches Beispiel.[301] Der Leser stellt sich eine sowohl begriffliche wie auch poetische Sache vor, die so anschaulich und klug ist, dass sie zu ihrem eigenen Beispiel wird. Das ideale Beispiel, das stabile Beispiel, das Beispiel, das auf sein Obsoletwerden noch ein wenig warten darf. Das Beispiel, das immer auch für etwas steht, was über es selbst hinausgeht. Das Beispiel, das auf die Funktionsweise von Repräsentationen hinweist. Das Beispiel, das sowohl allgemein wie auch besonders ist. Oder so: »Das Subjekt in der Ethik ist kein Subjekt, das in seiner gegebenen Situation sein subjektives ›Gepäck‹ mitbringt und damit die Situation beeinflusst. Das Subjekt ist im Gegenteil etwas, das aus dieser Situation (oder der Handlung) hervorgeht und nicht schon vorher existiert. Das (sittliche) Subjekt ist der Punkt, an dem das Allgemeine zu sich kommt und seine Bestimmung erreicht.«[302]

Doch ist nicht die stramme Fortschrittsgläubigkeit der Aufklärung inzwischen zurecht fragwürdig geworden? Immer noch besser als Niedergangshörigkeit, Kulturpessimismus und nostalgische Privilegierung des Gestern, hört der Leser sich sagen. Hm. Es gilt, sich zu fragen, was das Neue ist. Auch sich zu fragen, ob es nötig ist. Ob es nicht bisweilen besser wäre, sich an das Erneute zu halten. Das, was sich lohnt, ein weiteres Mal zu tun. Weil es beim ersten Mal eigentlich schon ziemlich gut gewesen ist. Sich fragen, was in diesem Zusammenhang der Fortschritt ist. Etwa wie man zuweilen von »avancierten Schreibhaltungen« spricht

300 Laura (Riding) Jackson: Gedicht und Gericht, in: PARA-Riding. Übersetzt von Christian Filips und Monika Rinck. Berlin und Solothurn 2011. Seite 14.

301 Hierzu auch die schöne Passage ZUM BEISPIEL, die in Barbara Köhlers Essayband zu finden ist: Neufundland. Wien 2012. »ein gutes beispiel aber ist, und das kann man nicht oft genug sagen, ein spiel mit regeln, ist ein spiel mit regeln, ein spiel mit regeln.« Seite 200.

302 Alenka Zupančič: Das Reale einer Illusion. Aus dem Französischen von Reiner Ansén. Frankfurt am Main 2001. Seite 59.

und eine ungefähre Vorstellung von etwas Gutem damit verbindet. In Zukunft etwas genauer, bitte. Ha, hier schon wieder, der erwartungsvolle Blick ins Künftige.

Den Begriff dachte sich der Leser eben gerade (als seine rudimentärste, quasi tiefste Funktion) als das Geschenk einer Rast. Also begabte er ihn mit einer festungsähnlichen Idee von Stabilität. Oder dachte ihn als Hügel, Hügelchen, Draufsicht, Übersicht. Hieran zeigt sich: Begriffliche Vorstellungen bestehen als (und in) Bilder(n). Bilder – sie eilen pausenlos von überall hinzu. Ebenso wie Begriffe. Sie lösen einander ab. Oder besser: Sie dienen einander wechselseitig als Filter. Der Idiot möchte an dieser Stelle kurz eine Denkfigur (ein Bild gegen das Bild) ins Spiel bringen: den Filter. Der willkürliche oder temporale oder größenverstellende oder mehrsinnige oder verzerrende Filter – der andere Wahrnehmungsentscheidungen trifft als die Wahrnehmung selbst. Nennen wir ihn den bewusstseinserweiternden und bewusstseinsanwendenden Filter, schlägt der Idiot vor. Diesen Filter möchte er als Denkfigur des Gedichtes fassen und gegen die üblichen Speichermedien in Stellung bringen. Ein Gedicht sorgt für eine andere Aktualisierung als das Betrachten eines Bildes. Eine andere Form der Vermittlung. Die Frage: Was filtert dieser Filter hinein und was heraus?, hat durchaus ihre Gültigkeit – und ist so der Realität vorzulegen. Daraus ergibt sich die Deutung.

Wenn Begriffe sich wechselseitig als Filter dienen, verzögern sie die Wahrnehmung, insofern als sie immer wieder gemeinsam aus verschiedenen Richtungen eingreifen. Man betrachte hierzu die Deutsch-Deutsche Übersetzungswerkstatt, Elke Erb und Raphael Urweider übersetzten einander. Man achte insbesondere auf das Verzögern des begrifflichen Einhakens, worauf sich Elke Erb versteht wie keine andere.[303] Bei ihr ist es eine Bewegung des forschenden Offenhaltens. Darin sieht der Dichter eine Qualität, die an der poetischen Sprache zukunftsnotwendig ist.

303 Die Deutsch-Deutsche Übersetzungswerkstatt. Berlin und Holderbank 2010.

Machen Sie sich bitte das biblische Bilderverbot klar. Verstehen Sie zunächst die These, dass sich das Bilderverbot in erster Linie gegen das Stillstellen des Bildes wendet, welches das plötzliche Umschlagen des Gedankens verhindert, oder zumindest nicht befördert.[304] Das Denken kann ständig umschlagen – das Bild als Artefakt kann es nicht. Müsste man dann nicht poetische Bilder herstellen, die gerade dazu in der Lage wären? Bilder, die – wie durchwurzelt von Wandelbarkeit – als Trickster dem Einhaken der Erkenntnisvermögen entgehen, aber das tun, ohne ungerührt über die Bedürfnisse nach Anschaulichkeit und Bannung des entropischen Raumes im Bild (und qua Bild) hinwegzusegeln? Das wäre wirklich große Kunst. Allein die Veränderung dürfte als unmittelbar gefeiert werden, alles andere aber müsste unbedingt mit aller Sorgfalt vermittelt (das bedeutet auch: distanziert und entfremdet) werden. Was würde man dann lesen? In jedem Fall hätte man es mit einer Distanzdialektik zu tun, die die Nähe in der Ferne und die Ferne in der Nähe behauptet.

Vielleicht müsste man so etwas sagen: Die poetische Sprache weiß, dass beim vorherrschenden Unmittelbarkeitskult nichts mehr zu holen ist.[305] Denn der Immediatismus ist keine geistesgegenwärtige,

304 »Die Zerstörung ist ein Angriff auf das Denken; ihr haftet die Drohung an, dass das Bewusstsein zusammenbricht, die Gedanken ihren Halt verlieren und von der Angst auseinandergetrieben werden. Doch der Prophet sieht darin nicht ein Zeichen der Abwesenheit Gottes, sondern seiner Nähe. Denn Gott – das ist die Chaosmacht, die umkehrt und zur Macht des Bestehens wird – Macht des Bundes. Diese Umkehr, diese Verwandlung lässt sich nicht in einem Bild darstellen; das ist der Grund des Bilderverbotes.« Und etwas später im gleichen Essay fragt Lorenz Wilkens nach der intellektuellen Kraft der Kultbilder: »Ihr [der Propheten, MR] Gedanke mag gewesen sein: Ein hässliches Gottesbild fixiert den Schrecken, ein schönes die Libido; beide machen vom Kern der Wirklichkeit, vom Kern des Gedankens abspenstig: der Erfahrung in Liebe und Halt verwandelter Angst.« Lorenz Wilkens: Das Bilderverbot, in: Hermeneutik nach dem Existenzialismus. Frankfurt am Main 2007. Seite 68 und Seite 71.

305 Das absolute Ideal der Gegenwärtigkeit, an dem sich, wie manche Leute meinen, alle Literatur zu messen habe, ist übrigens nicht der Film, nicht einmal der 3D-Pornofilm, sondern der Autounfall. Der unvorhergesehene Autounfall, nach dem nichts mehr ist, wie es war. Nein, das kann, also das kann, das kann die Literatur nicht. Zum Glück! Zum Glück, möchte man den Ideologen der Plötzlichkeit zurufen. Die Literatur könnte aber – anderes Beispiel – eine Person dazu bringen, die Beziehung zu einem prügelnden Partner abzubrechen. Mut als ästhetisches Phänomen. Der Idiot zitiert Tillich: Der Idiot zitiert morgen Tillich. Er hat das Buch jetzt nicht da.

taumelnde Augenblickskunde mehr, sondern meint inzwischen immerwährende Verfügbarkeit, ständige Ansprechbarkeit, Auslöschung der Lücke. Wir (der Dichter, der Leser, der Idiot und das Gedicht) wollen aber nicht mehr ständig ansprechbar sein. Der Dichter würde sogar so weit gehen zu behaupten, dass es sich bei der ständigen virtuellen Ansprechbarkeit durch Geräte um »Zeitmissbrauch« (*abuse of time*) im schlimmsten Sinne handelt, der sich groteskerweise auch noch als Nutzung (oder gar Ausnutzung) jeder freien Sekunde zu maskieren weiß.

Ausdrücklich davon ausnehmen möchte der Idiot die mütterliche (oder väterliche) absolute Rezeptivität, die Ansprechbarkeit der Fürsorgenden für den Säugling, der andernfalls dem Tod geweiht wäre. Winnicott hat recht, wenn er darauf hinweist, dass es den Menschen bei der Geburt als Einzelwesen überhaupt nicht gibt: »There is no such thing as a baby«, lautet seine eindringliche Formel.[306] Es gibt den Säugling nicht, es gibt ihn nur als Dyade. Der Mensch werde einsam geboren, jaja, das mag ja sein, aber alleingelassen hätte er eine Lebenserwartung von etwa einem Tag. Aus dieser Frühzeit stammt die sehr genaue Vorstellung, die sich jeder Mensch, unbewusst oder bewusst, von der Sklaverei machen kann – das absolute Ausgeliefertsein an den Anderen. Doch die elterliche (und auch heute noch in den meisten Fällen mütterliche) Ansprechbarkeit ist eine ganz andere als die durch Kommunikationsmedien.

Die poetische Sprache der Zukunft wagt den Entzug. Sie propagiert ihn, statt ihn zu erleiden. Nein, der Idiot spricht nicht vom tyrannischen Stolz des Schmerzpatienten oder von freiwilligen Formen österreichischer Selbstverletzung. Der Dichter spricht schlicht von einem anderen Timing – das sich eben auch in seiner Wahrnehmung realisiert. Weil das Gedicht kein Geld hat, hat es Zeit. Allerdings möchte er die immense Brutalität der Idealisierung des Marginalen nicht übergehen. Idealisierung trägt hier gar Züge einer dämonischen Verkörperung, ja schlimmer noch, eines Körperraubs.

306 D. W. Winnicott: Anxiety associated with Insecurity, in: Through Paediatrics to Psycho-Analysis. London 1952. Seite 99.

Wir sollten damit aufhören, das Gedicht in masochistischer (oder sadistischer) Weise zu idealisieren oder zu entwerten, ruft der Dichter. Mehr Realismus bitte, aber mit dem ganzen Irrsinn, den unsere Realität zu bieten hat. Alles andere wäre Betrug. Oder schlechte Prosa. Was nahezu identisch ist mit Betrug.

Die poetische Sprache, die dem Idioten vorschwebt, wagt Aussagen wie: Ich habe ein vorsprachliches Gefühl. Sie weiß nämlich, dass auch das Vorsprachliche von der Sprache mit hervorgebracht wird und daher an dieser Stelle keine dichotomen Dramatisierungen notwendig sind.[307] Vielleicht gerät eben dieses Vorsprachliche mehr und mehr in Bedrängnis, weil ihm immer weniger Zeit gelassen wird und wir Apparate am Leib tragen, mit denen wir es ohne Unterlass versprachlichen und herumschicken können.

O, du stumpfe Muße, summt der Idiot, der auch das noch passieren lässt, was ungelenk daherkommt und ihm nicht behaglich ist. Wir hatten doch früher keine Maschine, in die wir mitten in der Nacht »Kiefer Schläfen Schmerzen« eingeben konnten und die sogleich Trigeminus-Neuralgie mit all ihren Symptomen ausspuckte? Das führt wohl zu einem anderen Umgang mit der nicht ganz zu Ende bestimmten Gemengelage des halb körperlichen, halb geistigen Unwohlseins, das der Engländer »Feeling Funny, Feeling Peculiar« nennt. »Vielleicht handelt es sich um eine milde Form der klassischen Spukerfahrung, in der man spürt, von einer Kraft übernommen zu werden, die nicht wirklich dem Selbst zugehört und die uns doch kontrolliert (...) oder zumindest böswillig oder destruktiv beeinträchtigt. Oder die Schuld liegt anderswo, und zwar in der Annahme, dass wir mit uns selbst übereinstimmen und nicht aus unserem eigenen Zentrum verdrängt werden sollten, während die Wirklichkeit menschlicher Subjektivität zeigt, dass es immer einen Fremden im Innern gibt, der sich sowohl produktiv als auch unangenehm und friedensstörend in uns betätigt.«[308]

307 Weil Anke Hennig, eine kluge Linguistin zitierend, an deren Namen sich der Idiot leider nicht erinnern kann, es ihm sehr klar und einleuchtend dargestellt hat.

308 Steven Frosh: Feelings. (ÜS MR) London und New York 2011. Seite 28.

Wer von einem stabilen Selbstbild ausgeht und die eigene Identität als gegeben annimmt, als eine Qualität, die ihm unabhängig von den Relationen, in denen er sich befindet, zugehört, wird noch die kleinste Verunsicherung als Angriff auf das Ganze wahrnehmen müssen. »Wenn ein Teil besetzt ist und ein anderer Teil nicht besetzt ist, wird das Ganze weder ein Ort noch eine Leere sein, sondern irgend etwas, das keinen Namen bekommen hat. (...) Vielleicht ist das ein Zwischenraum oder ein Zwischenraum, der seinen Platz verlassen hat.«[309] Ein Zwischenraum, der seinen Platz verlassen hat – unlogisch? Ja, aber ein alltägliches psychisches Phänomen.

»Hin und wieder nehmen wir aus dem Augenwinkel etwas Neues wahr, das uns daran erinnert, dass ein guter Teil dessen, was sich in unserem Innern abspielt, nicht unter Kontrolle ist, sondern auf Ausdruck drängt, dass dieses etwas nicht einzig uns gehört, sondern Verbindungen zu anderen hat oder sogar ursprünglich von diesen stammt; einen Weg zu finden, das zu erschließen, mag sich wie ein kleiner Tod anfühlen, aber bringt uns doch zurück zu etwas anderem, vielleicht sogar auf schöpferische Weise. Sich unbehaglich zu fühlen, kann der Beginn von etwas Neuem sein, und vielleicht sollten wir es nicht zu eilig haben, alles sofort wieder in Ordnung zu bringen.«[310]

Zudem entstehen mithilfe von Suchmaschinen und den Strukturen von Anwendungen, die wir (und die im Gegenzug auch uns) täglich anwenden, neue quasi-elementare Oppositionen. Hier geht es um Vorhaltezeiten, Lösch-Robots, unendliche semifunktionale Online-Archive, Blauschaltungen, die Bewältigung von Bilderfluten in Media-Libraries, die Zugänglichkeit von beinah allem, die Tatsache, dass der Idiot unterscheiden lernen muss zwischen einer Liste, die ein Suchergebnis darstellt, in die er nichts hineinziehen kann, sondern nur heraus, und einer anderen Liste, die die Listenansicht abbildet, aus der er etwas herausziehen, aber auch, und das ist

309 Anne Cauquelin: Verkehr mit den Unkörperlichen. Übersetzt von Ronald Voullié. Berlin 2007. Seite 40.

310 Steven Frosh: Feelings. (ÜS MR) London und New York 2011. Seite 36.

wichtig, hineinziehen oder dort sogar neu anlegen kann. Das sind grundlegende Oppositionen, die bisher nicht wichtig waren und die vermutlich weitere hervorbringen werden, deren Wichtigkeitslogik sich der Idiot heute noch gar nicht vorstellen kann. Und die das Denken verändern werden. Genauso wie sie die heute vielleicht noch spürbare Metaphorik in ihrer sprachlichen Beschreibung stufenweise konkretisieren und naturalisieren werden. Und irgendwann werden wir wiederum diese Strukturen verwenden, um unser Denken zu beschreiben. Krass. Es ist kalt in Alaska.

Der Idiot ahnt, dass wir alle, als Gattung, womöglich schon bald ein verdinglichtes, tragbares, vom Persönlichen irgendwie entlastetes Subjekt benötigen, eines, das glücklich ist, ohne sich zu haben, ein angstfreies Subjekt, das sich nicht mit obsoleten Essenzialismen feindlich gegenüber den Anderen aufladen muss – und auf der anderen Seite brauchen wir ein animistisches, lehrreiches und erfahrenes Verhältnis zu den Dingen, zu den Tieren, zu der Natur. Und außerdem einen besseren Umgang mit unseren Wünschen. Menschen, Dinge, Atome, Zellen, Gedichte mit Handlungsvermögen – wir finden sie im Abgrund des Albernen vor. Wir finden sie in Alaska. Im Risiko und in der Idiotie. Wir adressieren die Gegenwart des Raumes mithilfe unseres Atems. Wir oszillieren und unsere Kammern flimmern. Unsere Organe lungern. Wir lesen. Wir haben Zeit.

Türen schlagen: This does door mean

Wie aufgedreht verfolgten die mythischen Gestalten ihr Schicksal, das ihnen die Ingenieure von Delphi im Voraus berechnet hatten. Die Burleske (auf der Freilichtbühne), von kräuterigem Rauch umwedelt, schlägt hier wie dort die Türen auf und zu. Wie das knallt und scheppert! Der Putz bröckelt von den Wänden. Die Dame im Parterre wacht schreiend auf. Ein Regisseur von Türen sei er, nicht von Menschen – sagte die Garbo über den Lubitsch. Ja, aber ein sehr guter Regisseur von Türen, wohindurch dann schließlich auch die Menschen treten. Dies könnte ein Zug schamanischen Realismus' sein: auf die jeweilige Tür genauso zu achten wie auf die oder den, der durch sie hineintritt, herausgeht. Mit Pegasos an seiner Seite: Bellerophon. Schauen Sie, das ist nur ein kleines Stückchen Blei, unscheinbar und doch am Ende die Rettung. In der Mitte wird getanzt, in großer üppiger Garderobe. Ja, ja, ja, das sind die Gardinen, aber wir hängen Sie nachher wieder auf, versprochen. Wirklich. Ja, wir lassen sie auch reinigen, wenn Sie darauf bestehen. Ziegen balancieren auf Regalen und in das Pochen der Trommeln mischt sich ein weher Flötenton. Links davon trägt sich die Frage der Dosierung vor, dann tritt jemand aus einer sehr eigenartigen Höhle ans Licht. Stützt sich auf Überkopfhöhe ab, mit dem rechten Arm. Anhaftung von oben, beugt sich herab und äugt. Das Publikum gerät in Trance. O stimmloses Johlen. Das gehemmteste Wogen. Der große unbesehen passierende Moment.

Wie wahrscheinlich ist denn die Vergangenheit? Unwahrscheinlich. So könne man das allerdings nicht betrachten, schreit der

Idiot. Ha! Wie das Schwung nimmt, wie sich das abstößt! Unterkontrolliert und elegant. Was sich der Drehtür entringt, ein blendender Seufzer, ein Blitz, schon gewesenes Licht. Der Idiot hats genau gesehn, da waren Reflexe. Als setze die Tür mit jeder Drehung eine neue mögliche Vergangenheit frei. Mehr Mitsprache für die Toten! Bald schon drängen in das Foyer formlose Potenziale und suchen sich unter den ahnungslosen Gästen des Hauses, die in Grüppchen herumstehn und plaudern, ihre Körper aus. Ein Etuikleid vielleicht, oder etwas ohne Hüllen, gepaspelte Träger und Säume. Vermehrt dreht die Tür lebensechte Parallelen unter die Anwesenden. Ressource Realität! Das geotaktische Vermögen, der heile Verstand! Alaska! Die Stimmung zu ebener Erde, will sie kippen? Es sieht ganz so aus! Also nehmen wir den Paternoster und gelangen in den ersten Stock.

»In Moskau wohnte ich in einem Hotel, in dem fast alle Zimmer von tibetanischen Lamas belegt waren, die zu einem Kongress der gesamten buddhistischen Kirchen nach Moskau gekommen waren. Es fiel mir auf, wie viele Türen in den Gängen des Hauses angelehnt standen. Was erst ein Zufall schien, wurde mir unheimlich. Ich erfuhr: in solchen Zimmern wohnten Angehörige einer Sekte, die gelobt hatten, nie in geschlossenen Räumen sich aufzuhalten.«[311]

»An der Tür insistiert mein Freund, der Parasitologe, ein zweites Mal.« Sofort weichen dämmrige Räume nach hinten aus, öffnen sich nach innen und gleiten dem künstlichen Licht entgegen. Zimmer, die jetzt im Rücken liegen, und die Luft innerhalb der Wände, wie sie an die tauige Nachtluft grenzt. Was hineinfährt, was herausfährt, dazwischen die Strickjacke, gestisch bewegt. Aufgetragen wie ein Stillleben steht drinnen im Zimmer noch alles auf Tischen, liegt auf Stühlen, die aufgeschlagenen Bücher, die Gläser, wie gemalte Gegenstände *extra usum* und verlassen, eine laue Melancholie halb aufgeladener Dinge. Dann wird der Parasitologe durch den Garten zu seinem Auto gegangen sein.

311 Walter Benjamin: Der Sürrealismus, in: Gesammelte Werke II. Frankfurt am Main 2011. Seite 17.

Wird weggefahren sein. Michel Serres kehrt in das Haus zurück, durch die Tür. Er schließt sie, das Stillleben verschwindet. Der Atem der Stille und dann und wann ein Pfauenschrei. Unter den Füßen des Idioten knackt ein Zweig, etwas flattert auf. Vorsichtig zieht er sich zurück.

Am nächsten Morgen, einem Dienstag, klopfte es, jemand sagte: »Bitte machen Türe auf.« Warum? »Ich will anschaun.« Schlich der Idiot zurück ins Bett, dachte nach. Es wurde elf. Dann zwölf. In seinem Traum emanierte ein Schweizer aus einem Telefongespräch, das er mit einer anderen Person führte. Der Idiot aber saß an der Heizung auf den kalten weißen Bodenkacheln in der Küche und konnte sich alles erklären. Wir hatten es mit einer sehr einfachen Form der Konnektivität zu tun: Die Stimmen aus dem Radio waren Übertragungen offengelassener Handygespräche, aus denen ein Körper flugs emanieren und sich auch gleich ganz wohlfühlen konnte. Und wie gut der angezogen war. Der Idiot sagte: »Sie wissen schon, dass Sie nur hier sind, weil jemand vergaß, das Gespräch zu beenden? Die Schleuse ist dieses Küchenradio hier.« Später sahen alle Zimmer gleich aus, weißlich überzogen, in diesem grenzsüchtigen Hotel, dessen Portier immer wieder die falschen Schlüssel ausgab. Der Idiot fand sich nicht zurecht.

Die ersten Damen klinkten schon um zehn. Durch die Tür sah er sie grimmig und verlässlich. Der Idiot warf etwas über und verschwand durch die Tapetentür. Die anderen notierten indes ihre Träume. Alle jungen Katzen mussten den Trakt verlassen. Manche waren winzig, waren nichts als beliderte Augen, aus denen Krallen wuchsen. Die transportierte der Idiot an seinen Fingerspitzen hinaus, ähnlich wie man es mit stachelbewehrten Insekten tut. Wir schlossen die Türen. Unter dünnen Laken lagen einige von uns und einige der anderen. Die Vergütung wurde psychisch angepasst, während das zugrunde liegende System undurchsichtig blieb. Täglich gegen 19 Uhr 30 standen wir alle auf und sprachen über den Zustand der Gegenwart. Gegenwart war zu diesem Zeitpunkt nur der Name einer geheimnisvollen Flügeltür, auf deren anderer Seite wir unseren geheimnisvollen Freund, den Parasitologen, vermuteten.

Wir begannen ihm zu schreiben, hach, das Rein und Raus der Korrespondenz. Nur blieb die Aufnahme unserer sehr höflich formulierten Anfragen im Dunklen. Irgendwo schien sich Dummheit einzuschleichen. Der Dummheit eignet das Selbstverständnis einer automatischen Tür. Und der andere Mensch ist ein so? Ein so tiefes Tal? Ein weiter Blick? Ein langer Strick? An diesem Strick hat er sich aufgeführt. Es fällt die Tür zur Bühne zu, doch vorne bleibt weiterhin alles offen. Das Stück ist zwingend inszeniert, mit Schwung und mit Routine. Die Wirklichkeiten hingegen seien unendlich langsam? Sodass man sich nichts vorstellen könne? Was aber läge nahe, stattdessen – der Home-run? Und der Idiot ist heimgerannt und war allein. Nichts hatte sich verändert, doch steifgetrocknet war die Wäsche auf ihren Leinen. Er hob sie ab und stellte sie bewaffnet vor die Tür. Schon wieder war Dienstag, es klopfte. Der Idiot öffnete nicht. Der Parasitologe schrieb nach wie vor nicht zurück.

Ein zentraleurasischer Stamm kennt mehr als 400 Worte für den Sachverhalt Tür. Die Schwellenlinguistik hat diese Unruheprovinz besucht und etliche Anhaltspunkte für ein konfligierendes Verhältnis von Innen- und Außenwelt gefunden. Diese so verfeinerte Begrifflichkeit unterrichte über Konflikte, durch die Wörter gegeneinander ausgespielt werden, sowie über Konflikte, gegen die Begriffe sich durch bestimmte Negation zur Wehr setzten. Die Tür, die versehens einen Spaltbreit offen geblieben war, sei eine andere Tür als die, die einen Spaltbreit offen bleiben müsse. Diese werde daher auch anders gebeugt. Eine Tür zu schließen, sei also eine Genitivhandlung. Eine Tür zu öffnen, nicht. Tür auf und Licht im Flur an (die letzten Worte eines langen Tags, immer und immer wieder). Endlich klingelte es an der Tür und wir erhielten folgende Nachricht: »Keiner passt auf und keiner wird alt.« Vom Türhimmel schlenkerten Schlangen. Sie zischten über der Schwelle zur Küche, wo der Parasitologe mit dem emanierten Schweizer lange über Serres sprach. Das Zischen aber machte ihre Worte uns ganz unverständlich.

Manche Insassen dieses Laborversuchs waren inzwischen verloren gegangen. Wir verloren ihre Koordinaten, wir fanden die Türe nicht mehr. Macht dich das traurig, fragten sie den Idioten. Ja, aber nur so, als hörte ich davon in einer Sprache, die ich gerade erst lernte, und die Vokabeln sind nur angehaucht mit Sinn, gab der Idiot zur Antwort. Dennoch teilte sich mit, dass wohl etwas nicht so Gutes gerade passiert ist. Der Idiot bedauerte das. Uns fehlten jedoch wichtige Stützen. Uns fehlten Stelzen. Der schlaftrunkene Schweizer, ein Pflegling umklammerter Laken, sagte, man dürfe niemals vergessen, dass einer oder eine, immer, immer, aus der Tür gehen könne – und dies vielleicht während man selber tief und sanft schlafe. Das sei hart! Da aber öffnete sich endlich die geheimnisvolle Flügeltür, der Parasitologe trat ein und teilte uns, den Übriggebliebenen, mit: Hart ists, dass einer gehen könnt, noch härter wärs, wenn keiner gehen könnt. »This does door mean.«

Mithilfe von Stelzen setzten wir erneut über die Drehtür, doch trugen wir diesmal dabei keine Helme. Wir kannten Drehtüren aus den Zoos, den Freibädern und Parkanlagen dieser Welt. Ab einer bestimmten Uhrzeit drehten sich diese Türen nur noch in eine Richtung. Sie waren grün und einer entnadelten Tanne nachempfunden, nein, keiner Tanne, genau genommen waren sie das formale Gegenbild einer Tonne. Man konnte nichts hineinfüllen, drehte man sie allerdings sehr, sehr schnell, entrang sich der Bewegung das Trugbild einer schwunghaften Tonne. Sie drehte sich in das Gitter, aus dem Gitter und entließ so den gedrehten Zoogänger, den gedrehten Liebhaber dieser einen Rose, den Parasitologen und den Schweizer. Der Schalter war zu diesem Zeitpunkt schon wieder geöffnet. Das konnten wir von unseren Stelzen aus sehr deutlich sehen.

Bitte beenden Sie schwebende Arbeiten jetzt

Die Aufgabe, Poesie und Begriff aneinanderzuhalten, führt auf dünnes Eis, auf die einbrechende Einschicht, in die Dünen, wo Vorsprachliches und Sprachliches einander die Frotteeglocke wegreißen, wo sie brüllen und dicke Arme machen, kläffen, wedeln, hinter Ginsterbüschen sich verbergen, ein Reigen, so reißerisch, »als spreche in einer aus Parmenides und Jungnickel montierten Poesie Sein selber«[312]. Doch indes funkelt jenes Wort in der Vollmondscheibe, das sich ganz von selbst in die Rinde des Schlafbaumes brennt, woraus eine blinde Botschaft wird, die sich dreht, »nutzlos deinem Schlaf zu Leibe, / während in der Mondesscheibe / heil die Antwort steht«[313].

Das eingetragene Dunkel ist der aufgetragene Dünkel. Auch hermetisch lässt es sich hetzen. Platon wusste das, als er die Dichter seines Staates verwies. Aber geht das wirklich ebenso gut wie in knallharter, nicht verklausulierter, sagen wir: *Hate Speech*? Hm. Noch immer befindet sich der Idiot mitten im Feld des Begrifflichen, das er so bald nicht verlassen wird. Doch wie steht es mit der Macht des Widerstehens, die dem Poetischen doch fraglos innewohnt? Ach, ist das der Fall?

---

312 Theodor W. Adorno: Der Essay als Form, in: Noten zur Literatur. Frankfurt am Main 1958. Seite 16.

313 Aus dem Gedicht »Während ich, Betrübte, schreibe« von Christine Lavant. Zu Lebzeiten veröffentlichte Gedichte. Göttingen 2014. Seite 251.

Dies ist eine Nachricht von Ihrem persönlichen Geheimdienst: Die Transzendenz wurde dem Klappern überantwortet. Bitte kontaktieren Sie Ihren Kontaktmann und verlangen Sie neue Papiere. Bild und Begriff mögen Ihnen hier zur gegenseitigen Verstellung dienen, Stichwort: »Bezeichnungspraxis Diffusion«. Adorno sprach von der Gewalttat, die Bild und Begriff wechselseitig aneinander verübten. Nun ist natürlich »Bild«, selbst wenn es dem »Begriff« gegenüber in Stellung gebracht worden ist, kein Synonym für »poetische Sprache«. Der Idiot kann den Anteil des Bildes am Poetischen aber auch nicht komplett nivellieren – etwa indem er auf dem metaphorischen Grundelement jeder Form von Sprachgebung beharrt, das Spielfeld etwas anhebt und unverzüglich darauf weiterspielt. Gegen diesen universalisierenden Trick sprechen die internen Differenzen, die allüberall aus dem Boden schießen, und die Verflachung, die mit der Aufkündigung der Unterscheidung einhergeht.

Auch ist das Poetische nicht einfach das Ästhetische, im Sinne von allem, was das Begriffliche nicht ist. Die Frage der Ausdifferenzierung der Disziplinen ist eine Schwierigkeit, die besonders die Avantgarden betrifft. »Das Problem für avantgardistische künstlerische oder politische Praktiken besteht darin, dass sie, wenn sie diese Autonomie abstreifen wollen, nie genau sagen können, ob die eigenen Aktivitäten das jeweilige Feld nun tatsächlich überschreiten oder ob sie nicht vielmehr bloß jenen notwendigen Austausch bereitstellen, über den die Felder erst voneinander sich abzugrenzen in der Lage sind.«[314] Die Dame vom Bodenpersonal hat dem Idioten das alles auf der Brotkante markiert.

Vielleicht ist ein vermittelndes Glied zwischen beiden: die Deutung. Das heißt: eine ästhetische Deutung des Begrifflichen und eine begriffliche Deutung des Ästhetischen. Allerdings könnte die Deutung auch als Rache des Intellekts an der Kunst auftreten.[315] Wenn der Idiot einen klaren und guten theoretischen Text liest,

314 Helmut Draxler: Anteil am Anderen. Politik und strukturelle Ambivalenz, in: Texte zur Kunst, Juni 2013, 23. Jahrgang, Heft 90. Seite 75.

315 So Eva Meyer in ihrem Abschlussvortrag »Das Theater der Theorie« beim Symposion: Radikales Denken. Zur Aktualität Susan Sontags im Winter 2014 in München. (Aus dem Gedächtnis zitiert, daher womöglich etwas unscharf …)

der ihm inhaltlich zusagt, vermisst er die poetische Rede nicht. Aber eine bestimmte (respektive unbestimmte) Energie fehlt ihm womöglich doch? Nein, denn wenn er auf etwas anderes aus wäre, würde er eben etwas anderes lesen, so. Es handelt sich um unterschiedliche Bedürfnisse, die eigentlich in keinem konkurrenten Verhältnis zueinander stehen. Doch wo die Qualität eines Textes generell infrage steht, wird das Verhältnis von Poetischem und Begrifflichem erneut virulent. Denn häufig ist ein eklatantes Missverhältnis beider Qualitäten Grund für [hier Polemik einfügen] schlechte Texte und verzichtbare Gedichte.

Was liest der Idiot, wenn er einen Text lesen will, der sowohl begrifflich wie poetisch ist? Immanuel Kant? Georg Wilhelm Friedrich Hegel? Anne Carson?[316] Gilles Deleuze? Anja Utler?[317] Oder liest er die »Ode an die freie Unternehmung«, was ein sehr gutes diskursives Langgedicht von Caius Dobrescu ist?[318] Oder in den »Winkelzügen« von Elke Erb?[319] In den besten Texten findet der Idiot beides, zudem häufig in einer Weise, die er so nicht erwartet hatte und die ihn beglückt. Beides in einem sinnvollen Gleichgewicht zu halten, das sehr gut auch eine Schieflage sein kann, hat sicherlich mit Timing zu tun. Es hat mit Fluten, Herauszögern, Schwimmen lassen zu tun, und einigem mehr.

Dort, wo die Begriffsbildung ausfällt, tritt häufig Projektion an ihre Stelle. Doch auch das zu eilige begriffliche Einrasten einer gerade noch offenen poetischen Fügung ohne Rücksicht auf den Stoff kann sich als unorigineller Zug erweisen; Jenny hat einen sehr genauen Instinkt dafür.[320] Wir kennen Gedichte aus dem

316 Anne Carson: Kinds of Water, in: The Next American Essay. Hg. von John D'Agata. Saint Paul 2003. Seite 181–218.

317 Sehr zu empfehlen: Anja Utler: ausgeübt. Eine Kurskorrektur. Wien 2011. Sowie: Anja Utler: Nur Sklaven sind unangreifbar: Verwickelt euch, in: Neue Rundschau, Heft 2, 124. Jahrgang. Frankfurt am Main 2013.

318 Caius Dobrescu: Ode an die freie Unternehmung. Gedichte. Aus dem Rumänischen von Gerhardt Csejka. Münster 2009.

319 Elke Erb: Winkelzüge oder nicht vermutete aufschlussreiche Verhältnisse. Berlin 2000.

320 Jean Paul: Instinkt des Genies oder genialer Stoff, in: Vorschule der Ästhetik. Nach der Ausgabe von Norbert Miller. Hamburg 1990. Seite 62–65.

Pool entleerter Pötikels, wo die Beziehung zum Begriff gekappt ist, das Ego des Arrangeurs in den Mittelpunkt tritt und dort in aller Willkür über das klanglich-semantische Material gebietet. Und das soll dann unpersönlich sein und vergleichsweise neutral, haha, da lacht der Idiot.

Wir kennen aber auch Fälle, in denen die Kappung der begrifflichen Anbindung zu Texten geführt hat, die erheitern, befreien und sich immer wieder neu genießen lassen. Das kann doch nicht nur eine Frage der Haltung sein. Skeptisch ist der Idiot gegenüber ästhetischen Setzungen, die behaupten, dass sie ausschließlich von Fall zu Fall zu prüfen seien und sich nicht zu einem Allgemeinen zusammenfassen ließen – und skeptisch ist er auch gegenüber dem immer wieder wie aus dem Dickicht (oder Dick-Ich) hervorbrechenden »Wir«, von dem auch Risiko und Idiotie nicht verschont blieb, und das aller Wahrscheinlichkeit nach aus dem Wunsch erschaffen ist, den einzelnen Leser durch Überzahl einzuschüchtern. *Let's outnumber him!* Zurück zum Singular. Nachdenklich betrachtet der Idiot die Markierungen auf der Brotkante.

So vieles kann jederzeit Gegenstand des Scheiterns werden. »Lange und stumpf zu tun haben mit den Sachen bringt den Sachverstand – das *gewusst wie* bringt ihn nicht«, schreibt Elke Erb[321] und befürwortet damit eine artifizielle Form des Wiederholungszwangs; oder die Bestimmung und Aufwertung der vergehenden Zeit durch gute Arbeit an den Sachen. Dies möge ihren zerstörerischen Zug etwas lindern. Wenn das Gedicht fertig sein soll, muss es in der Lage sein, eine Weile alleine stehen bleiben zu können. Ob es wirklich steht oder wie im *Freeze Frame* oder dem göttlichen Encore immer wieder neu errechnet wird, kann der Idiot jetzt noch nicht sagen.

Doch es gibt ebenso gute Einwände gegen die immunisierende Affirmation des Überdauerns. Ästhetische Qualitätsbekundungen, die sich über die Lebenden hinweg sogleich an die Nachwelt richten und triumphal ihr eigenes Überleben prognostizieren – dies wird bestehen bleiben! –, sind schon heute mit einer vorauseilenden

321 Elke Erb: Sachverstand. Basel, Weil am Rhein 2000. Seite 90.

und irgendwie fiesen Form der Genugtuung begabt. Als würde unser aller Tod gerne in Kauf genommen – schließlich gilt es ein Qualitätsurteil zu beweisen! Da erschafft der Idiot lieber im Gedicht den Begriff des lebenden Hundes! Als artifizielle Krankheit, die unseren Eingriffen zugänglich ist und die sich bellend und hüpfend der Umdeutung andient. Stellen Sie sich vor: ein hüpfender Hund!

Wenn der Begriff das Phänomen, das er bezeichnet, nicht überdauert, ist er nicht der Begriff. Aber was bedeutet dies für die Augenblickskunde des Gedichts? Zeitfülle! Zeitende! Zeitraum! Hier kann der Idiot alles Mögliche, ja selbst das Unmögliche zur Bedingung bestimmen. Erneut versenkt er sich in die Brotkante. Heißt das kreisende Wort »Kitsch« oder heißt es doch »Shuttle«? Es treten ja unaufhörlich Details hinzu und sausen wieder davon. Poetisches Verhalten könnte in einer Sekunde ein ganzes Leben ruinieren – oder aber retten. Die Zutat ist die Zeit. Der Idiot löst sie auf im Gedicht, indem er die Flüchtigkeit des Windhauches betoniert. Ach Gott, das ist ja fürchterlich! Nein, indem er den Beton wie eine Radiowelle verflüchtigt, außerhalb der Hörweite keine Spur mehr von der Wand! Der Idiot hat ja bereits mehrfach gesagt, dass er nicht wissen will, ob es möglich ist, sondern wie viel es kostet. Das kann doch nicht so schwer zu verstehen sein. Mit einem Mal die schattenhafte Erinnerung an eine überzeugende begriffliche Durchführung – woher?

Am Beginn der Deregulierung, die Sie heutzutage vor allem als neoliberales Ideologem kennen, steht eine Rimbaud'sche Forderung, die nach dem »dérèglement de tous les sens«, der Entregelung aller Sinne. Wenn ein Hauptstrang der poetischen Arbeit des 20. Jahrhunderts die Auflösung der Referenz gewesen ist, treten im 21. Jahrhundert gewisse Ähnlichkeiten mit der entfesselten Finanzwirtschaft zutage. Andererseits sei gerade die poetische Sprachgebung dazu in der Lage, neue starke und unkonventionelle, nicht schuldhafte Verknüpfungen zu setzen. Damit verbindet Franco »Bifo« Berardi durchaus eine Utopie, wenn er schreibt: »Poetische Sprache ist die Insolvenz auf dem Feld der Ausdrucksweise: Sie verweigert die Eintreibung der semiotischen Schuld. (…)

Poetische Sprache ist die Besetzung des Raumes der Kommunikation durch Worte, die der Ordnung der Austauschbarkeit entgehen.«[322] Ob 2.000 Euro für das poetische Arrangement »Gebirge« mit seinen Optionen aus Schmodder, aus Scheiten, Doggen, Kotze, Kalkstein, aus Triolen, Horn oder Smog wirklich ein günstiger – ein Schnäppchen! – oder zumindest angemessener Preis sind, wagt der Idiot nicht einzuschätzen. Und auch über die Träume der angetrauten und angenagelten Stute, die per Spam-Mail hereingekommen sind, weiß er nichts Genaues zu sagen, er könnte es sich allerdings nach Aufforderung gegen ein gewisses Entgelt ausdenken. Ja, wie ein bösartiges Gedicht unter anderen nicht weniger bösartigen Gedichten, deren Kontext sich, blättert man den Band durch, in dem sie stehen, seitenweise ändert, austauscht, ablöst, negiert, unterstützt, affirmiert, zu einer plötzlichen Narration zusammenfügt oder diese unterbricht.

Die Zeit ist Bedingung der Ökonomie des Selbst, aber auch das Medium, worin das Selbst zum Verschwinden verurteilt ist.[323] Der Leser gibt dem Gedicht Kredit, obwohl er nicht weiß, was es ist und wohin es führt. Er vollführt eine Spekulation, die auf den größtmöglichen Gewinn im kleinstmöglichen Zeitraum setzt. Oder sein Ziel ist der größtmögliche Verlust, was ebenso wenig ausgeschlossen ist. Arbeit ist bereits die Gnade der Zeitanwendung. Auch die Deutung ist Zeitanwendung und gerade dann interessant und produktiv, wenn sie ein anderes Sprachregister anspielt als das des zu deutenden Textes. Dann werden Kontraste deutlich, sodass sich die Begriffe erneuern und wieder aufladen können – bereit, zum Denken verwendet zu werden.

»Die Begriffe, mit denen wir [Psychoanalytiker] kommunizieren, ganz gleich welche, ›unbewusst‹ oder ›Ego‹ oder ›Intersubjektivität‹ oder ›Objekt-Beziehungen‹ oder ›böse Brust‹ oder ›Spiel der

322 Franco »Bifo« Berardi: The Uprising. On Poetry and Finance. (ÜS MR) Cambridge, Mass., 2012. Seite 22. Es ist leider wirklich kein gutes Buch. Der Leser hat nicht den Eindruck, dass Berardi in Sachen Dichtung über den Tellerrand der klassischen Moderne hinausgeschaut hat.

323 Samuel Weber: Geld ist Zeit. Gedanken zu Kredit und Krise. Übersetzt von Marion Picker. Zürich, Berlin 2009.

Signifikanten‹– tendieren dazu, ihre Resonanz zu verlieren, während sie in der Gemeinschaft weitergereicht werden. Das ist die Entropie des Denkens: Was für ein Leben auch immer den Konzepten innegewohnt haben mag, als sie zum ersten Mal in lebendigen psychoanalytischen Kontexten angewandt worden sind – dieses Leben scheint dahinzuschwinden, und sie werden mehr und mehr zu Slogans. Schließlich werden die Begriffe anstelle des Denkens verwendet, statt Ausdruck von Denken zu sein. (...) Die Entropie des Gedankens ist ein Problem, das nicht vollständig vermieden werden kann. Es ist im Denken selbst beheimatet. Selbst der Ausdruck ›Entropie des Denkens‹ kann zum Klischee werden. Ebenso wie die Warnung, dies zu verhindern. Es ist unsere Aufgabe, unsere Begriffe zum Leben zu erwecken.«[324]

Demnach wäre gerade seine spontane Verwendung eine Gefahr für den Begriff – die Wertungen, die der Alltag hineingibt, verstellten das Denken, beförderten seine Entropie. Doch wie lassen sich die Begriffe und Konzepte innerhalb ihres Kontextes am Leben erhalten? Auf der einen Seite steht die Idee der poetischen Wiederaufladung der Worte, auf der anderen ihre komplette Entwertung im Gedicht. Ist die Augenblickskunde ein Instrument, mithilfe dessen sich die Begriffe reparieren lassen? Denke ich denn wirklich nach, gerade?, fragt sich der Idiot, um sofort eine weitere Frage anzuschließen: Sind sie denn überhaupt kaputt, die Begriffe?

Und wenn ja, wer hat das gemacht? »Es ist ja eher so: Gemeinheit und Erstarrung entstehen in den Worten durch die Leute, die sie sprechen und schreiben«, klagt Keston Sutherland.[325] Andererseits ist bereits die Vorstellung des unversehrten Wortes eine falsche – und noch mehr die Idee der Entwertung durch Gebrauch, meint der Idiot. Man stelle sich ein komplett unverbrauchtes Wort vor, das keiner benutzt. Sehen Sie? Dennoch muss man konzedieren, dass vielerorts schlagwortartige Begriffe im Einsatz sind, die eine

---

324 Jonathan Lear: Therapeutic Action: An Earnest Plea for Irony. London 2003. Seite 34. Zitiert nach Keston Sutherland: Stupefaction. A Radical Anatomy of Phantoms. London 2011. Seite 171.

325 Keston Sutherland: Stupefaction. A Radical Anatomy of Phantoms. London 2011. Seite 183.

genauere Beschreibung verhindern und neuen Erkenntnissen entgegenstehen. Das bedeutet: Bewusster Gebrauch tut Not.

Wieder kommt der Idiot an die Stelle, an der er schon zu Anfang war – er gesteht, dass er es nicht weiß. Auch stört ihn inzwischen der autoritäre Gestus dieses Textes, der seine ungesicherten Behauptungen quasi als Schutzschild umgibt. Es steht ein Berg davor. Oder: Er ist selbst der Berg? Und er steht weder davor noch dahinter – und man müsste einfach hinauf? Besser nachdenken, lebendiger sprechen und schreiben. Da erscheint auf dem Bildschirm ein Fenster: Es startet die Platzabschaltung. Bitte beenden Sie schwebende Arbeiten jetzt. Nein, da sagt er nein.

Denke: Knall[326]

Als der Idiot Elke Erb zum ersten Mal aus ihren Fünf-Minuten-Texten lesen hörte, die unter dem Titel »Sonanz« als Band versammelt sind, war das in Lana, Südtirol, am 24. Juni 2006. In dem tiefen Tal stand die Hitze wie ein Drescher und in der Bibliothek, wo die Lesung stattfinden sollte, war sie abendlich konserviert. Es floss uns der Schweiß in die Augen. Inzwischen ist die Bibliothek klimatisiert. Damals war sie es nicht. Wann immer die Raumtemperatur die Körpertemperatur übersteigt, tut sich etwas an den Grenzen. Es zeigt sich, dass zwischen innen und außen eine Membran mit unterschiedlicher Durchlässigkeit wirkt.

Dann begann Elke Erb zu lesen, mit jener federnden Energie, die sie unmittelbar von der Stelle zu beziehen schien, an der Welt und Wahrnehmung aufeinander reagieren, ein ungeheuerlicher Vorgang, der alles Mögliche freizusetzen vermag. Medium und Funkenflug. Da war es, als würden innerhalb eines sehr großen Moleküls – groß genug, um alles zu beinhalten, was wir kennen – chemische Bindungen aufgebrochen und neue Bindungen hergestellt. Welche Courage, sich dazwischenzustellen. Der Idiot konnte es kaum fassen, wie nah diese Gedichte an den Dingen waren, und wie unendlich nah sie dem Denken. Unfassbar.

326 Der Titel ist dem Gedicht ZUM BEISPIEL entnommen, aus: Elke Erb: Sonanz. Basel und Weil am Rhein 2007. Seite 234.

Gleichzeitig ist klar: Wenn es jemals etwas zu fassen gab, dann das. Diese wendige Weisheit, die sich selbst organisiert.

Nun hat Weisheit es an sich, dass sie ein Schwellenwesen ist. Ihre Wohnstatt ist die Tür. Weisheit lehrt nicht – sie konsterniert. Sie konsterniert zum Besseren, und sie ist von einem irren Tempo. Langsam wie ein Baumstamm sich rundet, und schallgeschwind dazu. Unlängst sagte Elke Erb, wer das Assoziative ablehne, verzichte auf den Reiz des Ungebundenen, um dann an den Gedanken aufzuschließen (oder den Gedanken selbst aufzuschließen), dass das Assoziative ja gerade das Verbindende und Verbundene sei – denn woher sonst wäre die Bindung zu nehmen?

An diesem heißen Sommerabend aber schien es dem Idioten, als würde Erb sich an der Weltformel selbst zu schaffen machen. Jene Klarheit wies für ihn mit einem Mal nachgerade apokalyptische Züge auf, als ginge es der Welt jetzt an den Kragen. Gleich stellte sich der Idiot eine geheime Schaltzentrale vor, durch die nun ein plötzlicher Aufruhr gehen musste. Wie dort alles alarmiert aufspringt, wie unzählige Hebel, Schalter und Tastaturen betätigt werden und von überallher Administratoren herbeieilen, um perplex auf die sprunghaften Phänomene auf vierhundert Monitoren zu starren. Dann wieder richteten sich panische Blicke auf diesen kleinen Südtiroler Bergort Lana – ausgerechnet von dort! Wir hätten es wissen müssen! In der letzten Sekunde wird es dem aufgescheuchten Team gelungen sein, den Weltlauf zu stabilisieren. Das ist zumindest anzunehmen, im Rückblick, denn es war gut möglich, nach der Lesung unter großen Bäumen in einem lauen Biergarten zu sitzen, wo indes das Spiel Argentinien gegen Schweden auf Großleinwand übertragen wurde. Woran sich sicher zeigte: Es war alles noch da.

In der jüdischen Mystik gibt es die Vorstellung, das Ende der Welt könne auch mit der leisen Unwucht der geringsten Verschiebung anbrechen, indem man vielleicht ein Glas auf den Tisch stellt. Nicht geheimnisvoll raunend, sondern wie eine Verrichtung am helllichten Tag. Oder, wie es die exakte Wissenschaft definiert: »Eine Reaktion kann also durchaus zu einem Endzustand führen, der dem Ausgangszustand gleicht.«[327] Geht es allerdings, wie hier, um eine im strikten Sinn metaphysische Reaktion, wird zudem das Medium der Erfahrung selbst geschult – und das teilt sich mit. Wie sich überhaupt alles mitteilt, was Elke Erb austeilt. Unverständlich ist das nicht, ebenso wenig wie ihre Gedichte unverständlich sind, als was sie unverständlicherweise lange galten. Aber es kommt dem Idioten so vor, als habe sich das kürzlich leicht geändert. Sicherlich kamen ihre Gedichte nicht schlichtend der Stumpfheit entgegen, nein, es muss umgekehrt gewesen sein. Eine andere, sich selbst erneuernde Lektüre ihrer Gedichte wird begonnen haben.

327 Thesaurus der exakten Wissenschaften. Hg. von Michel Serres und Nayla Farouki. Übersetzt von Michael Bischoff und Ulrike Bischoff. Frankfurt am Main 2001. Seite 801.

Das Brot macht sich ein Messer

Wenn sich das Brot in der Nacht ein Messer macht, dann ist das Unheimliche in das Vertraute eingezogen. Nacht, Brot, Messer. Vielerorts Normalität, doch nicht bei dem Idioten zu Haus, demnach also imaginär. So wachte er vor mehreren Monaten mitten in der Nacht auf, der Traum hatte ein enormes Loch in ihn gerissen. Sein Körper suggerierte ihm große Angst, die aus dem Realen in Richtung des Bewusstseins drängte. Das sind idiotische Oberschenkel, dachte er. Es müssen seine sein. Er richtete sich auf und ging taumelnd in die Küche. Dort machte sich das Brot ein Messer. Vertrackte Kombinatorik seiner eigenen Sicherheit. Hierzulande. Nichts wird passieren. Das Brot prüfte die Klinge, die so scharf war, dass das Licht sich blitzend in zwei Hälften teilte. Wir singen: Was macht, was macht, was macht das Brot in der Nacht? Wir kennen die Antwort inzwischen sehr gut: Es macht sich ein Messer. Schnell löschte er das Licht. Schnell löschte er das Ich. Ein Satz wie aus dem Erlebnisaufsatz eines Viertklässlers. Wir werden später noch Gelegenheit haben, das Ich poetisch zu vernichten. »Im Weltgefüge lockert der Traum die Individualität wie einen hohlen Zahn.«[328]

Und, weil er immer noch nicht versteht, was ihm zuinnerst nicht symbolisierbar ist, ist der Idiot ganz ohne Möglichkeit der

328 Walter Benjamin: Der Sürrealismus, in: Gesammelte Werke II. Frankfurt am Main 2011. Seite 16.

Verobjektivierung. Wie laute Schritte holpern in der Nacht – auch dies nicht reduzierbar auf ein Wort, das ihn nicht wecken würde. Dass man sich verwickeln und riskieren kann und dabei doch unpersönlich bleiben, das versteht das philologische Ich nicht. Das versteht nur der Idiot, und die Übersetzerin.

Bitte erklären Sie sich! Das Hinzugedachte bleibt ein seltsamer Cyborg der Gattungen, ein Bastard – ein Hybrid. Etwas nicht geschehen lassen, sondern begleiten oder auch beschatten, sodass dem, was hätte entstehen können, im Schatten des Hinzugedachten fröstelt. Hier wohnen die Anträge. Hier wohnen alle erzwungenen Absichtsbekundungen und die unwilligen Erklärungen, außerdem sehr viele überflüssige Adjektive. Doch genug des Unguten. Der Idiot stellt sich das Ideal lebendig vor: Gedankenreichtum, Beschäftigung, Zeitgeschenke, die Übung, die Lektüre. Und wieder, wie so oft: Die Arbeit als Gnade der Zeitanwendung. Es war Mark Rothko, der gesagt hat, dass alles, was wert sei, es einmal zu tun, auch wert sei, es immer wieder zu tun. Ein herbes Diktum für die Serialität, in dem das Riskante und das Idiotische zum Lorbeer-Kränzchen zusammenkommen. Aber wäre das auch originell? Können Sie alles, wirklich alles auf *Repeat* stellen? Bitte erläutern Sie!

Die Forderung, sich zu erklären, kommt beim Witz an ihre Grenzen. Vielleicht wäre es in dieser Hinsicht nicht schlecht, selber Witz zu sein und mit dem Erklären ganz aufzuhören. Vorstellbar wären Fälle, in denen ein unvordenklicher Witz auf seine eigene bewusstseinsbefähigende Abmilderung hinsteuert und dabei durch fleißige Arbeit unterstützt werden muss. Eigentlich sollte das auch beim Gedicht so sein. Und zwar gerade dann, wenn es eben nicht wie auf Schienen unaufhaltsam auf eine Pointe zuläuft. Es ist seltsam, dass dem mit so viel Abwehr, ja bisweilen Hass begegnet wird.

»Es genügt festzustellen, wem eigentlich beides, die klassistische Distinktion auf der einen und die kulturelle (und kritische!) Ignoranz auf der anderen Seite, nutzt, um zu erkennen, dass es sich um die beiden Seiten ein und derselben Sache handelt. Nämlich um die Verhinderung eines kulturellen ›Überspringens‹, die Verhinderung eines linken Diskursraumes. Auf dass uns kein Kind mehr in einen Godard-Film geht, absolut nichts versteht, außer einem: dass alles auch ganz anders sein kann. Dass die Regeln, an die man sich halten soll, von irgend jemandem gemacht werden und von irgend jemandem gebrochen werden können. Es ist nicht das Kind, es ist der Feuilletonist, der behauptet, das sei schwierig, das brauche viel, viel Wissen, das sei nichts für uns normale Menschen. Haben die Menschen einst in den Malereien der Renaissance und des Manierismus alle Anspielungen verstanden? Nein, sie haben nur verstanden, dass etwas anders werden kann, dass man anders sehen kann. Wer das diskursive (das von Schulen und Medien vorgeschriebene) ›Verstehen‹ von Texten, Bildern, Filmen zur obersten Instanz macht, der vertritt Macht und Kontrolle, wo Freiheit und Möglichkeit sein könnten. Es geht um das größte aller rechten Projekte: die Vernichtung von Neugier, Interesse und Zweifel. Oder – soll ich noch pathetischer werden? – von Liebe.«[329]

Laughing is instead of comprehending – und wie beglückend wäre das, wenn fröhliches Gelächter an die Stelle des Unverständnisses treten könnte. Der Idiot erinnert erneut an die parodierte Zeigegeste, die auf eine Zeichnung oder ein seltsames Diagramm weist, das noch weniger verständlich ist als das Gesagte selbst, und glücklich strahlt, angesichts jener komischen Sabotage der Operation mit dem Namen: *Don't tell, show!* Hier hat Laurence Sterne mit seinen Strukturskizzen längst Maßstäbe gesetzt.[330] Das Brot macht sich ein Messer. Ja, der Idiot will belustigen, aber nicht verrohen. Es wird Ihnen inzwischen unmittelbar einleuchten, dass dies zwei zwar benachbarte, aber doch völlig gegensätzliche Dinge sind. Umso wichtiger ist es, zwischen ihnen auf anschauliche Weise zu unterscheiden.

Auf der anderen Seite: Es sind diese lustvollen Ersparnisse im Witz – nicht wahr, die der Idiot Ihnen zuteilwerden lässt, gerade

329 Georg Seeßlen: Minderheitenprogramm. Aus konkret 10/2014: Der Antiintellektualismus begeht seinen größten Verrat nicht an den Intellektuellen, sondern an den Menschen, die er glaubt, vertreten zu dürfen.

330 Hierzu: Astrit Schmidt-Burkhardt: Der Witz im Diagramm, in: Shandyismus: Autorschaft als Genre. Hg. von Helmut Draxler. Wien, Dresden, Stuttgart 2007.

indem er sie Ihnen vorenthält. Die ersparte Motivation, die den optimierenden Ergründungen, den furchtbaren Feedback-Runden wesenhaft fremd bleibt. Etwas, das man partout nicht hineingeben kann, ganz gleich, wie weit man die Aufmerksamkeit zum Irrationalen hin geöffnet hat. Etwas will hier nicht ans Licht und tut nur so, als würde es kooperieren. Keine Antwort, ungelöschte Verweigerung, Fortdauer von etwas, das nicht nichts ist. Das Brot macht sich ein Messer.

Nein, es gibt keine Antwort. »Maßgebend ist jedoch, woran die Unbeantwortbarkeit liegt. Sie erheitert, wenn sie durch eine unausgleichbare Mehrsinnigkeit, durch eine Verschränkung, Überkreuzung, wechselweise Transparenz der Sinnbezüge hervorgerufen ist.[331] Diese Struktur macht sie unernst. Hier jedoch, beim Weinen, ergibt sich die Ohnmacht aus einer merkwürdigen Unmittelbarkeit des Ausgeliefertseins an den Schmerz, im Umschwung von Gespanntheit und Gelöstheit und in der Ergriffenheit. ›Ohnmacht‹, so hieß es schon, kann den Anschein erwecken, als wäre nur ein Unvermögen da, gegen eine Gewalt sich aufzulehnen. Das mag in Situationen des körperlichen und seelischen Schmerzes so aussehen. An den Peripetien dagegen, wie Reue, überwältigende Freude, Bekehrung, und an den Formen der Ergriffenheit zeigt sich die Ohnmacht als ein Mangel an Distanz – nicht zum jeweiligen Gefühl, sondern zu dem Gehalt, der mich im Gefühl ausfüllt, hochreißt, erschüttert.«[332]

Was mag das sein, der Gehalt, der den Idioten im Gefühl ausfüllt, hochreißt, erschüttert, wenn es das Gefühl nicht ist? Ist es dann der Auslöser des Gefühls? Irgendetwas, das dem Gefühl vorausging? Der Erfahrungsinhalt? Muss man einfach mehr Abstand gewinnen? Das ist ja das Triftige am Witz: Muss der Idiot, womöglich sogar widerwillig, über ihn lachen, ist die Distanz dahin. So wie ihm auch in unpassenden Situationen die Tränen kommen

331 Diese Beschreibung ist beinahe eine poetologische, nicht wahr. Sie könnte auf Gedichte, die ich gerne lesen würde, zutreffen.

332 Helmuth Plessner: Lachen und Weinen, in: Ausdruck und menschliche Natur. Frankfurt am Main 2003. Seite 365.

können und sie zu leugnen sinnlos ist. Doch, doch, es könnte auch Heuschnupfen sein, eine plötzliche Reaktion aus der Gallerie der Allergien. Die Verwechslungen hören nicht auf.

Doch womit der Idiot nach wie vor Glücksgefühle verbindet, ist die poetische Vernichtung des Ichs. Nur wie soll er das anstellen? Er gibt sich Auslauf. Er hofft, dass daraus eine selbstlose Praxis des Genießens erwüchse. Es ist ja klar: Er genießt nicht sich im Sinne des Ichs, das teilt er mit Ihnen und allen anderen auch, sondern etwas anderes, das sich der Prüfung durch die Agenten der Ich-Werdung nicht aussetzen muss. Und bewegt sich dennoch im Raum. Im hellen Licht. Er ist weder ängstlich noch panisch noch voller Sorge. Vielen Menschen weicht er aus. Anderen nicht. Also: Werden wir noch heute das Ich poetisch vernichten? Es ist ja schon weich, weich wie aufgetaute Beeren.

Ah, etwas tritt weltoffen aus dem Gedächtnis hervor. Es ist sehr hell. Der Idiot hat Geld, es sind Dollars. Er kauft Tomaten, Bier, Salz, Öl und Brot, in einem Laden im Souterrain, über dem ein 42-stöckiges Hochhaus thront. Er spürt etwas. Das Licht ist so hell, dass es die Inhalte löscht. Er ist auf der Seite des Hasen. Der Idiot würde für ihn hassen. Er hüllt ihn in seine Sympathie. Der Hase atmet in so schnellen Intervallen, dass der Idiot, mit seinem maßvollen Schnaufen, ihn voraussichtlich überleben wird. Und die großen Schildkröten uns alle. Aus dem Fenster schauend, sieht der Idiot das Seeufer und spürt innerlich das aneinanderkrachende Eis, als umtriebe es seine inneren Organe. Er war sehr dankbar. Dafür, nicht zu frieren. Manche Felsen wandern, andere Felsen singen. Es könnte ja sein, dass das Irrlichternde des Witzes auch die Gesellschaft nach seinem Verklingen in größerer Dunkelheit zurücklässt. Ist es das? Ist das schon der Witz? Er langt hindurch. Er greift es an. Er hat nichts mehr zu tun.

Am Sonntag des Metaphern-menschen

239 —— 260

AM SONNTAG DES METAPHERNMENSCHEN

Singen die Dinge

Tee? Danke. Lassen Sie uns nun endlich am Anfang beginnen. Bei den Grundbestandteilen des Gedichts. Ach was. Zum Beispiel eine Metapher, was ist das? Autsch! Ein Umtrunk. Ein Transporter. Die Straße, in der Karl Valentin wohnt. Eine Spedition. Der Idiot tut nun wirklich das, was von ihm erwartet wird: er stellt sich dumm. Und das, das haben wir nicht erwartet. Also: Eine Redeweise, eine Art etwas zu sagen, genauer: etwas anders zu sagen. Auf uneigentliche Art. Aha. Was ist denn dann die eigentliche Art? Wie sagt der Dichter denn: »Das große Schleppnetz des Himmels«[333] auf Eigentlich? Oder: »September schleudert die Wabe des Lichts / Weit über die felsigen Gärten aus«[334]? Na, wie sagt er das? Es lässt sich offenbar nicht ohne Verluste konkretisieren oder vereigentlichen. Und wenn Sie nicht wissen, was hier das Eigentliche ist, wissen Sie genau genommen auch nicht, was das Uneigentliche ist. Es gibt freilich Unterschiede im Maß. Zu sagen bleibt etwa: Das ist sehr metaphorisch. Das wiederum sehr konkret. Und dann gibt es auch manches, das beides ist: metaphorisch und konkret zu jeweils mehr als hundert Prozent. Diese Dinge sind sehr sehr. Und – sie singen.

333 Peter Huchel: Schnee, in: Gesammelte Werke, Band I. Frankfurt am Main 1984. Seite 205.

334 Peter Huchel: Sibylle des Sommers, in: Poesiealbum 277. Wilhelmshorst 2007. Seite 19.

Unterschiede zwischen dem Eigentlichen und dem Uneigentlichen variieren ja zusätzlich in Bezug auf unsere eigene Einbettung in Welt – zum Beispiel im Sinne der Entscheidung darüber, was der abstrakte und was der sinnliche Anteil einer metaphorischen Fügung ist, oder: von wo aus helleres Licht auf den dunkleren Teil fällt, in welche Richtung der Idiot gehen soll, um sich dem Verständnis zu nähern. »Was uns als Blut erscheint, ist für Jaguare Maniokbier, ein schlammiges Wasserloch wird von Tapiren als großes Zeremonienhaus wahrgenommen. (...) Was für uns Natur ist, könnte für andere Arten durchaus Kultur sein.«[335] Zur Verdeutlichung: Ein Vers wie »O Wasserloch, du großes Zeremonienhaus« erscheint Ihnen nur deswegen als metaphorisch, weil Sie keine Tapire sind. Für einen Tapir ist das die reine Konkretion. Im Übrigen: Der Idiot fühlt sich Tapiren sehr verbunden.

Nun könnten Sie wiederum einwenden: Woher will der Idiot denn wissen, wie es für Tapire ist? Dem folgte vielleicht sogar der Vorwurf der Anmaßung, dem der Idiot allerdings widersprechen würde – indem er sagte: Nein, der gilt hier nicht, denn hier wird vielmehr der mögliche Anteil des Schlammigen unserer eigenen Rituale verdeutlicht – und es werden nicht Tapire vorgeführt. Der Idiot sagt: Das ist kein touristischer Vers, der in den Sog des Kolonialistischen kommt, weil er alles am Eigenen misst, weil er noch in der fernsten Ferne auf dem Eigenen beharrt und es dem Fremden kontrastierend unterjubelt. Der Tapir hingegen lässt andere Formen des Zeremoniellen denkbar werden. Gerechtigkeit lässt sich auch – und sollte sich auch – in einem poetischen Bild realisieren. Bleibt die Frage: Wem oder was man gerecht werden muss – und wie man das am besten macht.

Für die Metapher möchte der Idiot gerne von der Idee eines gegenseitigen Unterlaufens, einer wechselnden Einflussnahme ausgehen, als passierte die Sinnübergabe in einem Fluss, im Liquiden. Stellen Sie sich vor: Das Quellgebiet einer Metapher

335 Eduardo Viveiros de Castro: Perspektiventausch: Die Verwandlung von Objekten zu Subjekten in indianischen Ontologien, in: Irene Albers, Anselm Franke (Hg.): Animismus. Revisionen der Moderne. Zürich 2012. Seite 73ff.

und dann ihr Mündungsgebiet, stellen Sie sich die Zuflüsse vor, und irgendwann würde die Entscheidung schwierig – wie das noch auseinanderhalten? Die Vorstellungen beginnen sich gegenseitig zu bebildern. Ja, das ist alles nicht *State of the Art*, das haben Sie sehr richtig festgestellt.

Das zumindest kann uns die Logik lehren, weichgesagt: Wenn A gleich B, dann muss B auch etwas von A an sich haben. »Der ödhin verscheuchte Wind / kichert allein«, heißt es in Huchels Gedicht »Die schilfige Nymphe«.[336] Bekommt dann nicht gleichsam auch ein losgelöstes Kichern etwas Windiges? Plötzlich und willkürlich wie der Wind, und weil der Idiot denjenigen oder diejenige, die bemächtigt wurde vom Affekt des Kicherns, nicht sieht – erscheint das Kichern mit einem Mal elementar und unkontrollierbar wie der Wind. Ja, so ist es.

Dies alles geschah in den ersten Morgenstunden des Sonntags des Metaphernmenschen.

336 Peter Huchel: Die schilfige Nymphe. Poesiealbum 277. Seite 8.

Auftreten die drei Söhne des Schlafs

Am Morgen des Sonntags des Metaphernmenschen misst der Idiot seine Träume an ihrer Bedeutung. Er geht nicht ins Bad. Er wartet darauf, dass sein Bewusstsein weitere Konturen einzeichnet für ihn. Irgendwo bei Derrida steht, dass der Traum alles versuche, um die wörtliche Rede verzichtbar zu machen. Daher seine wilden Darstellungsreigen, seine erfinderischen Wortersatzleistungen. Oder der Idiot bildet sich das ein, es wäre allerdings nicht die schlechteste seiner Einbildungen. Genauso wie er ein Gedicht nicht in rationale Sprache auflösen, sondern nur übersetzen kann, und zwar in ein anderes Gedicht, kann er auch für den Traum kein entsprechendes sprachliches Äquivalent bieten. Etwas bleibt immer übrig – ein Rest des Nichtdarstellbaren, wie wach man inzwischen auch sein mag. Hier kommt die Verbindung zwischen Wachheit und Wache in den Blick. Der, der überwacht, darf nicht träumen, aber er hat vielleicht, schlimmer noch, ein verzerrtes Bild der Wirklichkeit im Wachzustand?

»Was Freud nicht zu denken wagt, ist, dass das Es ebenso Ich ist, allerdings unverantwortlich spielendes Ich. Unerträglich ist ihm die Vorstellung, dass die Traumarbeit gar keine Arbeit, dass sie uns vielmehr ›als nutzlose und ziellose Betätigung der Seele‹ auferlegt wäre. Er vergisst das elementare Bedürfnis nach Ausdruck und die tiefe Gleichgültigkeit des poetischen Wesens in uns gegenüber dem Ziel und dem Zweck. Es gibt einen Überschuss an Ausdruck noch in den alltäglichsten Dingen. Diesen Überschuss spürt der Träumende auf. (...) Was ich durchbrechen wollte (...) war die große Unbewusstheit der Menschen ihrem eigenen Ausdrucksbedürfnis gegenüber.«[337] Ja, genau, sagt der Idiot. Einschlafend begeben Sie sich in den Aberwitz. Tag für Tag. Nacht für Nacht. Wie war die Nacht?

Hypnos, der Gott des Schlafs, hat drei Söhne, allesamt Götter des Traums. Einer davon ist Morpheus, der sich darauf versteht, »nachbildend Personen zu formen. Die Art des Schreitens, die Miene, den Klang in der Stimme (...) Auch die Gewänder fügt er hinzu«[338], und manchmal lässt er sie auch weg. Wenn Sie wissen wollen, was der Idiot geträumt hat, dann stellen Sie sich eine reglose Gruppe vor, die Ihnen teilnahmslos, doch nicht unaufmerksam entgegensieht. Sie ist hingebettet in die unterschiedlichen Tiefen der Nacht. Manche knien, andere lehnen, wieder andere stehen ganz gerade. Sie tragen fantastische Uniformen. Die Nacht scheint an manchen Stellen nachgiebiger zu sein als an anderen. Diese fünf Träumer, vier Frauen und ein Mann – womit sind sie beschäftigt? Schlafen sie im Stehen mit offenen Augen, oder bezeugen sie, in eine eigenartig unbeteiligte Wachheit gebannt, den Verlauf Ihres Traums? Was sehen sie? Ihr Auge ist licht, taghell, wie von innen her erleuchtete Pupillen. Leicht verstellte Blicke sind es, die fast zu treffen scheinen, doch immer auch verfehlen. Gleichgültig sind sie, mit einem leichten Hang zum Wohlwollen, das könnte aber auch eine Maske sein, ein Trick. Wie auch immer: Sie teilen die gleiche Nacht. Es ist die Nacht zum Sonntag des Metaphernmenschen. Sie warten.

Vielleicht sind es die Angestellten des Traums, denkt der Idiot, sie verharren in einem Nichtstun, das sich vielleicht nur dem Unkundigen so passiv zeigt. Was hat es mit der eigenartigen Bekanntschaft auf sich, die von ihnen ausgeht, fragt sich der Idiot. Er stellt fest: Das Bild ist in den fremd-vertrauten Farben

---

337 Elisabeth Lenk: Die unbewusste Gesellschaft. Über die mimetische Grundstruktur in der Literatur und im Traum. München 1983. Seite 14f.

338 Ovid: Metamorphosen. Übersetzt von Hermann Breitenbach. Stuttgart 1993. Seite 371.

gemalt, die seine Lider von innen haben, vom Roten ins Dunkle hinüberweichend. Er sieht sie immer wieder, er sieht sie jederzeit, sobald er die Augen schließt. Well, this one looks familiar, sagen seine Freunde, aber woher? Selbst den vertrautesten Bildern haftet im Traum eine heimliche Fremdheit an, die die abgelenkte Nähe ist. »Der Traum ist ein Theater, ein Theater im Innern des Körpers. Der Träumer ist niemals er selber. Er ist Mime.«[339]

Es sind seltsam nachthafte Bekanntschaften, auf die das Wachbewusstsein keinen Zugriff hat. »Schick einen Traum, der wahren Gestalten nachahmend zu gleichen (...)«[340] – das ist das Geschäft des Morpheus, er ähnelt seine Figuren denen des Wachgeschehens an. Sie kennen gewiss die pathologische Ähnlichkeit, die uns zur Abwehr bewegt, und Sie kennen die schöneren Schatten des Realen, die nicht das Reale selbst sind, sondern ihm auf herzzerreißende Art ähnlich. Es bleibt ein Rest – die anähnelnde Bekanntschaft im Traum, die das morgendliche Bewusstsein vor ein Rätsel stellt. Wer in drei Teuffels Namen ist das gewesen? Das ist der dämonische Rest, den die Bilder unter sich ausmachen, hinter unserem Rücken, ein schattiger Hauch, vielleicht auch eine eigentümliche Wärme, die der Idiot spürt, sobald er es wagt, ihnen den Rücken zuzukehren.

Morpheus, haben Sie soeben gelernt, macht nur Menschen. Phobetor, sein Bruder, aber »macht sich zum Wild, zum Vogel, zur lang sich windenden Schlange«.[341] Er ist für die Tiere zuständig. Ein hintergründiges Bestiarium: zugespitzte oder gefledderte Vögel, vorwitzige Hasen, am Rande auch Ratten. Sehr prominent: die Ente. Nach der finnischen Mythologie ist es die Ente, die die Welt erschaffen hat, die Welt im Innern der zerbrechenden Schale. Schaut der Idiot in das dunkle Auge eines Tieres, schaut die Nacht der Welt ihn an, hehe. Das Licht ist aus. Und wie sie

339 Elisabeth Lenk: Die unbewusste Gesellschaft. Über die mimetische Grundstruktur in der Literatur und im Traum. München 1983. Seite 21.

340 Ovid: Metamorphosen. Übersetzt von Hermann Breitenbach. Stuttgart 1993. Seite 371.

341 Ovid: Metamorphosen. Übersetzt von Hermann Breitenbach. Stuttgart 1993. Seite 371.

sich dennoch begaben mit Komplizenschaft, diese stummen Objektträger von Affekten, die, wenn sie in Städten, in nächtlichen Parks begegnen, nur noch zur Hälfte Verkörperungen von Natur zu sein scheinen, die andere Hälfte ist Zivilisation, und nicht immer der Anteil davon, für den wir sie, die Zivilisation, zu schätzen gelernt haben. O der Fuchs, der Fuchs, der sich dem Idioten auf dem Trottoir in den Weg stellt, nicht anders als herausfordernd, ja triumphierend, als wolle er sagen: Na, was ist jetzt mit deiner Stadt, Mensch.

Der Idiot. Nein, anders. Also, auf dem Bettkasterl des Idioten steht seit Jahren ein Vogel aus Holz, dessen Aufgabe es ist, die Seele des Idioten, sollte sie sich des Nachts zu weit von ihm entfernen, rechtzeitig zum seelenlos schlafenden Idioten zurückzubringen. Auf Reisen vergisst er diesen Vogel zuweilen zu Hause, dann wacht er mit blanken Augen auf und kalter Angst. Das habe wohl mit dem Hotel zu tun, mit den Träumen all der Reisenden die ihm vorausgingen, denkt der Idiot, aber inzwischen formt sich in ihm langsam die Ahnung, dass es anders sein könnte. Daher ergeht der Rat an Sie: Vergessen Sie den Vogel nicht. Nehmen Sie ihn auf in die Reihe Ihrer unbedingten Begleiter, wo auch immer Sie planen zu schlafen. Es stimmt. Wenn Sie es wagen, dann wagen Sie den Vergleich. Der Idiot aber empfiehlt nicht den Vergleich, er empfiehlt den Vogel und: den Vogel nicht zu vergessen.

Und dann hat dem Idioten geträumt von einem Wanderer mit Hundekopf und Plastiktüte, der auf seinem Heimweg umsprungen wird von blumigen, furchtlosen Hasen, von Anstiftungshasen, flinken Präsenzen, die nichts anderes als Unfug treiben. Ganz anders der stoische Reiter, der erste Passagier, der in diesem Moment durch andernleuts Träume reitet, in einer unerhörten Verbindung zweier metabolischer Systeme. Ach, wo bleibt er denn, der Götterbote Herpes? Stellen Sie sich einen Reiter auf einem massiven Pferd vor, das innehält und dennoch eine Richtung hat, und im Hintergrund Schnee und die stöckelnde Brüchigkeit von Totholz nahe der Baumgrenze. Berge sind wohl zu überwinden. Der Blick des Reiters, der in die Ferne geht – ist skeptisch, er geht in sich.

Bitte, richten Sie Ihre Aufmerksamkeit auf das linke Auge des schielenden Pferdes. Sie kennen diesen Blick, ganz gewiss. Es schielt wie manche Renaissance-Madonnen schielen, deren eines Auge besorgt auf dem Jesuskind ruht und deren anderes Auge den Betrachter direkt konfrontiert, ihn hineinstellt in das gemeinsame Wissen über das Kommende, die unausweichliche Passion Christi. Sie weiß es, wir wissen es. So schaut es uns an, das blaue Auge des Pferdes – und appelliert an ein Wissen, das erst noch zu erlangen ist und das das Pferd offenbar eher mit dem Betrachter zu teilen bereit ist als mit dem Reiter. In dieser Verbindung sind Vertrauen und Verrat in eine Schräglage geraten. Und auch dem Reiter scheint eine Schräge eingeschmiedet zu sein, unter dem Poncho leicht verdreht, seitwärts uns zugewandt, eine Zuwendung, die gar keine ist, oder die zumindest nicht dem Betrachter gilt. Dem gilt allein der Blick des Pferds.

Bin ich wirklich die ganze Zeit allein in meinem Schlaf gewesen?, fragt sich der Idiot. Spielte der Traum ihm neue Bilder hinein, spulte sie vor? Nirgendwohin sank sein Kopf. Er wollte. Er wollte wirklich. War wirklich so wie der Satzbau, er war kaputt. Doch kamen nicht Träume. Es kamen Krebse im Traum. Erst war da ein roter Krebs, der irgendwie innerlich zu wimmeln begann. Als vermehrten sich auf seinem Rücken Impulse, die wiederum wurden zu Schlangen. Doch da der Krebs in der Wahrnehmung des Idioten sehr klein war und auf engem, wenn auch leerem Raum wie hingeworfen lag, könnten es ebenso gut Würmer gewesen sein, die symbiotisch zu dem Krebs gehörten, also Teil hatten an seiner Vitalität. Es waren nicht Verwerter seines Ablebens. Es waren viele rote ihm zugehörige Freunde.

Phantasos, der dritte unter den Söhnen des Schlafs, schafft nicht Mensch, nicht Tier, er schlüpft in leblose Dinge. Seine Sorge gilt den Schauplätzen. »Täuschend gestaltet er Felsen und Balken und Wasser und Erde.«[342] Hier macht er sich einen Namen als abgebrühter Landschaftsarchitekt. Desaströse Landstriche, darüber

342 Ovid: Metamorphosen. Übersetzt von Hermann Breitenbach. Stuttgart 1993. Seite 372.

zickige und zugespitzte Finken, wie von Cranachs Melancholie geschnitzt. Raketen, Starfighter und eigenartige Apparate, halb Satellit, halb Miro'sches Radlager, gleiten durch den finster verballten Himmel. Der wird nicht in Frieden gelassen. Stellen Sie sich das einmal vor!

Über dem Rastplatz der Flugbegleiterinnen steigt ein Marschflugkörper auf. Vielleicht begleiten sie ihn in Gedanken, mit der Geläufigkeit einer lange eingeübten Konzentration – oder handelt es sich um eine Rast in kollabiertem Gelände? Die Servicekompatibilität ihrer Uniformen, das marktkonform so hübsch Gemachte ist ein höhnisches Echo aus einer anderen Zeit, während der die Zerstörung zwar bereits da, aber weniger deutlich war. Sie lagern in einer kargen und kaputten Gegend, deren Horizont bereits umkämpftes Gebiet zu sein scheint. Vielleicht dass sie warten, nur auf was? Sie warten mit einer in sich gekehrten Hingabe, als hätte die Zeit längst aufgehört. Das schafft den Eindruck eines sehr eigenartigen, ja apokalyptischen Schäferspiels. Hier scheinen Sie es mit einer negativen Idylle zu tun zu haben, die in einer Mischung von Panik und Beruhigung feststellt: Es geht nicht mehr schlimmer, aber ist das wirklich so schlimm?

Aufgewacht.

Wer sind Sie? Und wer bin ich?

Wolken, Mäuse, Himmel-fahrt

Ah, ja, am Vormittag des Sonntags des Metaphernmenschen heißen wir Sie willkommen in der Kultanstalt. Umgießen. Herübertragen. Einen Atemzug verharren. Was sind Mäuse? Was Wolken? Es gibt einen Antagonismus zwischen Wolken und Mäusen. Sie werden später sehen, welchen. Einstweilen trägt der Idiot sie einander an, gegenüber gestellt hat er sie mithilfe der Verben und verwirrt unter Verwendung von Präpositionen. Mäuse sind auf Verhältnisse aus. Wie sie Merkmale austauschen, dünkt dem Idioten virtuos. Es ist später Sonntagvormittag und es ist still geworden auf dem Hof.

Wir nehmen die Mäuse, um den Menschen zu zeigen. Wie das? Etwa rücksichtlich der uralten Annahme, die besagt, es sei das Große mithilfe seiner kleinsten Einheiten zu verstehen? Kann sein. Zwar ist substanzlogisch noch nicht geklärt, ob Menschen aus Mäusen bestehen. Doch solange nicht feststeht, was Menschen sind, ist die Mutmaßung, dass sie womöglich nicht aus Mäusen bestehen, genauso unerheblich wie jede andere nicht zutreffende Mutmaßung. Oder aus Wolken. Sehr richtig: oder aus Wolken.

Es kollidieren nun zwei Gattungsrealitäten. Die der Wolken und die der Mäuse. Das ergibt amüsante Devianzen. Ein Beispiel: Jede Abweichung im Maßstab Größe reizt zum Lachen. Zum Beispiel die Umbesetzung einer Primaballerina durch etwas, das viel größer ist als sie. Sie (die Abweichung) ist komisch. Bergson würde jetzt schon wieder sagen: Komisch ist das, worin der

Mensch einem Objekt ähnelt. Nimmt das Über- oder Untertriebene sofort objektartige Züge an? Aber von welcher Position aus, muss gefragt werden. Wäre das nicht eine äußerst brutale Form der Normalisierung, die alles zum Objekt erklärt, was ihrer Dosierung nicht entspricht? Heinrich lehnt das ab. Und der Idiot ebenso. Mäuse erwähnt er gar nicht. Iiieeeeh! Zurück zum Sonntag des Metaphernmenschen.

Ist denn auch der Idiot ein Metaphernmensch? Wir werden sehen. Am Sonntag des Metaphernmenschen ist endlich mal wieder Zeit. Zeit, um über das »Was« nachzudenken, *the Quid*. Wenden wir uns also erneut der Frage zu: Was ist der Mensch? Worin besteht die Gattungsrealität des Menschen? Spricht der Idiot wirklich das Wesentliche an, wenn er welche sieht und sagt, dass es Menschen sind? Der Gattungsbegriff Mensch verstellt und bremst. Ob der Idiot Gruppen betrachtet oder Individuen, es bleibt sich gleich: Das Gattungssubjekt abstrahiert vom Geschehen. Immer. Gut, das kann der Idiot jetzt schon zugeben: fast immer. Es schafft ein begriffliches Tableau, in dem wir alle angebunden sind, kurz oder lang.

Oder der Idiot sagt: Das ist doch ein Mensch! (Zitiert, vermutlich.) Vom Menschen erwarten wir alles, und nur weniges davon ist gut. Der Mensch als solcher ist, wie dem Idioten scheint, gerade wieder dabei, sich zu vermännlichen. Oder täuscht er sich? Die Mäuse hingegen stehen im Verweissystem des Menschen für ein richtungswirres Flitzen ein. Das teilen sie mit denen, die wir liebten oder lieben. Wenn wir diejenigen Menschen nennen, werden sie nie bei uns klingeln. Als Mäuse tun sie das auch nicht. Aber: Mittels des Flitzens können wir die Geste retten. Wir können die Geste retten, und zwar in der Figur der Energiebahnen der Mäuse.

Energiebahnen schraffieren (ja, besticken flitzend) den (wie Tillich sagen würde) Triebgrund der Wirklichkeit. Wiederholen Sie bitte: Der Triebgrund der Wirklichkeit von Energiebahnen überflitzt. Das Flitzen ist das Flitzen der Gedanken, die schneller sind als Ihr Bewusstsein und Sie daher immer leicht verstört und geplündert zurücklassen. Dem Spott ausgesetzt. Der möge bitte zärtlich sein, der Spott. Im Sturz. Hängematte, Wolkenfalle, Riesentatze,

Linderung. Haut nicht hin. Das Flitzen ist aber auch das der Mäuse und generell aller Wesen, die schneller sind als wir. Sie würden sich auf uns draufwerfen, wären wir hier. Wer ist wir? Wir? Das haben wir doch schon zu Anfang gesagt: Wir, das sind die Menschen.

Lassen Sie uns jetzt aber endlich über Wolken sprechen: Ah, die Bewölkten. Die In Der Welt Gebliebenen. Die Vorweggenommenen. Die Am Bodenden. Die Auf Der Erdeten. Die Dagebliebenen. Die Unterhimmelten. Die Zurückgelassenen. Die Wie Steine Abschieds Schweren. Die Nach Galilea Zu den Brüdern Geschickten. Die Hineingebohrten. Die Verzweifelten. Die Freudigen. Die Nach Oben Blickenden. Die Den Blick Senkenden. Die Zurückbleibenden. Die Den Blick Hebenden. Die Bewölkten. Die Die Ihn Entschwinden Sahen. Die Das Entschwinden Bezeugenden. Die Die Zeugen Des Entschwindens Bezeugenden. Die In Einem Riesenraum Verkrümelten. Die Durch Die Verlorenheit Hindurch Hoffenden. Die Ohn Alles Leid Singenden Und Springenden. Die Hinzugezogenen. Die Ihm Zugezogenen. Die Zu Ihm Hoch In Die Höhe Gezogenen. Die Durch Die Verlorenste Verlorenheit Hindurch Hoffenden. Die Hopsenden. Die Sich Nicht Fürchtenden. Die Sich Aufmachenden. Die Was Ihnen Entkommt Liebenden. Die Dass Es Entkommt Liebenden. Die Berichtenden. Die Ihre Herzen Erhebenden. Die Droben Ohne Sünd Ihn Lobenden. Die Bekehrenden. Die Bekehrt Werdenden. Die Später Nachkommenden. Die Unbekehrten. Die Zurückgelassenen. Die Am Bodenden. Die Auf der Erdeten. Deren Augen Durch Den Himmel Fahrenden. Die Blitzenden. Die Bewölkenden. Die Wolken.

Fühlen sich die Mäuse nicht doch auf rätselhafte Art verbunden mit den Wolken? Nehmen Sie mich in die Hand. Sagt das die Maus? Sagt das der Mensch? Moment, hier scheint etwas aus den Strukturen zu rücken. Genauso gut können wir Wolken um ihre Hände bitten. Eine Wolke nahm ihn auf. Die Zurückbleibenden sahen eine ekstatische Energie, die ins Entschwinden mündete. Zwei Männer kamen, tröstend. Es waren zwei apokalyptische Boten. Zwei Performance-Artists. Alles lag auf ihrer Strecke. Vor wenigen Tagen ist der Idiot in einer Wolke erwacht, als Mensch. Er sah aus dem Fenster und – sah nicht aus dem Fenster. Alles war weiß. Opak. So sehr fort war die Welt – und so abstrakt. Er begann gleich aufs

Neue sie zu lieben! Pferdchen, rief er in den Nebel! Pferdchen! Und: Igel, Igel im Nebel! Und Körper, rief er, in den Nebel rief er: Körper.

Körper! Körper! Körper! Körper! Hiermit kommen wir zur Performance zurück und fragen: Was ist deren Substanz? Substanzabwehr könnte eine Antwort sein. Performance, klarifiziert die Wolke, ist die Stelle, wo Routine und ihre Abwehr aufeinandertreffen, damit etwas entsteht. Etwas entsteht. Eh. Wolken übrigens ekeln sich total vorm Entstehen. Der Idiot möchte an dieser Stelle die Gelegenheit nutzen und an das Selbstvergessene der Mäuse erinnern. Sie denken überhaupt nicht evolutionär. Zum Glück für die Glücklichen. Mäuse verlieren sich flitzend in ihren richtungsblinden Wünschen, so vergeht für die Mäuse sehr viel Zeit in aller Kürze. Sie teilen mit den Spatzen das (laut Prof. Cotten) glückliche Los, dass ihnen nie langweilig ist.

Sagt eine Maus zur anderen: Du, wir haben das hier alles aus unseren Affekten gebaut. Aha. Emotionsförmiges Erdgeschoss unserer Montage. Gefahrenöffnung. Heiliggeistloch. Wolkenbrunnen. Geheimer Flur ins Wunder (den es sowieso nicht gibt, sagt Tomaž Šalamun). Vierzehn Semester Wolkenkunde, damals war das noch möglich. Heute schlägt man dem jungen Menschen alles ab und sagt: So. Los. Die Mäuse erheben ihre Pfoten. Allerorten. Aber darum soll es jetzt nicht gehen.

Sondern um etwas, das nicht langweilig ist und nur in Grenzen bedrohlich, also nicht ausschließlich zerstörerisch. Eine gute Performance zum Beispiel. Denn Mäuse mögen Phänomene. Sie reißen den Boden heraus. Sie sagen: Bitte machen Sie den Abgrund frei. Bitte drehen Sie das Bild. Und ein Stück weiter noch. Zusammenstellung ist ein Raumbegriff. Berliner Kammerjäger sagen: Wenn Sie im dritten Stock auf Mäuse treffen, sind die Ratten im Erdgeschoss der Grund dafür. Daher könnten sie bei Mäusen im dritten Stock nicht tätig werden, bevor die Ratten aus dem Erdgeschoss, Keller und Garten vertrieben sind. Oh. Das sind harte Zeilen am Sonntag des Metaphernmenschen. Wolken verdunkeln die frühe Nachmittagssonne. Wann war denn das Essen? Gleich, gleich.

Wer darf Verschwendung sagen?, will der Idiot wissen. Nur wer den Triebgrund der Wirklichkeit flitzend bestickt, der darf Verschwendung sagen. Die anderen halten bitte die kleinen schwarzen Schnauzen der Mäuse, die sie mal ein wenig schmerzen, mal ein wenig jucken, wie Tomaž Šalamun in seinem Gedicht »MENSCH« schrieb. Tomaž Šalamun ist ein sehr guter Dichter, der sich gerne mit Mäusen umgibt und im Sommer jeden Tag vier Stunden lang das Schloss Duino umschwimmt. Aber nicht wegen des Schlosses, sondern wegen der Landschaft, vor allem aber: der See. Daher ist er gut und freundlich, elegant und spirituell wie ein Bogen. Wie die meisten, die sich mit Mäusen umgeben. Die Mäuse aber sagen: Niemand kann nicht ans Werk gehn.[343] Und als sie sahen, dass sie noch ein Liebesleben hatten, dass sie noch ein Liebesleben hatten, liefen sie von dannen.

Wir können das Ende schon sehen. Es kommt jetzt bald die Himmelfahrt, meinen die Wolken. Weiter geht es, so wie es nach dem Abschied weitergeht. Man erfährt das Aufreißen des Raumes beim Abschied. Den aufgerissenen, wie vom Nichts geplünderten, immens erweiterten Bezugsraum. Und sich selbst darin, ohne Bezug. Mit einem Mal verkleinert, sehr. Vereinzelt auch. Der Himmel breitet sich in jede Höhe, breitet sich in jede Breite aus. Und erklärt es nicht. Aber bildet zuweilen sprechende formwandlerische Wolken für die Zeit, wenn sie am schlimmsten ist.

Freilich spricht davon die Stille alleine. Wie ein Trost darüber, senkt sich die Stille. Und Ruhe unterläuft das Schluchzen. Und erst am Rand: ein Wort. Vielleicht zwei. Sodass Sie nicht aufhören, sie zählen zu können. So will es die Stille. Das Kippen des Bildes. Und dann: unsere Körper. Als stellte sich die Frage: Was tun wir in der Zwischenzeit? Was tun wir, während unsere Körper auferstehn? Aber das sind doch wir. Sind wir. In der Verstörung. Im Miteinander von Stille, Gelassenheit, Freude – und eben diesem Entschwinden. Hört nur den Wind, wie er den Himmel leerräumt, wie er die Erde leerräumt, wie er die Nähe verräumt. »Bleib meinem Fortgang treu.«[344]

343 Hier zitieren die Mäuse Elke Erb, wenn auch etwas unpräzis.

344 Jean-Luc Nancy: Noli me tangere. Übersetzt von Christoph Dittrich. Zürich, Berlin 2006. Seite 62.

Erschöpfte Konzepte

Die Gliedmaßen, ihr sämtlicher Körper,
und unendlich auch die Seele, rutschen.
Händl Klaus

Der Idiot ist sehr müde, dennoch tut er, wozu ihn seine Gefühle verpflichten. Sie verpflichten ihn zu einem Handeln, das dem der Liebe zum Verwechseln ähnlich sieht. Es ist die Pflicht. Es ist die Liebe. Es ist eines ihrer Konzepte: Konzepte erschöpfen. Er möge die Konzepte erschöpfend behandeln.

Müdigkeit ist ja das Gegenteil von Vampirismus, oder? Hier ist eine erschöpfende Lesart und ein davon erschöpfter Vers. Die Kelle, die Kelle! Erschöpfung, sagt sich der Idiot, braucht eine Richtung, ein Herkommen und Hingehen. Und dann: das Glück einer Freiheit dem Gegenstand gegenüber, die sich aus der Erschöpfung ergibt – ein Raum, der sich nach innen aufklappt und sehr groß ist, vielleicht weiß – *le blanc souci de notre toile* – das Segel ist gemeint.

Eine Entschuldigung ist die Müdigkeit nicht, dachte der Idiot vor Jahren, gewiss nicht dort, wo man liebt oder es wird. Er könne doch jetzt nicht müde sein! Wohl kann er. Heute sieht er dies ein wenig anders. Der Idiot ist in die Müdigkeit verliebt. Sie ist unterbestimmt – so unterbestimmt, dass sie quasi osmotisch die Fülle entmischt und aufkonzentriert. Wie neutral ist sie doch! Sie ist wie der Nebel! Auch den Nebel liebt er, der Idiot. Kein Wort, woher er kommt. Es sagt einer, dass er nun wirklich müde sei. Warum, denkst du, haben wir den Konjunktiv in indirekter Rede? Weil wir keine Möglichkeit zur Prüfung haben, deswegen. Die Bedingung gilt, doch ist sie nicht gegeben. Die Milch ist müd, er wird sie werfen.

Liquide stürzt sie, weiß und ausgebreitet wie ein Laken, kommt nicht auf und stürzt noch immer.[345] Wie das einer Krankheit glich. Krank war der Idiot aber nicht, sondern an einem Ort, von dem sich das Gegebene zurückzog, groß wie die See war die Ahnung von Formlosigkeit: das Auftragen der Freude und der Größe, die uns aufgetragen worden ist. Entweder hat sich das Ding schützend darüber gelegt oder es hat sich darüber ausgeleert. Ob er die Kraft aufbrachte? Die Kraft wozu? »Das Licht der Verwirrung in die Dunkelheit der Übereinkünfte zu bringen.«[346] So. Und dann? Wäre doch die Verwirrung wenigstens eine Form, neben dem, was nachgibt und auch nachgebend nicht hilft. Anders als das sollte die Verwirrung sein. Das heißt eine Hilfe, ein federnder Widerstand.

Der Idiot notierte: Diese Erfrischung. Dieses Aufwachen. Diese Erneuerung. Er wollte Folgendes nicht vergessen: Einst zog Freiheit in die Körper ein. Ein anderes Denken kam auf, es stieg empor wie ein Wind, Hitzeschlieren, die dem Wolkenbruch entgegeneilten. Da war es die autonome unangreifbare Müdigkeit der Liebenden, die sie von einander bezogen hatten – ein inniges und komplett asoziales Gefühl. Sie war undurchdringlich und intim. Sie gehörte ihnen, vollkommen. »In Wirklichkeit ist Erschöpfung = eine Intensität: Die Gesellschaft erkennt sie nicht an.«[347] Naja, inzwischen vielleicht doch. Es wird insgesamt auch gleichgültiger, wie fleißig man ist, scheint dem Idioten. Diese Müdigkeit war früher ja auch eine Kritik am Gegebenen, daran, wie Erwachsene sich wachzuhalten verpflichtet sind.[348] Am Ende jedoch: Die Kritik unserer Kraft.

345 »This elusive quality it is, which causes the thought of whiteness, when divorced from more kindly associations, and coupled with any object terrible in itself, to heighten that terror to the furthest bounds.« Herman Melville: Moby Dick. The Whiteness of the Whale. New York, Toronto, London, Sydney, Auckland 1981. Seite 179.

346 Reinhard Prießnitz zitiert nach Birgit Schwaner: auf, prosaist: http://members.aon.at/idiomat/Prosa_ist.pdf

347 Roland Barthes: Das Neutrum. Übersetzt von Horst Brühmann. Frankfurt am Main 2005. Seite 50.

348 »Ich fordere nicht, die Müdigkeit abzuschaffen. Ich möchte dorthin zurück, wo es möglich ist, müde zu sein«, zitiert Roland Barthes in »Das Neutrum« Maurice Blanchot. Übersetzt von Horst Brühmann. Frankfurt am Main 2005. Seite 50.

Etwas pellte sich, pellte sich innerlich, ein neues sich innerlich immer noch pellendes Ich. Blättchenweise, als blühte etwas in umgekehrter Weise auf, dann ab, dann immer wieder auf. Wird da ein künstlicher Kern aus unidiotischen Metallen frei? Bitte nicht! Kommt da zitternd und zackig mit einem technischen Wimmern ein hybrides Maschinchen in Gang? Der Idiot wurde Zeuge einer ungeheuerlichen Entwicklung, beunruhigend war nur, dass sie mitten in ihm stattfand. Und seine so überaus tapfere Urteilskraft brachte noch in der größten Not die herumfuchtelnden Erkenntniskräfte in Übereinstimmung, doch eine grundlegende Beunruhigung wollte sich aus dem Gemenge lösen – als lebte er von einer ganz und gar zufälligen Kohärenz.

Angesichts der erschöpften Konzepte wurde der Idiot willenlos und brauchte das Geschehen nicht mehr, um Tapferkeit zu vermehren. Wo es keinen Willen mehr gibt, ist nichts mehr zu überwinden. Zuflucht und Falle. Noch schien er frei zu sein. Freiheit aber sei ein Gefühl, hieß es. War auch Müdigkeit ein Gefühl? Wie aber verhält sich ein Zustand zu einem Gefühl? Geschwächt wie er war, flößte er sich andere Gifte ein. Er erhoffte sich davon: Erfrischung. Er erhoffte sich Protest. Und wurde doch schwächer. Die hitzige Stirn. Die Muskeln. Wo sie einmal waren. Insekten, die ihn essen wollten. Wenn es weh tut, ist es gut? Lassen Sie sich müde machen, lassen Sie sich glücklich machen, lassen Sie sich weiter schwächen. Irgendwo wird es vermutlich eine Grenze geben.

Bis zur Unvorstellbarkeit ermüdet beobachtete der Idiot das Einschleichen, Aufkommen, Durchblitzen der Schwäche, etwas Weißes, das nicht kleiner wurde.[349] Die Nähe war ein ungeheuerlicher Ort, an dem nichts außer ihr stattfand. Vielleicht, dass hier Bestrafung Entspannung bedingte. In Richtung auf eine Gelöstheit, die wiederum Ähnlichkeit mit Schwäche zeigte, mit Angst aber nichts zu tun hatte. Zu nichts anderem zu gebrauchen zu

349 »Et, quand s'aligna, dans une brisure, le moindre, disséminée, le hasard vaincu mot par mot, indéfectiblement LE BLANC revient, tout à l'heure gratuit, certain maintenant, pour conclure que rien au-delà et authentiquer le silence« (Mallarmé) – zitiert nach irgendeinem andern Buch, der Idiot weiß nicht mehr, welches das war.

sein – das kam einem Triumph gleich. Diese innere Schutzlosigkeit: Alles, was ich habe, sitzt an den Grenzen, sagte der Idiot. Daher heilt es geschwind, denn schon fast an der Luft ist es. Alles heilt, weil alles so weit außen ist. Die Muskeln dachten, dann aber dachten sie nicht mehr. Das war die tiefe Nacht, in der die Dinge platziert waren und es, wie der Idiot meint, weiterhin sind. Die Dinge waren auf ihrem Platz und sie müssen dort bleiben.

Der fassungslose, aufgelöste, eingelöste, müdgemachte und erschöpfte Körper. Nachdem der Körper einmal desymbolisiert worden war, fing er überall an und hörte genauso überall auf. Man fand den Anfang nicht mehr.[350] Er musste atmen. Atmend würde er sich erinnern. So ging er in die Landschaft und kam später aus ihr zurück. Was für eine Tarnung! Pipapo. Verneinungsdingens, Pflichtgedanke etcpp. Der Idiot entzifferte die verschlüsselte Nachricht, die ihm übermittelt worden war. Sie lautete: Keiner passt auf und keiner wird alt. Noch immer war ihm die Verwirrung nicht zur Stütze geworden. Der Idiot senkte sich hinab in neue Müdigkeiten und der Traum ragte weit in den Tag hinein. Verwechslungen traten ein. Es war einfacher, gegen Grenzen zu sein, als er noch welche hatte.

Was für ein Gewoge das aber war. Noch schwoll es an, es rangen die Prinzipien um einzelne Zentimeter, das Zuckeln der Schleusen war ein sehr gehemmter Tanz. Der Idiot ging die Einzelheiten durch.[351] Verstockt schien ihm seine Verstörung, er kam nicht zum Ziel. Er nahm dennoch Niedergeschlagenheit wahr – da war es seine. Dann wieder der Körper, gesunken in Ermüdung, vielfach beschwert. War er dennoch Umgebung. Eine andere Umgebung des Denkens gibt es ja nicht. Dann: die Überempfindlichkeit gegenüber jeder Beleuchtung. So hell, so überdeutlich wie die Lichter waren – der Idiot ging nüchtern aus dem Haus und kam ermüdet zurück, angefüllt mit schalen Longdrinks. In der

350 »Unendliche Müdigkeit: Dann begreift man: Müdigkeit: in gewissem Sinne das Gegenteil des Todes, denn Tod = das Endgültige, Undenkbare ≠ Müdigkeit, die erträgliche Unendlichkeit im Körper.« Roland Barthes: Das Neutrum. Übersetzt von Horst Brühmann. Frankfurt am Main 2005. Seite 54.

351 These are the facts, my friends, and I have dreamed them.

Wohnung hatte sich nichts verändert. Er schaltete das Licht ein, es schmerzte. Man konnte dies alles verzeihen oder verzehren.

Sein erster Auftritt im Theater der Diskretion. Gesprochene Worte nochmals sprechen.

Dem Zurückgebliebenen haftet etwas Ungutes an. Sie hören es selbst. Es kommt nicht mit. Aber das ist nicht richtig. Dass Ihnen das so vorkommt, ist nicht richtig. Und was tut der Idiot nun damit: mit der alleingelassenen, zurückgebliebenen, abstrakten, in seine Obhut gegebenen, nicht mehr verkörperten Liebe? Soll er sie nun seinerseits verkörpern? Er zieht an dem Haar. Ein Wind kommt auf. Und etwas fällt hinab.

Die zurückbleibende Liebe liegt hinter dem, der sie zurücklässt, aber vielleicht noch immer vor denen, die warten. Eine von der Präsenz abgekoppelte Liebe. Eine Liebe der Vergegenwärtigung. Eine Liebe, die sich immer wieder in Erwartung erschöpft und erwartend wieder erfrischt wird, um sich erneut zu erschöpfen und zu erfrischen und zu erschöpfen und zu erfrischen. Diese Liebe bleibt zurück. Wer so sprechen darf – spricht in ein langes Sehnen hinein. Und errichtet einen Raum, dieses linde leere Ding, in das hinein Erwartung flutet, die sich in langes Warten kehrt.

Endlich war er so müde, dass an Schlaf zu denken war. Man muss nicht verstehen, was einen verändert. Man muss die Veränderung nicht verstehen. Man sieht vielleicht etwas hinter den Augen, das man ebenso wenig versteht. Die Augen sagen, sag es mir. So schauen sie. An den Leuten herumreißen, sie endlich zu Bett bringen. Wäre er doch nur glücklich dabei. Niemand brächte einen Einwand vor. Doch so lässt es sich nicht entscheiden.[352] Was wollen Sie hören? Ich habe Musik. Untersetzte Melancholie. Wir kriegen ihn nicht ins Auto. Lesen Sie weiter.

352 All the tired horses in the sun / How'm I supposed to get any ridin' done? Hmm. (Dylan)

Der Idiot muss sich schon wieder hinlegen.

Encore! Encore!
Encore! Encore!

ENCORE! ENCORE!
ENCORE! ENCORE!

Zur Wiederholung

Sagst du's nicht laut genug: sie vergessen's.
Sagst du es zu oft: glauben sie's nicht.
István Kemény

Jetzt wieder? Geht es denn nach dem Ende noch weiter? Der Idiot kann nur über Worte sprechen, oder mit ihnen. Zur Wiederholung kann er mit sich selber sprechen, als Kanon. Und wiederholte alles, was bereits gesagt worden ist – und dann noch ein weiteres Mal. Wiederholte ein einziges Wort immer und immer wieder. Luftgefederte Erleichterung, aus dem Kontext gelöst. Doch die Rede reicht nicht hin zu der Wahrheit, die sie enthält. Wie oft Sie es auch wiederholen mögen.

Hier ist wieder eine kleine Aufgabe für Sie: »Machen Sie sich die Mühe und hören Sie auf ein einzelnes Wort: in diesem Wort kämpft und schuftet das Nichts, unermüdlich gräbt es, tut alles, um einen Ausweg zu finden, um zunichtezumachen, was es umschließt – es ist unendlich unruhig, amorphe, namenlose Wachsamkeit.«[353] Der Idiot denkt an die monotone Selbstbefragung eines einzelnen Wortes – um eine Kategorie von innen her aufzusprengen, zu erregen, zu entleeren, ihrem Kollaps beizuwohnen: Das ist Echos Stärke und Verhängnis.

Zieht Stummheit ein? Um ein Wort zu stillen, oder vielmehr zu stummen – gilt es, die kontextuelle Atmosphäre des Wortes zu entfernen. Das heißt, es ins Weltall verbringen. Da, wo nichts zu

353 Maurice Blanchot: Literature and the right to death, in: The Station Hill Blanchot Reader. (ÜS MR) Barrytown 1999. Seite 382.

hören ist, weil der Schall kein Medium hat, weil es keine Luft gibt, die schrittweise, in einer Folge von Stößen und Verdichtungen, in Bewegung zu versetzen wäre. Man muss geeignete Hindernisse dazwischenstellen. Doch anders als die weltweite Fortbewegung des Windes schwingen die Luftmoleküle im Schall um ihre jeweilige Gleichgewichtslage, sie sind lokal. Was aber, wenn sie global wären, wie der Wind? Jeden einzelnen Kanon, der in diesem Moment auf der Welt gesungen wird, hören zu können und wieder hören zu müssen, ein weltweiter Hall alles Ausgesprochenen und Vorgesungenen, eine bewusstseinssprengende Überlagerung, die totale Emission und die Wucht aller Signale. Wie man es manchmal in Bergorten, in Kuppelbauten oder sehr großen Jethallen und Hangars hat. Und ein Flüstern sich losmacht und einem überraschten Menschen ins Ohr geht. Der schaut sich um und kann niemanden sehen. Leise wiederholt er den Halbsatz für sich, für sich ganz alleine.

Und immer wieder – eine Faszination für die Verdinglichung des Worts in der Wiederholung. Was passiert denn, wenn ich akribisch und bei gekappter Verbindung zur musikalischen Harmonie ein Libretto verlese? Die automatische Ironie der Frequenz stellt sich ein. »There is something inside repetition.« Da ist etwas, in der Wiederholung, heißt es irgendwo bei Michael Snow. Der Idiot kann die Stelle nicht wiederfinden, genau genommen kann er nicht einmal den Katalog finden, in dem er die Stelle vermutet. Dennoch: »There is something inside repetitition.« Das ironisierende Simulacrum, das sagt: *more of the same*, mehr davon, seinesgleichen. Aber ist es denn noch dasselbe? Ist es denn echt? Wirds denn gehen? Wirkt es schon? Wirkt es schon? Wirkt es? Wirkt es? Fügen Sie jetzt eine leise Musik hinzu, ein Rappeln, ein Ziehen, ein definiertes Klackern. Grillenzirpen Verlangen. Am späten Nachmittag, »wenn die Sonne niedriger steht und die Zeit ihres Verschwindens sich nähert. Der herannahende Sonnenuntergang selbst beschwört das Gefühl eines bevorstehenden Verlustes.«[354]

354 Marina Roseman: Remembering to Forget. The aesthetics of longing, in: Graham Harves (Hg.): Shamanism. London 2003. Seite 191. Sie kennen sicherlich das sehr gute Gedicht von Laura (Riding) Jackson: Afternoon. Der Beginn in der Übersetzung von Christian Filips: Die Angst vor Nachmittagen wird Nachmittag genannt.

Auch dies wird sich wiederholen. Aufpulsieren. Zirpende Lieder, wieder und wieder. Oder ein Cover.

Ja, oder ein Cover, worin eine andere Saison herrscht als im Original, flächige Bewölkung, die der Kälte entgegenflieht, obwohl der Wortlaut derselbe ist. Es ist ein regnerisches Cover: Angezählt, schon in der Schräge, dabei nicht ohne Willen. Ein andres Lied, bei identischem Text in nassen Kleidern. Es legt sich vor das Original wie ein Entzug, der richtig ist. Das Eigentliche musste vieles verlieren und wird sich niemals davon erholen. Nun, da der Idiot auch das Vorbild kennt, ist ihm die Kopie umso lieber. Sie hat gewonnen, auf diese dämonische Art, mit der die spätere starke Lesart zur Vorgängerin des Originals wird. Der Wächter der Reihenfolge hat nichts mehr zu tun, ein ausgesetzter arithmetischer Reflex, auf den es nicht ankommt. Er lehnt im Innenhof an der Wand und raucht. Ein leichter Drall der weggelenkten Nervosität, die sich bei aller Umkehr des Ordnungsgemäßen nicht abschütteln lässt, ein schauriger Hohn. Wer der Erste ist, bleibt abzuwarten. Doch der Idiot weiß es längst.

Wir hören von duldungsstarren Tieren in großer Panik bewohnte Gesänge. Später zu singen. Zum Beispiel beim Behördengang, beim Nummernzug. Oder während man nach süßer Liebe fahndet, ein Schauer, ein Hohn. Der Regenschauer begann, als der Idiot aus dem Haus trat, und legte sich, als er zurückkam. Dann so dazustehn in den nassen Kleidern, so ungeschützt, beizeiten, um etwas zu zeigen, das im Innern saust, einen transportablen Stellvertreter seiner Liebe, seiner Fähigkeit zur Liebe. Da steht er dann wie ausgezogen, das Cover noch in der Hand, und sagt: Ich spiele es dir vor.

Dann bleibt nur noch: zu warten. In diesen gefährdeten Momenten des Herzeigens, heißt es, haben die Menschen am Ende die Sprache etwa so, wie die Tiere sie haben. Das letzte Wort ist verhallt. Und inständig kreisen und kreisen und drehn sie sich, die Menschen, und meinen ja letztlich nichts andres als: Da! Da! Da ist die Stelle! Aber ach: Das herzzersprengende Zögern der anderen Tiere. Keines kommt mit. Schon geht die Gegend in die Weite, wird sie endlos und kahl, trotz der Klänge, die zu hören sind, die zu hören sind und immer wieder von Neuem beginnen.

»Wenn ein seltenes Tier durch einen seltenen Gegenstand springt, entsteht ein Sog, in dem die Seltenheit des Tieres und die Seltenheit des Gegenstandes sich selten schön mischen. Das Ergebnis nennen wir schönen Impuls. Er teilt sich dem Sog mit und bewirkt, dass auch andere seltene Tiere durch seltene Gegenstände springen. Die Repetition ist die Mutter des Widerspruchs; sie besitzt einen Zirkus und schwenkt Impulse. Durch die Kuppel pfeift ein Sog, den häufige Tiere beim Sprung durch häufige Gegenstände hervorrufen; das Ergebnis nennen wir schöne Resistenz.«[355]

Persistenz und Resistenz der Komik! Diese Art der Wiederkehr! Ist das der Don Juanismus des Witz? Oder wo stand, dass man mindestens drei Personen dazu benötige? Nein. Nehmen wir zwei Arten von Wiederholung – so wie die psychonanalytische Kur mittels der Wiederholung gegen die Wiederholung vorgeht. »Eine falsche und eine richtige, eine, die zur Verzweiflung führt, und eine, die Heil bringt, eine, die ankettet, und eine, die befreit, eine, deren Widerspruchskriterium die Genauigkeit wäre, und eine andere, die anderen Kriterien entspräche? (...) Die richtige Wiederholung dagegen erscheint wie ein einzigartiges Verhalten, das wir *dem* gegenüber einnehmen, was nicht getauscht, ausgewechselt, ersetzt werden kann: zum Beispiel ein Gedicht, das man wiederholt, weil man kein Wort in ihm verändern kann.«[356]

Ich kann ein Lied davon singen, sagt der Idiot. Ganz gewiss. Sie müssen aber nicht hinhörn, zum Glück. »Sieben Refrains, um den Tod zu verpassen«, hieß eine Komposition, die im Rahmen der Expo 2000 in Hannover uraufgeführt wurde, das ist leider alles,

---

355 Oskar Pastior: Wenn ein seltenes Tier, in: Jalousien aufgemacht. Ein Lesebuch. Hg. von Klaus Ramm. München 1987. Seite 213.

356 Gilles Deleuze: Logik des Sinns. Übersetzt von Bernhard Dieckmann. Frankfurt am Main 1993. Seite 348f.

woran der Idiot sich erinnert. Einübung in Dauer und das Vertrauen darauf, dass er das, was er heute tat, morgen wieder tun kann. Zwei Arten der Wiederholung: Auf einer Seite stünde etwas wie das künftige Laub (*the leaves to be*), auf der anderen Seite die schlechte Unendlichkeit der Depression. »Das ewige Zuknöpfen und Aufknöpfen. (...) Vielleicht ist Depression nichts anderes als dies: das Vorhandensein eines Organs für den Verlauf der Zeit, den bloßen Verlauf.«[357]

Der bloße Verlauf – doch in welcher Richtung? Die Tänzerin erklärte die Tänze, die sie für uns tanzen würde, und sagte beim letzten: Bei diesem Tanz ist es anders, und zwar so: Bei diesem Tanz ist der Sinn die Richtung. »Wiederholung und Erinnerung sind dieselbe Bewegung, nur in entgegengesetzter Richtung. Denn das, was da erinnert wird, ist gewesen, wird nach rückwärts wiederholt, wohingegen die eigentliche Wiederholung nach vorwärts erinnert. Deswegen macht die Wiederholung, wenn sie möglich ist, einen Menschen glücklich, während die Erinnerung ihn unglücklich macht, allerdings unter der Voraussetzung, dass er sich Zeit lässt zu leben und nicht sofort in seiner Geburtsstunde einen Vorwand sucht, sich wieder aus dem Leben herauszuschleichen, z.B. dass er etwas vergessen hat.«[358]

Die Begriffe lauten Iteration und Reiteration. Die Iteration wiederholt, die Reiteration, ihre Steigerung – hört nicht auf zu wiederholen. Iteration und Re-Iteration. Ein Programm in seinem Verlauf. Und sagte heute morgen der schöne Programmierer in all seiner aufrechten Sorgfalt: Da iteriere ich drüber, ich sage ihm (dem Programm): Da gib nichts aus, da mache weiter. Und das sei überall so, wo Audios verteasert werden. Was aber, wand ein anderer ein, wenn da das *Glossary* reingrätscht? Nun, ähm, grundsätzlich wird es gehen. »Die Iteration (...) besteht im wiederholten Durchlauf einer Anweisung oder wiederholten Anweisung oder in

357 Burkhard Müller: Über die Zeit, in: Die Tränen des Xerxes. Springe 2006. Seite 108.

358 Sören Kierkegaard: Die Wiederholung. Übersetzt von Lieselotte Richter. Frankfurt am Main 1984. Seite 7.

der wiederholten Ausführung einer Funktion, bis eine bestimmte Zahl von Wiederholungen erreicht oder eine vorgegebene Abbruchbedingung erfüllt ist.«[359] Wie, schon jetzt? Nein, sagt der Idiot, ich glaube nicht.

In der Wiederholung erweitert sich die Aufmerksamkeit, verfeinert sich, weil sie schon erfahren hat, worauf sie sich nicht mehr zu richten hat, weil sie das schon kennt. So vergrößert sich der Wahrnehmungsraum, indem jeder neue Durchlauf etwas wie eine Korrektur des vorangegangenen sein kann. Und irgendwann Erschöpfung. Eine Trance-Technik zur heilsamen Selbstentleerung. *One more time with feeling.* Noch einmal mit Gefühl. Dieser Kanon beginnt immer wieder von Neuem.

Damit ist der Idiot etwas atemlos und mit leichter Verspätung in Gildas Garderobe angekommen, die sehr genau weiß, dass einmal nicht ausreicht, wenn auch die meisten Menschen, was Gilda sehr bedauert, kaum mehr dazu fähig seien, Monotonie als ekstatisch zu erleben. Vielleicht ist Gott einzig und allein in der Lage, das auszuhalten, meint Gilda, wenn er jeden Morgen zur Sonne sagt: noch mal, und jeden Abend zum Mond sagt: noch mal. Und drapiert die Federboa neu, bevor sie fortfährt: Wiederholung ist kein serieller Ablauf, sie ist vielmehr ein theatralisches ENCORE.[360] Und jetzt: Champagner! Champagner für alle!

359 Iteration, Eintrag im Thesaurus der exakten Wissenschaften. Hg. von Michel Serres und Nayla Farouki. Aus dem Französischen von Michael Bischoff und Ulrike Bischoff. Frankfurt am Main 2001. Seite 445.

360 Gilbert K. Chesterton: Moral des Märchenreiches, in: Die Wildnis des häuslichen Lebens. Aus dem Englischen von Joachim Kalka. Berlin 2006. Seite 74.